STAUFFENBURG

Einführungen

W0070439

Gert Rickheit
Lorenz Sichelschmidt
Hans Strohner

Psycholinguistik

STAUFFENBURG
VERLAG

Bibliografische Information Der Deutschen Bibliothek

Die Deutsche Bibliothek verzeichnet diese Publikation in der Deutschen Nationalbibliografie;
detaillierte bibliografische Daten sind im Internet über <http://dnb.ddb.de> abrufbar.

© 2002 · Stauffenburg Verlag Brigitte Narr GmbH
Postfach 25 25 · D-72015 Tübingen
www.stauffenburg.de

Gedruckt auf säurefreiem und alterungsbeständigem Werkdruckpapier.

Druck: Gulde Druck, GmbH
Printed in Germany

ISSN 0948-3365
ISBN 3-86057-276-8

Inhalt

Vorwort

Die Sprache ist eine wichtige Fähigkeit, die den Menschen von anderen Lebewesen unterscheidet. Sie ist eine wesentliche Voraussetzung für die Entwicklung sozialer Gemeinschaften, gesellschaftlicher Konventionen sowie der kulturellen und ästhetischen Lebensbereiche. Sie ist aber auch eine prägende Kraft für jeden einzelnen Menschen. Sprache, Stimme und Schrift des einzelnen Menschen sind untrennbar mit seiner Identität verbunden. In sprachlichen Kommunikationen werden Menschen sich über ihre Gefühle klar, planen ihre Handlungen und lösen die schwierigsten Probleme.

Das vorliegende Buch handelt davon, wie Menschen mit ihrer Sprache umgehen. Die für das Sprachverhalten zuständige Wissenschaft ist die Psycholinguistik, die sich in den letzten Jahrzehnten zu einer eigenständigen Disziplin entwickelt hat. Heute beeinflussen die Resultate und Produkte der Psycholinguistik viele Lebensbereiche – vom Lesen-Lernen in der Grundschule über die Planung der Kommunikation in den Medien bis zur Behandlung von Sprachstörungen. Die Psycholinguistik ist zu einer unverzichtbaren Triebfeder der modernen Informationsgesellschaft geworden.

„Psycholinguistik" soll bei Studierenden der Psychologie, Linguistik und der Kognitionswissenschaft sowie benachbarter Wissenschaften Interesse für diese spannende und vielfältige Thematik wecken und ihnen helfen, sich in der Disziplin zurechtzufinden. Hierzu gehört ein Überblick über die Geschichte der Psycholinguistik ebenso wie kompakte Darstellungen ihrer wichtigsten Begriffe, Methoden und Teilbereiche wie Sprachwissen, Sprachverarbeitung und Spracherwerb. Das Arbeiten mit dem Buch in Lehrveranstaltungen oder im Selbststudium wird durch Zusammenfassungen und Literaturhinweise nach jedem Kapitel sowie ein Sach- und Personenregister am Ende des Buchs unterstützt.

Für Kommentare danken wir Martina Hielscher-Fastabend, Horst M. Müller und Eva Tripp; für die Erstellung der Indices sind wir Caroline Dessin zu Dank verpflichtet. Die mühsame Arbeit der Erstellung der Druckvorlage hat Gráinne Delany übernommen; ihr gilt unser besonderer Dank. Für Fehler und Unzulänglichkeiten sind allein wir als Autoren verantwortlich – und über Anregungen, Kritik und Verbesserungen freuen wir uns.

Bielefeld, im November 2002

Gert Rickheit
Lorenz Sichelschmidt
Hans Strohner

Teil 1
Grundlagen

Kapitel 1
Sprache, Mensch und Welt

Sprache ist allgegenwärtig. Ob Sie morgens beim Frühstück die Nachrichten im Radio hören oder abends im Fernsehen einen Film ansehen, ob Sie telefonieren oder im Internet surfen, ob Sie mit einem Autoverkäufer verhandeln oder sich beim Bier mit Ihren Freunden unterhalten, ob Sie einen Brief schreiben oder gerade dieses Buch lesen, immer haben Sie es mit Sprache zu tun.

1.1   Sprache im Alltag

Menschen nehmen ständig sprachlich übermittelte Informationen auf; sie rezipieren Sprache. Menschen übermitteln ständig sprachliche Informationen an andere Menschen; sie produzieren Sprache. Insofern ist Sprache eine ganz alltägliche Angelegenheit. Und wir alle sind gewissermaßen Experten in Sachen Sprache. Denn wir alle haben im Lauf der Zeit Kenntnisse über die Struktur von Sprache und den Umgang mit Sprache erworben. Jede Sprachbenutzerin und jeder Sprachbenutzer verfügt – in der Muttersprache und vielleicht auch noch in der einen oder anderen Fremdsprache – über gewisse sprachliche Fertigkeiten, ein gewisses Sprachgefühl und ein gewisses Maß an sprachlichen Intuitionen.

Mit dieser ‚naiven Linguistik‘ kommen wir im Alltag erfahrungsgemäß ganz gut zurecht. Da macht es auch nichts, wenn wir unsere Fertigkeiten und Kenntnisse nicht immer in vollem Umfang nutzen. Wir wissen zwar, dass ein korrekter deutscher Satz aus Subjekt und Prädikat besteht – und trotzdem produzieren wir jede Menge Äußerungen, die dem nicht entsprechen (z.B. ein *Hallo* zur Begrüßung), ohne befürchten zu müssen, nicht verstanden zu werden. Wir wissen, dass das weibliche Gegenstück zu einem *Busfahrer* eine *Busfahrerin* ist, zu einem *Kunden* eine *Kundin*, zu einem *Steward* eine *Stewardess* – aber es fällt uns kaum jemals auf, dass eine *Prinzessin*, das weibliche Gegenstück zu einem *Prinzen*, gleich doppelt verweiblicht worden ist ... Andererseits sind die sprachlichen Fertigkeiten und Kenntnisse wohl größer als man sich normalerweise vorstellt: Wir wissen in etwa, was gemeint ist, wenn ein Friese uns abends mit *Moin* anspricht – selbst wenn uns unbekannt ist, dass das Friesisch ist und *gut* bedeutet, also nichts mit der Tageszeit zu tun hat. Wir sind sogar imstande, Metaphern zu interpretieren, also Äußerungen, die nicht wörtlich gemeint sind: Wenn ein Bekannter zu Ihnen sagt *Ich glaub' ich steh' im Wald*, dann glauben Sie bestimmt nicht wirklich, er sei der Überzeugung, mitten in einem Wald zu stehen.

Menschen bedienen sich der Sprache wie selbstverständlich in der alltäglichen Kommunikation. Trotz – oder vielleicht gerade wegen – dieser selbstverständlichen Allgegenwart
und der immensen Vielfalt ihrer sprachlichen Aktivitäten denken die meisten Menschen
nur selten darüber nach, wie Sprache überhaupt funktioniert und wieso eigentlich Sprache
so gut funktioniert. Kaum jemand macht sich Gedanken, warum bestimmte Äußerungen
benutzt oder in welchen Zusammenhängen sie verwendet werden. Warum heißt ein Bleistift immer noch *Bleistift*, obwohl die Mine schon längst nicht mehr aus Blei ist? Was ist
so besonders an der Bezeichnung *Schiff*, dass sie als Wortbestandteil auch für Transport-
mittel verwendet wird, die sich in der Luft oder im Weltraum bewegen? Was steckt dahinter, wenn die gleiche Substanz einmal als *Pflanzenschutzmittel* und einmal als *Insektengift*
bezeichnet wird? – Kurz und gut: Menschen denken kaum jemals über Sprache nach, und
man muss sich fragen, woher diese Nichtbeachtung einer so wesentlichen menschlichen
Fähigkeit wohl kommt.

Unserer Meinung nach gibt es zwei gute Gründe für die Menschen, sich im Alltag gegenüber der Sprache so nachlässig zu verhalten. Zum einen ist <u>Sprache</u> in erster Linie <u>Mittel
zum Zweck</u>. Natürlich sind die konkreten sprachlichen Aktivitäten ebenso verschieden wie
die Zwecke, ist das Umgehen mit der Alltagssprache so vielfältig wie der Alltag selbst,
geprägt durch unterschiedliche Situationen, Partner und Anlässe. Grundsätzlich jedoch ist
die <u>Sprache ein *Medium*,</u> dessen sich Menschen bedienen, um ihre jeweiligen Zielsetzun-
gen mit Hilfe ihrer Mitmenschen zu erreichen, sei es, dass sie diesen Informationen übermitteln, sie emotional beeinflussen, sie zu bestimmten Handlungen veranlassen, sie von
bestimmten Einstellungen überzeugen wollen oder einfach eine schöne Zeit mit ihnen erleben möchten. Die Medieneigenschaft der Sprache bringt es mit sich, dass Menschen sich
nur selten Gedanken über das Wesen und die Funktionsweise von Sprache machen. Bildlich gesprochen, blickt man sozusagen durch die Sprache hindurch, um umso schärfer die
verschiedenen Ziele und Zwecke ihres Gebrauchs zu sehen.

Zum anderen aber können Menschen, wenn sie ab und zu ausführlicher über die Sprache
selbst nachdenken, zum Beispiel um Missverständnisse aus der Welt zu räumen, um so
etwas Unverständliches wie eine Gebrauchsanweisung zu verstehen oder weil sie sich in
einer Fremdsprache ausdrücken müssen, eigentlich nur einen Bruchteil des sprachlichen
Geschehens erkennen. Bei der Sprache haben wir es nämlich mit einer *mentalen* <u>Aktivität</u>
zu tun, die sich zum großen Teil in den Köpfen der Menschen abspielt. Äußerlich wahrnehmbare Sprachmanifestationen wie das gesprochene Wort, der geschriebene Text, der
Tonfall oder die begleitende Gestik machen nur einen kleinen Teil des Geschehens aus; es
handelt sich dabei um den Anlass oder das Ergebnis mentaler Prozesse. Viele sprachliche
Prozesse laufen sehr schnell und unterhalb der Bewusstseinsschwelle ab, so dass sie das
menschliche Beobachtungsvermögen überfordern, zumindest dann, wenn dieses nicht
durch wissenschaftliche Methoden speziell unterstützt wird.

Die beiden eben genannten Eigenschaften der Sprache, ihre medialen und mentalen Charakteristika, tragen dazu bei, dass viele Menschen sehr wenig über Sprache wissen, obwohl sie ständig mit ihr umgehen. Um sachlich zutreffende Erkenntnisse über das Umgehen der Menschen mit ihrer Sprache zu gewinnen, muss man deshalb an diesen beiden Eigenschaften ansetzen. Beide müssen wissenschaftlich analysiert und mit geeigneten Methoden untersucht werden. Dies gehört zu den wichtigsten Zielen der *Psycholinguistik,* die wir im nächsten Abschnitt vorstellen.

1.2   Die moderne Psycholinguistik

Psycholinguistik – dahinter steckt ein wissenschaftlicher Zugang zu der Art und Weise, wie Menschen Sprache verwenden. Es geht hier in erster Linie darum, allgemein gültige Regelmäßigkeiten in der Sprachproduktion, der Sprachrezeption und im Spracherwerb aufzuzeigen und Erklärungen dafür zu finden, warum unterschiedliche Menschen in unterschiedlichen Situationen sich doch in gewisser Hinsicht ähnlich verhalten. Der wissenschaftliche Anspruch, sachlich zutreffende Erklärungen zu suchen, macht es erforderlich, die Überlegungen immer wieder kritisch zu überprüfen und Erklärungsansätze, die sich als unzutreffend erwiesen haben, zu verwerfen. Von daher unterscheidet sich die psycholinguistische Wissenschaft nicht prinzipiell von anderen Wissenschaften wie der Chemie oder der Physik.

Das Besondere an der Psycholinguistik ist ihr Gegenstand. So wie Linguistik oft als die Wissenschaft von der Sprache und Psychologie oft als die Wissenschaft vom Verhalten und Erleben gekennzeichnet wird, definieren wir die Psycholinguistik in analoger Weise als die Wissenschaft vom menschlichen Sprachgebrauch, genauer: vom *sprachlichen* Verhalten und Erleben.

> ❖ Psycholinguistik ist die Wissenschaft vom sprachlichen Verhalten und Erleben.

Die Unterscheidung von Verhalten und Erleben beruht darauf, dass menschliches Verhalten meistens eine Außen- und eine Innenperspektive hat, die nicht ohne weiteres aufeinander reduziert werden können. Einige Beispiele hierfür: Wenn Sie jetzt diese Zeilen lesen, spielen sich verschiedene subjektive Ereignisse wie Vorstellungen, Einschätzungen und Gefühle in Ihnen ab, die auch von der umfassendsten Untersuchung Ihres Verhaltens nicht vollständig erfasst werden können. Wenn Sie nach der Lektüre mit Ihren Freunden über Ihre Eindrücke sprechen, gibt auch die beste Ton- oder Videoaufnahme dieses Gesprächs nur einen kleinen Teil dessen wieder, was sich dabei in ihrem Kopf abspielt. Oder stellen Sie sich vor, ein Kind spricht sein erstes Wort. Wie man heute aufgrund langjähriger Forschungen weiß, umfasst das Erleben dieses Kindes dabei ein weites Spektrum an vorher erworbenem Wissen und früher gemachten Erfahrungen.

1.2.1 Zwischen Linguistik und Psychologie

Psycholinguistik versteht sich als eine interdisziplinäre Wissenschaft, die sowohl in der Linguistik als auch in der Psychologie verankert ist. Denn Psycholinguistik befasst sich mit der Funktionalität von Sprache – einem Gegenstand, der die Sprach- und die Verhaltenswissenschaften gleichermaßen interessiert (Abbildung 1).

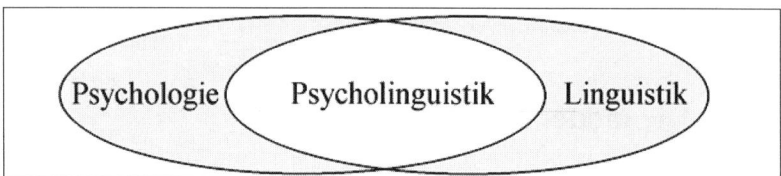

Abbildung 1

In späteren Kapiteln dieses Buches wird deutlich werden, dass die Psycholinguistik von ihren beiden ‚Elterndisziplinen', der Linguistik und der Psychologie, verschiedenerlei geerbt hat:

- von der Linguistik die Unterscheidung verschiedener Größenordnungen sprachlicher Einheiten (vom einzelnen Laut bis zum ganzen Diskurs), verschiedener Beschreibungsaspekte sprachlicher Äußerungen (Erscheinungsform, Zusammensetzung, Bedeutung, Zweck) und verschiedener betrachtenswerter Phänomene (z.B. Vollständigkeit, Mehrdeutigkeit oder Situationsabhängigkeit);

- von der Psychologie die Ausrichtung auf den Menschen als ein Sprache in bestimmten Situationen und mit bestimmten Absichten benutzendes Individuum, den Bezug auf objektiv erfassbares Verhalten und subjektiv erfahrbares Erleben und die klare Orientierung an empirischen Beobachtungen als Grundlage für das Annehmen oder Ablehnen bestimmter Erklärungsansätze.

Allerdings wird auch deutlich werden, dass der Begriff ‚Elterndisziplinen' ein wenig fragwürdig ist. Die Psycholinguistik war und ist durch das Bestreben nach Emanzipation sowohl von der Psychologie als auch von der Linguistik gekennzeichnet. Psycholinguistik ist eine eigenständige, interdisziplinäre Wissenschaft geworden (Rickheit, Sichelschmidt & Strohner, 2002).

Bevor wir auf die einzelnen Aspekte der modernen Psycholinguistik ausführlicher eingehen, ist eine abgrenzende Begriffserklärung nötig. Begriffe wie ‚Sprachpsychologie' und ‚Kognitive Linguistik' werden oft im Zusammenhang mit Psycholinguistik verwendet, ohne dass ihre Beziehung zur Psycholinguistik ausreichend geklärt wird.

Der Fall der *Sprachpsychologie* ist dabei der einfachste. Wir verwenden die beiden Begriffe ‚Psycholinguistik' und ‚Sprachpsychologie' nämlich als Synonyme, d.h. als Begriffe mit identischer Bedeutung. Der Grund liegt darin, dass sich Sprachverhalten, wie oben erläutert, weder allein von der psychologischen Seite noch allein aus linguistischer Perspektive untersuchen lässt, sondern nur von beiden Seiten gemeinsam (z.B. Hörmann, 1991; Herrmann, 2000). Für diesen Standpunkt liefern wir im vorliegenden Buch eine Fülle von Argumenten und Beispielen.

Nicht ganz so leicht zu erklären ist das Verhältnis der Psycholinguistik zur *Kognitiven Linguistik*. Hierzu müssen wir zunächst den Begriff der Kognitionswissenschaft einführen (z.B. Strohner, 1995). Die Kognitionswissenschaft ist wie die Psycholinguistik ein interdisziplinärer Zusammenschluss, allerdings nicht nur zwischen zwei Wissenschaften, sondern zwischen mindestens sechs, nämlich Psychologie, Linguistik, Philosophie, Anthropologie, Neurowissenschaft und Informatik sowie deren Nachbardisziplinen. Die Kognitionswissenschaft untersucht nicht nur die Informationsverarbeitung bei Menschen und anderen Lebewesen, sondern bezieht auch technische Systeme wie etwa Computer ein. Aus dieser Zielrichtung ergeben sich ganz neue Aufgaben für die wissenschaftliche Theoriebildung und Methodik. Kognitive Linguistik umfasst dabei den sprachlichen Sektor der Informationsverarbeitung (Felix, Kanngießer & Rickheit, 1990; Schwarz, 1992; Sucharowski, 1996; Schnelle, 2001).

Betrachtet man im Rahmen der Kognitiven Linguistik speziell die Sprachverarbeitung, so kommt man zum Begriff der kognitiven Sprachverarbeitung (Rickheit & Strohner, 1993). Hierzu hat natürlich die Psycholinguistik Entscheidendes beizutragen. Liegt der Schwerpunkt der Untersuchungen auf der Neurokognition der Sprache, so kann man von experimenteller Neurolinguistik sprechen (Müller & Rickheit, 2002; Müller & Weiss, 2002).

1.2.2 Psycholinguistik im Profil

Neben der Gegenstandsfestlegung lässt sich eine Wissenschaft am besten dadurch von anderen abgrenzen, dass man ihre wichtigsten Teilbereiche, ihre Theorie, ihre Empirie, ihre Methode und ihre Praxis beschreibt.

- Die Psycholinguistik umfasst eine Reihe von in sich wiederum reich gegliederten *Teilbereichen,* die sich jeweils mit speziellen Problemstellungen befassen und dazu spezielle Lösungsansätze entwickeln. Die wichtigsten Teilbereiche betreffen
  - das *Sprachwissen* als Wissen über Strukturen und Funktionen von Sprache,
  - die *Sprachverarbeitung* mit den Richtungen Produktion und Rezeption,
  - den *Spracherwerb* mit Erst-, Schrift- und Fremdspracherwerb.

  Der Aufbau des vorliegenden Buchs richtet sich nach den drei hier aufgeführten Teilbereichen.

- Die *Theorie* der Psycholinguistik hat sich stets in Verbindung mit ihrer Empirie entwickelt. In allen Teilbereichen der Psycholinguistik gibt es spezielle Theorien und Modelle, die mit Hilfe eines reichhaltigen Methodeninventars überprüft werden und zum Teil bereits recht gut empirisch untermauert sind. Innerhalb dieser noch voll in Gang befindlichen Entwicklung lässt sich ein Trend zu umfassenderen Theorien erkennen. Dieser Trend hat zur Folge, dass immer mehr auch die der Sprachverarbeitung übergeordnete Kommunikationssituation berücksichtigt wird.

■ Die *Empirie* der Psycholinguistik umfasst eine kaum mehr zu überschauende Fülle von Untersuchungen zu diversen Fragestellungen aus allen aufgeführten Teilbereichen. Als ein allgemeines Ergebnis der Untersuchungen kann festgehalten werden, dass die Sprachverarbeitung durch das Zusammenspiel funktional verschiedener Teilsysteme und funktional verschiedener Verarbeitungsebenen gekennzeichnet ist. Zudem hat sich gezeigt, dass Sprachwissen, Sprachverarbeitung und Spracherwerb durch kulturelle, individuelle, situative und mediale Faktoren stark beeinflusst werden können.

■ Die *Methode* der Psycholinguistik umfasst viele Verfahren, die sich zur Untersuchung spezieller Phänomene auf allen Ebenen der Sprachverarbeitung eignen. Grundsätzlich versteht sich die Psycholinguistik als eine empirische Wissenschaft. Die Untersuchenden verlassen sich hier also nicht auf ihre Intuitionen, sondern versuchen, systematisch mit Hilfe verfügbarer und geeigneter Verfahren auf allen linguistischen Ebenen objektive Erkenntnisse über die Struktur und den Gebrauch von Sprache zu gewinnen.

■ Die *Praxis* der Psycholinguistik betrifft alle diejenigen Bereiche der Kommunikation, in denen sprachliche Äußerungen verarbeitet werden. In erster Linie sind dies Situationen, in denen mit Hilfe von Texten geplant Informationen übermittelt werden sollen, zum Beispiel im Bildungssystem und in den Massenmedien, aber auch bei Anleitungen zu praktischem Handeln und bei der Diagnose und Therapie in Fällen gestörter Sprachfähigkeit. Ein weiteres immer wichtiger werdendes Praxisgebiet der Psycholinguistik im Rahmen der Kognitiven Linguistik ist die Implementierung von Fähigkeiten zur Sprachverarbeitung im Computer.

Das vorliegende Buch liefert Überblicksinformationen zu allen aufgeführten Punkten. Für die einzelnen Teilbereiche werden jeweils Theorie und Empirie gemeinsam dargestellt, während den psycholinguistischen Methoden und Anwendungen jeweils ein eigenes Kapitel gewidmet ist. Ausführlichere Darstellungen der Psycholinguistik finden sich bei Gernsbacher (1994), Harley (1995), Whitney (1998), Friederici (1999), Grimm (2000a), Herrmann und Grabowski (2003) sowie in Rickheit, Herrmann und Deutsch (2003).

1.3   Ein kleines Lexikon der Psycholinguistik

Um unseren Leserinnen und Lesern den Einstieg in die Erörterung psycholinguistischer Themen zu erleichtern, haben wir ein kleines Lexikon linguistischer und psychologischer Grundbegriffe zusammengestellt. Die hier in alphabetischer Reihenfolge verzeichneten Stichwörter liefern unseres Erachtens notwendige (und bei aller Kürze hoffentlich auch hinreichende) Hintergrundinformationen, um auch ohne spezielle Vorkenntnisse in Linguistik oder Psychologie den weiteren psycholinguistischen Gedankengängen folgen zu können.

- *Ambiguität:* Mehrdeutigkeit sprachlicher Äußerungen in Bezug auf ihre Interpretation (das Wort *Bank* kann z.B. eine Sitzgelegenheit oder ein Geldinstitut bezeichnen). Im ↗Kontext bemerkt man A. meist überhaupt nicht.

- *Assoziation:* Gedankliche Verbindung zwischen Begriffen. A. äußert sich darin, dass man auf einen sprachlichen ↗Stimulus (z.B. *Feuer*) spontan mit einer bedeutungsverwandten Äußerung reagiert (z.B. *heiß* oder *Wasser*).

- *Begriff:* ↗Konzept.

- *Denotation:* Inhaltsbezogener Aspekt der Bedeutung von sprachlichen Äußerungen; betrifft die sprachliche Bezeichnung externer Objekte (das Wort *Bielefeld* z.B. denotiert einen bestimmten geographischen Ort). Vgl. ↗Referenz, ↗Konnotation.

- *Diskurs:* Grundform der sprachlichen Kommunikation mit zwei oder mehr Gesprächsbeteiligten. Kann unterschiedliche Formen, Verläufe und Ziele haben. Das englische Wort „discourse" bedeutet aber meistens einfach ↗‚Text'.

- *Ellipse:* Syntaktisch unvollständig erscheinende sprachliche Äußerung (elliptisch ist z.B. *Klaus auch* in *Herbert trank ein Bier, Klaus auch.*). Der scheinbar fehlende Teil einer E. kann im ↗Kontext meist problemlos ergänzt werden.

- *Gedächtnis:* Kognitives System zur Speicherung von und zum Zugriff auf Informationen. Man unterscheidet verschiedene G.-Subsysteme, je nach Art und Menge der Informationen sowie Dauer der Verfügbarkeit. Vgl. ↗Repräsentation.

- *Grammatik:* Allgemein ein System von Regeln, das den Aufbau von Wörtern und Sätzen einer Sprache beschreibt: Ein Satz ist genau dann ‚grammatisch' (korrekt), wenn er einer G. entspricht. Speziell liegen verschiedene Beschreibungsansätze vor.

- *Image:* Auch „Vorstellung". Form der mentalen ↗Repräsentation mit quasi-bildhaftem (depiktionalem) Charakter. Ist meist, aber nicht notwendigerweise, an visuelle Wahrnehmung gebunden. Der Prozess des Aufbaus eines I. heißt „imagery".

- *Inferenz:* Bedeutungserweiternde Anreicherung von Informationen im Verlauf ihrer Verarbeitung (liest man z.B. *Paul rief den Notarzt*, so kann man sich denken, dass Paul dazu wohl ein Telefon benutzt hat). Basis jeder I. ist vorhandenes ↗Wissen.

- *Information:* Allgemein ein der Wahrnehmung zugänglicher, ↗Wissen vermittelnder Sachverhalt sprachlicher oder nichtsprachlicher Art. In der Kognitionswissenschaft bezieht sich „Informationsverarbeitung" auf Menschen wie auch auf Maschinen.

- *Kohärenz:* Inhaltlicher Zusammenhang zwischen verschiedenen Teilen einer sprachlichen Äußerung bzw. deren mentaler ↗Repräsentation. „Lokale K." betrifft unmittelbar benachbarte Äußerungsteile, „globale K." den Gesamtzusammenhang.

- *Kohäsion:* Struktureller Zusammenhang zwischen verschiedenen Teilen einer sprachlichen Äußerung. K. zeigt sich meist in der Wortwahl oder in syntaktischen Phänomenen wie Numerus-, Genus- oder Kasuskongruenz.

- *Kommunikation:* Sprachliche oder auch semantische nichtsprachliche Informationsübermittlung. Als K.s-Situation bezeichnet man die jeweilige Konstellation aller Einflussgrößen, als K.s-Handlung eine einzelne Sequenz von Rede und Gegenrede. Vgl. ↗Pragmatik.

- *Konnotation:* Gefühlsbezogener Aspekt der Bedeutung von sprachlichen Äußerungen; betrifft die damit einhergehenden subjektiven Einstellungen und Wertungen (das Wort *Depp* z.B. ist als Beleidigung aufzufassen). Ergänzend zu ↗Denotation.

- *Konstituente:* ↗Phrase.

- *Kontext:* Allgemein das Ergebnis zeitlich früherer Informationsverarbeitungsvorgänge. Speziell vorangegangene Teile einer sprachlichen Äußerung (im K. von *kaufen* denkt man bei *Tee* eher an getrocknete Blätter, im K. von *trinken* eher an Blätteraufguss).

- *Konzept:* Auch ↗Begriff. Mentale Bedeutungseinheit, die auf der Zusammenfassung einzelner Objekt-Exemplare zu Klassen beruht (ein K. wie *Hund* umfasst z.B. Pudel, Terrier, Nachbars Fido ...). Ist meist, aber nicht notwendigerweise, wortgebunden.

- *Koreferenz:* ↗Referenz unterschiedlicher sprachlicher Äußerungen auf dasselbe Objekt (z.B. sind die Wörter *Berlin*, *Bundeshauptstadt* und *Spreemetropole* koreferent – alle verweisen auf dieselbe Stadt). K. ist eine wichtige Grundlage für ↗Kohärenz.

- *Lexikon:* Allgemein Wörterverzeichnis. Als „mentales L." Menge der langfristig im ↗Gedächtnis verzeichneten wortgebundenen ↗Konzepte (*Katze:* ist ein Substantiv, ist feminin, ist ein Vierbeiner, hat Krallen ...).

- *Metapher:* Bildlich im übertragenen Sinn zu interpretierende sprachliche Äußerung (z.B. *Erwin ist ein Schwein* im Sinne von „Erwin verhält sich wie ein Schwein"). Grundlage einer M. ist eine strukturelle oder funktionale Ähnlichkeit.

- *Phonologie:* Teilbereich der Linguistik, der sich mit der Funktion lautlicher Einheiten im sprachlichen System befasst. Kernbegriff ist „Phonem" (kleinste bedeutungsunterscheidende Lauteinheit).

- *Phrase:* Auch ↗Konstituente. Syntaktische Einheit zwischen Wort und Satz, benannt nach ihren wichtigsten Wortbestandteilen (z.B. Nominalphrase). Als Teilstruktur eines Satzes ist eine P. selbst wieder in Teilstrukturen zerlegbar.

- *Pragmatik:* Teilbereich der Linguistik, der sich mit der Kultur- und Handlungseinbettung sprachlicher Äußerungen sowie deren Bezug zu den jeweiligen Kommunikationspartnern befasst. Kernbegriff: ↗„Sprechakt".

- *Proposition:* Form der mentalen ↗Repräsentation mit beschreibendem Charakter. Eine Art ‚Bedeutungsmolekül'; besteht aus genau einem Prädikat und mindestens einem Argument (*Kai kochte Kaffee* ist propositional als KOCHEN (KAI, KAFFEE) darstellbar).

- *Reaktion:* Sammelbezeichnung aus der Psychologie für Veränderungen des menschlichen Verhaltens bzw. des Organismuszustands als Folge einer Veränderung der Situation (↗Stimulus). Verschiedene Messmethoden (z.B. Reaktionszeitmessung).

- *Referenz:* Funktionaler Aspekt der Bedeutung von sprachlichen Äußerungen; betrifft den sprachlichen Verweis auf nichtsprachliche Objekte, die so genannten „Referenten" (das Wort *Bielefeld* verweist z.B. auf eine bestimmte Stadt). ↗Denotation.

- *Reiz:* ↗Stimulus.

- *Repräsentation:* Darstellung. Als „mentale R." die interne Darstellung externer Dinge oder Sachverhalte im ↗Gedächtnis. Angenommen werden verschiedene Formate zur R. von Texten (↗Propositionen) bzw. Bildern (↗Images).

- *Satz:* Aus ↗Phrasen bestehende, inhaltlich und syntaktisch unabhängige Äußerungseinheit. Definierbar als Textbaustein, grammatische Struktur oder elementare Aussage; klassifizierbar nach unterschiedlichen Gesichtspunkten.

- *Schema:* Abstraktes, allgemeines ↗Konzept eines Objekts oder einer Situation, das die wesentlichen Komponenten zur Verfügung stellt, diese aber noch nicht konkretisiert (ein Zirkus-S. umfasst z.B. Akrobatik, Clowns, Dressur und anderes).

- *Semantik:* Teilbereich der Linguistik, der sich mit der Bedeutung sprachlicher Äußerungen in Bezug auf Produzenten, Rezipienten und Referenten befasst. Kernbegriff: ↗„Konzept".

- *Semiotik:* Allgemeine Theorie des Aufbaus und Gebrauchs von Zeichensystemen. Sprache ist ein spezielles Zeichensystem; Linguistik kann daher als spezielle, sprachbezogene S. betrachtet werden.

- *Sprechakt:* Elementarer Teil einer ↗Kommunikations-Handlung; zusammenhängende, absichtsvolle Äußerung eines Sprechers an einen Hörer. Besonders interessant sind so genannte indirekte S.e (z.B. Frage statt Bitte: *Haben Sie Feuer?*).

- *Stimulus:* Auch ↗Reiz. Sammelbezeichnung aus der Psychologie für Konstellationen von ↗Informationen, deren planvolle Veränderung eine ↗Reaktion nach sich zieht. In der Rezeptionsforschung normalerweise das zu verarbeitende Material.

- *Symbol:* Sprachliches oder nichtsprachliches Zeichen, das dem Bezeichneten über eine konventionelle Regel zugeordnet ist (das Wort *Fisch* z.B. steht ebensowenig in einer natürlichen Beziehung zu dem betreffenden Tier wie das Wort *poisson*).

- *Synonymie:* Bedeutungsgleichheit bzw. -ähnlichkeit von sprachlichen Äußerungen (ein Synonym zu dem Wort *Ruhe* wäre z.B. *Stille*). Als eine spezielle Form von S. gilt Bedeutungsgegensatz (Antonymie).

- *Syntax:* Teilbereich der Linguistik, der sich mit dem Aufbau von geschriebenen oder gesprochenen ↗Sätzen sowie den Regelhaftigkeiten befasst, die diesen Aufbau beschreiben (vgl. ↗Grammatik). Kernbegriff ist ↗„Phrase".

- *Text:* Sprachliche Äußerung als Ergebnis einer ↗Kommunikations-Handlung. In der so genannten Textlinguistik sowie in Teilen der Psycholinguistik oft als Folge von ↗Sätzen verstanden, die bestimmte Kriterien erfüllt (z.B. ↗Kohärenz).

- *Wissen:* Menge der langfristig im ↗Gedächtnis gespeicherten ↗Informationen. Man unterscheidet episodisches W. (persönliche Erinnerungen) und semantisches W. (Allgemeinwissen über Dinge und Sachverhalte; vgl. ↗Schema, ↗Konzept, ↗Lexikon).

- *Wort:* Grundlegende Einheit der Sprachbeschreibung. Definierbar als Satzbaustein („Wortform") oder als lexikalisiertes Konzept („Lexem"); klassifizierbar nach unterschiedlichen Gesichtspunkten.

Kapitel 1 zusammengefasst

▶ Psycholinguistik ist die Wissenschaft vom sprachlichen Verhalten und Erleben.

▶ Psycholinguistik steht im Spannungsfeld von Psychologie und Linguistik.

▶ Psycholinguistik ist eine interdisziplinäre, empirische Wissenschaft.

▶ Wichtige Teilbereiche betreffen Sprachwissen, -verhalten und -entwicklung.

Weiterführende Literatur zu Kapitel 1: Gernsbacher (1994); Friederici (1999); Grimm (2000a); Herrmann & Grabowski (2003); Rickheit, Herrmann & Deutsch (2003).

Kapitel 2
Die kurze Geschichte der Psycholinguistik

Psycholinguistik versteht sich, wie bereits ausgeführt, als eine interdisziplinäre Wissenschaft, die in einer engen Beziehung sowohl zur Linguistik als auch zur Psychologie steht. Im Verlauf der etwa ein Jahrhundert dauernden Entwicklung der Psycholinguistik zu einer modernen Wissenschaft mit eigenständigem Profil haben beide Seiten – die sprachwissenschaftliche wie auch die verhaltenswissenschaftliche – in wechselndem Ausmaß die Psycholinguistik geprägt.

2.1   Die frühen Anfänge

Paradoxerweise ist die Psycholinguistik – als *funktionalistische Perspektive* auf Sprache – älter als ihre ‚Elterndisziplinen‘. Die psycholinguistische Frage nach der Rolle von Sprache in der menschlichen Kommunikation ist nämlich bereits diskutiert worden, bevor sich Linguistik und Psychologie zu Beginn des 20. Jahrhunderts als eigenständige Disziplinen etablieren konnten. Seinerzeit wurden alle mit Sprache befassten Wissenschaftszweige als Teil der Philosophie betrachtet.

Auf der sprachwissenschaftlichen Seite hatte Ferdinand de Saussure (1916) die strukturalistische Ausrichtung der Linguistik begründet: Im Vordergrund stand die Betrachtung von Sprache als abstraktem System von Elementen und Verknüpfungsregeln; die Betrachtung von Sprache als konkreter Menge von Äußerungen mit kommunikativem Zweck rückte dagegen in den Hintergrund. Bereits ein paar Jahrzehnte vor de Saussure allerdings hatte ein anderer Sprachwissenschaftler, Hermann Paul (1880), einen funktionalistischen Standpunkt vertreten: Er hatte sich Gedanken darüber gemacht, welche Möglichkeiten Sprachbenutzer haben, um die Zusammengehörigkeit von Wörtern in einer sprachlichen Äußerung zu kennzeichnen, und forderte, Regelhaftigkeiten der menschlichen Sprachverarbeitung mit naturwissenschaftlichen Mitteln zu untersuchen. Paul dachte also wesentlich ‚psycholinguistischer‘ als de Saussure.

Auf der verhaltenswissenschaftlichen Seite stand Sprache ebenfalls sehr früh im Mittelpunkt des Forschungsinteresses. Das schlug sich einerseits in ersten empirischen Untersuchungen zur Sprachverarbeitung nieder: Eine Studie des Intelligenzforschers Alfred Binet zum „Behalten von Formulierungen bzw. Inhalten" (Binet & Henri, 1894) gilt als das erste kognitionspsychologische Experiment – und es hatte Sprache zum Gegenstand. Andererseits entwickelte man auch erste theoretische Überlegungen zur Rolle von Sprache: Wilhelm Wundt, der Wegbereiter einer naturwissenschaftlich orientierten Psychologie, räumte in seinem vielbändigen Monumentalwerk „Völkerpsychologie" (Wundt, 1900) der Sprache immerhin einen ganzen Band ein. Ein Meilenstein der frühen Psycholinguistik war das Buch „Sprachtheorie" von Karl Bühler. Darin thematisierte Bühler (1934: 28) Sprache als „Organon", also als Werkzeug, zur Verständigung (Abbildung 2).

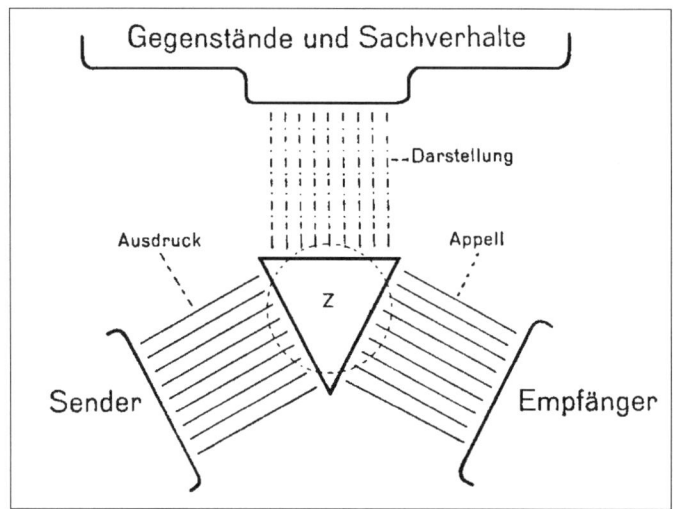

Abbildung 2
(aus Bühler, 1934: 28)

In diesem Zusammenhang beschrieb Bühler drei wichtige Funktionen des sprachlichen Zeichens (Z), also einer Sprachäußerung: mit Bezug auf den Sprecher die *Ausdrucksfunktion*, mit Bezug auf den Hörer die *Appellfunktion* und mit Bezug auf die umgebende Welt die *Darstellungsfunktion*. Auch heute noch zählen diese Funktionen zu den grundlegenden Dimensionen funktionaler Analysen von Sprache und Kommunikation.

Erwähnt sei noch, dass sich unabhängig von diesen frühen Ansätzen in der ehemaligen Sowjetunion eine am Tätigkeitsbegriff orientierte Psycholinguistik marxistischer Provenienz entwickelte (z.B. Leont'ev, 1971). Allerdings blieb die Wirkung aller dieser frühen funktionalistischen Ansätze auf den europäischen Raum beschränkt.

2.2   Der behavioristische Neubeginn

In der nordamerikanischen Psychologie und Linguistik dagegen waren in der ersten Hälfte des 20. Jahrhunderts behavioristische Positionen vorherrschend. Das Ziel des Behaviorismus bestand darin, das subjektive, intuitionsgeleitete Vorgehen in den Sprach- und Verhaltenswissenschaften durch objektivere, besser überprüfbare Vorgehensweisen zu ersetzen.

In der Psychologie war es vor allem Burrhus F. Skinner (1957), der vor den vielen Fehlermöglichkeiten bei der Selbstbeobachtung, der Introspektion, warnte. In seinem Buch „Verbal Behavior" legte er eine strikt auf beobachtbare Reiz-Reaktions-Zusammenhänge gestützte Analyse des Sprachlernens und -verhaltens von Menschen vor – einen Versuch, sprachliches Verhalten als Sonderform allgemeinen Verhaltens zu erklären, ohne dabei auf ‚mentalistische' Ideen wie ‚Bedeutung' oder ‚Sprache' zurückzugreifen. Aus behavioristischer Sicht stellt sich der Gebrauch von Sprache als Kette von Reiz-Reaktions-Abfolgen dar: Ein Sprecher hat Durst (Reiz); er bittet um ein Glas Wasser (Reaktion); er bekommt ein Glas Wasser (Reiz); er trinkt das Wasser (Reaktion) – und dieser Zusammenhang wird verstärkt durch den angenehmen Umstand, dass der Durst mit dem Trinken des Wassers verschwindet. Bei der Analyse der Sprachproduktion betrachtet man die aktuelle Situation als Reiz und die beobachtbare Äußerung als Reaktion. Bei der Untersuchung der Sprachrezeption dagegen ist die zu verarbeitende sprachliche Äußerung der Reiz und das darauf erfolgende beobachtbare Verhalten des Rezipienten die Reaktion.

Erst aus der Verbindung der Betrachtung von Sprachproduzenten und -rezipienten ergibt sich nach Skinner (1957: 34) ein vollständiges Bild sprachlichen Verhaltens: „We need separate but interlocking accounts of the behaviors of both speaker and listener if our explanation of verbal behavior is to be complete. In explaining the behavior of the speaker we assume a listener who will reinforce his behavior in certain ways. In accounting for the behavior of the listener we assume a speaker whose behavior bears a certain relation to environmental conditions." Mit diesem Hinweis auf die funktionellen Ahängigkeiten zwischen Sprachproduzenten und -rezipienten ist Skinner einer der Wegbereiter einer kommunikationsorientierten Perspektive in der Psycholinguistik. Daran ändert auch die Tatsache nichts, dass seine behavioristische Erklärung des Sprachverhaltens Anlass zu mancherlei Kritik gegeben hat. So lautete ein Einwand, die Kopplung von Sprachäußerungen an wahrnehmbare Reizgegebenheiten könne nicht plausibel machen, wieso man sich auch dann über Elvis Presley unterhalten könne, wenn dieser nicht anwesend sei.

In der Linguistik tat sich neben anderen Louis Bloomfield (1933) mit ähnlichen Überlegungen wie Skinner hervor. So lag es nahe, der Verbindung zwischen Linguistik und Psychologie ebenfalls eine behavioristische Ausrichtung zu geben. Ein Motor dieser Entwicklung war Charles E. Osgood, der in einem Tagungsbericht mit dem Titel „Psycholinguistics" der Disziplin zwischen Linguistik und Psychologie ihren Namen gab (Osgood & Sebeok, 1954: 4): „The rather new discipline coming to be known as psycholinguistics (paralleling the closely related discipline termed ethnolinguistics) is concerned in the broadest sense with relations between messages and the characteristics of human individuals who select and interpret them."

2.3   Das grammatiktheoretische Zwischenspiel

Eine radikal andere Sichtweise der menschlichen Sprache propagierte dagegen der Linguist Noam Chomsky (1957). Seine *generative Grammatiktheorie* beschrieb Sprache über regelgeleitete Transformationen grammatischer Strukturen. Chomsky stellte sich diese grammatischen Strukturen als wesentlichen Teil des abstrakten linguistischen Wissens vor, welches er als „Kompetenz" strikt von dem konkreten sprachlichen Verhalten trennte, das er als „Performanz" bezeichnete. Gegenstand der Linguistik sollte nach seiner Meinung vor allem die Kompetenz sein – und zwar die eines imaginären Sprachbenutzers, des so genannten ‚idealen Sprecher-Hörers'. Der Anspruch der generativen Grammatik bestand somit nicht nur darin, die beobachteten sprachlichen Phänomene korrekt abzubilden und die einer Sprache zugrunde liegenden Regularitäten zu beschreiben, sondern darüber hinaus darin, die Beherrschung von Sprache – oder wenigstens Intuitionen über Sprache – vor dem Hintergrund dieses kompetenten Sprecher-Hörers zu erklären.

Das linguistische Wissen, über das der ideale Sprecher-Hörer verfügt, beschrieb Chomsky (1965) in dem Buch „Aspects of a Theory of Syntax" als einen Regelapparat, der es ermöglicht, formal korrekte Sätze zu generieren. Dieser Regelapparat legt fest, welche Satzbestandteile miteinander kombiniert oder durch einander ersetzt werden können. Das betrifft die lautliche Komponente („phonologische Regeln"), die syntaktische Komponente („Transformations-Regeln", „Phrasenstruktur-Regeln") sowie in gewissem Umfang auch lexikalisch-semantische Aspekte der Sprache („Projektions-Regeln"). Den so postulierten Strukturen und Regeln wurde psychologische Realität unterstellt, und ihr Erwerb wurde als eine im Wesentlichen angeborene Fähigkeit des Menschen angesehen.

Obwohl die generative Grammatik seither in vielerlei Hinsicht präzisiert und revidiert werden musste, um zuverlässig zwischen grammatisch korrekten und ungrammatischen sprachlichen Äußerungen im Rahmen einer Universalgrammatik unterscheiden zu können, blieben ihre Grundzüge unverändert. Statt von Phrasenstruktur-Regeln spricht Chomsky (1981) beispielsweise von – bestimmten grammatischen Prinzipien entsprechenden – Kategorial-Regeln, doch leisten diese im Grunde dasselbe.

Zweifellos hat sich die Beschreibungsreichweite des Ansatzes im Laufe der Zeit wesentlich vergrößert. Umstritten ist dagegen, inwieweit die generative Grammatik ihrem Erklärungsanspruch gerecht wird. Drei Punkte sind in diesem Zusammenhang zu beachten.

■   Generative Grammatik ist prinzipiell keine empirische Theorie. Der ideale Sprecher-Hörer ist eine bloße Gedankenkonstruktion; weder sein Sprachverhalten noch sein Sprachwissen ist beobachtbar. Beobachtbar ist lediglich das tatsächliche Sprachverhalten realer Sprachbenutzer. Nur aus der Performanz kann die Psycholinguistik Rückschlüsse auf die für Sprache wichtigen kognitiven Strukturen und Prozesse ziehen.

- Generative Grammatik ist Grammatik und keine Psychologie. Prinzipien wie Rektion (eine bestimmte Art von Relation zwischen Konstituenten) beschreiben sprachliche Strukturen, aber nicht unbedingt kognitive Prozesse. Belege dafür, dass sprachliches Wissen tatsächlich in Regeln organisiert ist und dass Sprachbenutzer tatsächlich mentale Transformationen vornehmen, bleibt der generative Ansatz schuldig.

- Generative Grammatik geht vom ‚fertigen Satz‘ aus. Sie stellt Satzverarbeitung als Verrechnung vollständiger Sätze dar. Tatsächlich aber werden Äußerungen sequenziell produziert, und auch die Rezeption erfolgt inkrementell: Menschen warten mit der Verarbeitung nicht, bis der Sprecher seinen Satz vollendet hat. Dieser Aspekt des schrittweisen Vorgehens wird in generativen Ansätzen vernachlässigt.

Während die psychologische Seite generativ-grammatischen Auffassungen angesichts des geringen Stellenwerts, der realem Sprachverhalten zuerkannt wurde, eher reserviert gegenüberstand (z.B. Miller, 1965), waren die programmatischen Überlegungen Chomskys auf der Seite der Linguistik überaus populär (z.B. Garrett, Bever & Fodor, 1966). Dementsprechend war die Psycholinguistik der Sechzigerjahre vor allem an strukturalistischen Positionen der generativen Grammatik orientiert.

Dabei hat sich das Spannungsverhältnis zwischen Linguistik und Psychologie zeitweise deutlich verschärft. Dazu hat nicht zuletzt Chomsky selbst beigetragen, der gegen verhaltenswissenschaftliche Positionen pauschal polemisiert (Chomsky, 1988: 137: „These ideas [...] must be abandoned as essentially worthless.“), den eigenen Ansatz jedoch überschwänglich preist (Chomsky, 1988: 91: „[...] may be compared with the discovery of waves, particles, genes, valence and so on [...] The same is true of the principle of phrase structure, binding theory, and other sub-systems of universal grammar.“). Da wundert es nicht, wenn es in entsprechender Weise aus dem Wald herausschallt: „Chomsky's problem is simply that he fails to distinguish philosophy from science, grammar from psychology, and normative sciences from explanatory, predictive ones“ (Hacker, 1990: 147).

2.4   Die kognitive Wende

Die kognitive Wende der Psycholinguistik begann in den Siebzigerjahren mit dem Hinweis auf den konstruktiven Charakter der Sprachrezeption. In einer Reihe von Experimenten (z.B. Bransford, Barclay & Franks, 1972) zeigte sich, dass Rezipienten die einzelnen Sätze eines Textes nicht isoliert voneinander analysieren, sondern im Verstehensprozess auf der Grundlage des jeweiligen Textes und des individuellen Weltwissens eine übergreifende Bedeutungsstruktur aufbauen, in der auch solche Sachverhalte mental repräsentiert sind, die über das im Text explizit Gesagte hinausgehen: Man versteht mehr als das, was im Text steht.

Eine ausführliche Erörterung der Tragweite kognitiv-konstruktivistischer Positionen legte der Sprachpsychologe Hans Hörmann (1976) in dem Buch „Meinen und Verstehen" vor. Hörmann (1991: 139) betonte, dass „Verstehen ein schöpferischer, konstruktiver Akt ist, der immer über die in der Äußerung selbst codierte Information hinausgeht, manchmal diese auch nicht ausfüllt oder viel von ihr ignoriert, immer jedoch sein Ziel von der Intention des Hörers angewiesen bekommt: die umgebende Welt, zu der auch der Sprecher gehört, durch die Worte der Äußerung hindurch [...] intelligibel zu machen." Diese Auffassung nimmt einen Leitgedanken der gegenwärtigen Psycholinguistik vorweg, den wir im folgenden Abschnitt wieder aufgreifen werden.

Mit der kognitiven Wende verlagerte sich der psycholinguistische Interessensschwerpunkt von syntaktischen auf semantische Strukturaspekte. Unter Bezug auf linguistische Überlegungen von Charles J. Fillmore (1968) entwickelte beispielsweise Walter Kintsch (1974) einen einflussreichen Ansatz zur systematischen Beschreibung von Bedeutungsstrukturen. Diesem Ansatz zufolge lässt sich die Bedeutung einer sprachlichen Äußerung darstellen als Menge von hierarchisch verknüpften Propositionen (Propositionen sind gewissermaßen Bedeutungsmoleküle, die wiederum aus Bedeutungsatomen bestehen). Der propositionale Ansatz ist mit zahlreichen empirischen Befunden zur Sprachverarbeitung vereinbar.

Ein weiterer Umschwung, den die kognitive Wende mit sich brachte, war die Ausweitung des psycholinguistischen Forschungsinteresses auf Verarbeitungsprozesse. „There is no structure apart from psychological processes", hieß es jetzt (Kintsch, 1974: 3); „structure is the result of processes." Folgerichtig baute beispielsweise Kintsch seinen propositionalen Ansatz zur Darstellung von Bedeutungsstrukturen zu einem ebenso einflussreichen Prozessmodell des Verstehens sprachlicher Äußerungen aus (Kintsch & van Dijk, 1978). Die Entwicklung von struktur- zu prozessorientierten Theorien implizierte eine Abwendung der Psycholinguistik von formal-linguistischen Beschreibungsansätzen und eine Hinwendung zu psychologienäheren kognitiv orientierten Erklärungsansätzen (Clark & Clark, 1977). Mit dem Technikfortschritt wurden überdies immer ausgefeiltere Messverfahren verfügbar, die eine immer genauere Rekonstruktion der bei der Sprachverarbeitung ablaufenden kognitiven Prozesse gestatteten (s. Kapitel 3).

Der technische Fortschritt schuf auch die Voraussetzungen dafür, dass komplexe Sprachverhaltensweisen nunmehr auf konnektionistischer Grundlage modelliert werden konnten. Vor allem die Arbeitsgruppe um David E. Rumelhart und James L. McClelland (1986) verzeichnete große Erfolge bei ihren Versuchen, kognitive Prozesse durch Aktivationsausbreitung in abstrakten, an neuronalen Strukturen orientierten Netzen zu simulieren. Vor allem der Gedanke der Parallelität (die Aktivationsausbreitung erfolgt stets gleichzeitig) und das innovative Prinzip der Distribuiertheit (es ist immer das gesamte Netz beteiligt) haben wichtige Impulse geliefert, die im Rahmen der Psycholinguistik bereitwillig aufgegriffen wurden (z.B. Schade, 1999).

Seither hat sich die kognitive Ausrichtung der Psycholinguistik verfestigt (vgl. Grimm & Engelkamp, 1981; Gernsbacher, 1994). Im Mittelpunkt des Forschungsinteresses steht nach wie vor der Sprachbenutzer, sein Wahrnehmen, Wissen, Denken und Verhalten. Der Gegenstand psycholinguistischer Betrachtungen hat sich allerdings in mehrfacher Hinsicht ausgeweitet.

- Die Betrachtung von Sprache geht über Strukturen hinaus; man betrachtet nun verstärkt auch die kognitiven *Prozesse*, die sich beim Sprechen oder Schreiben, beim Hören oder Lesen sprachlicher Äußerungen abspielen.

- Die Betrachtung sprachlicher Äußerungen geht über einzelne Sätze hinaus; man betrachtet nun auch ganze *Redebeiträge, Texte* oder *Diskurse*, und zwar im Hinblick auf die Äußerungen selbst ebenso wie im Hinblick auf ihre mentale Repräsentation.

- Die Betrachtung der Bedeutung sprachlicher Äußerungen geht über denotative Aspekte hinaus; *konnotative Aspekte* und die Rolle von Emotionen für Sprachverarbeitungsprozesse rücken immer stärker ins Blickfeld des Forschungsinteresses.

- Die Betrachtung des sprachlichen Geschehens berücksichtigt in stärkerem Ausmaß als bisher die *Situiertheit* – den situativen Kontext, in dem sprachliche Äußerungen produziert und rezipiert werden.

2.5   Die kommunikative Perspektive

Die gegenwärtige Psycholinguistik hat den Anspruch, eine Wissenschaft zu sein, die sich nicht mit der Untersuchung einiger isolierter Teilprozesse der Sprachverarbeitung begnügt, sondern die diese in der Komplexität untersucht, wie sie in der Lebensrealität tatsächlich auftreten (Rickheit, Herrmann & Deutsch, 2003). Damit hat sie mit der Psycholinguistik früherer Jahre, die sich auf die Betrachtung der Verarbeitung isolierter Wörter, Wortlisten oder Sätze beschränkt hat, nur noch wenig gemein. Zwar mag es zwischen der Verarbeitung isolierter Spracheinheiten und situativ eingebundener Sprachäußerungen allerhand Übereinstimmungen geben, doch dürfen diese Gemeinsamkeiten nicht von vornherein als gegeben angenommen werden. Sie müssen vielmehr für jeden zu erforschenden Teilprozess sprachlichen Verhaltens erneut überprüft werden.

Wichtigstes Kennzeichen einer kommunikativ orientierten Psycholinguistik ist die Berücksichtigung der Gesamtsituation, in der eine Äußerung produziert oder rezipiert wird. Die Gesamtsituation umfasst die Objekte und Sachverhalte der umgebenden Welt ebenso wie die beteiligten Personen. Was ein Sprecher sagt, hängt sicher davon ab, was er mitteilen möchte (hier sei an Bühlers Ausdrucksfunktion erinnert), aber auch davon, worüber er reden möchte (die Darstellungsfunktion im Sinne Bühlers) und mit wem er spricht (die Appellfunktion). Eine adäquate Analyse der Sprache muss die Vielfalt der Situationskomponenten und ihrer Zustände ebenso einbeziehen wie die Vielfalt der zu berücksichtigenden sprachlichen Funktionen (Strohner, 2001).

Die kommunikativ orientierte Konzeption geht aber noch einen Schritt weiter. Sie widerspricht vielen immer noch weit verbreiteten Lehrmeinungen der traditionellen Linguistik. Der Psycholinguist Herbert H. Clark (1997) hat diese wissenschaftlichen Ideologien als „dogmas of understanding" gebrandmarkt und ihnen vorgeworfen, den Erkenntnisfortschritt zu hemmen. In seinem Aufsatz nennt Clark insgesamt elf solcher Dogmen. Das erste Dogma (und vielleicht dasjenige mit den gravierendsten Auswirkungen auf die Forschung) ist das „dogma of sentence meaning" (Clark, 1997: 569): „For listeners to understand what a speaker means, they must first determine the meaning of the sentence uttered." Dieses Dogma der Satzbedeutung weist auf die Gefahr hin, bei der Analyse sprachlicher Äußerungen so etwas wie eine von den Sprachbenutzern unabhängige Bedeutung der Äußerung anzunehmen, die zumindest in einem ersten Schritt der Analyse zu rekonstruieren sei. Was die Abkehr von diesem Dogma der Satzbedeutung impliziert und inwiefern der eigentliche Gegenstand der Psycholinguistik damit wieder in den Vordergrund rückt, hat der Konstruktivist John D. Bransford zusammen mit einigen Kollegen vor genau 30 Jahren pointiert so ausgedrückt (Bransford, Barclay & Franks, 1972: 207): „In a broader sense the constructive approach argues against the tacit assumption that sentences ‚carry meaning'. People carry meanings."

Eine Abkehr vom Dogma der Satzbedeutung hat weit reichende Konsequenzen für die gesamte Linguistik. Eine der wichtigsten hiervon ist der Aufbau einer Linguistik aus kognitiver und kommunikativer Sicht. Die moderne Psycholinguistik versteht sich als ein zentraler Teil dieser Bewegung.

Kapitel 2 zusammengefasst

▶ Die Psycholinguistik hat im 20. Jahrhundert mehrere Phasen durchlaufen.

▶ Vor 1950: Psycholinguistik steht in der Tradition funktionalistischer Theorien.

▶ 50er Jahre: Behaviorismus erklärt Sprachverhalten über Reiz-Reaktions-Ketten.

▶ 60er Jahre: Generative Grammatik beschreibt Sprachstrukturen durch Regeln.

▶ 70er Jahre: Seit der kognitiven Wende stehen Bedeutungsaspekte im Vordergrund.

▶ Seit 1990: Psycholinguistik bezieht verstärkt kommunikatives Handeln ein.

Weiterführende Literatur zu Kapitel 2: Knobloch (1984); Kess (1992); Rickheit & Strohner (1993); Altmann (2001).

Kapitel 3
Methodische Grundlagen der Psycholinguistik

Psycholinguistik als Wissenschaft des Gebrauchs von Sprache sieht sich einer besonderen Schwierigkeit gegenüber: Die kognitiven Prozesse, die sich bei der Sprachproduktion, beim Sprachverstehen und in der Sprachentwicklung abspielen, lassen sich nicht direkt beobachten. Beobachten lassen sich allenfalls Bedingungen, unter denen Sprachverarbeitung stattfindet, sowie einige ihrer Konsequenzen. Bildlich gesprochen, muss Psycholinguistik Aussagen über kognitive Mechanismen machen, die in einer nicht einsehbaren ‚black box‘ gekapselt sind. Lediglich der Zusammenhang von beobachtbarem Input und Output lässt dabei in gewissem Umfang Rückschlüsse auf die Arbeitsweise des kognitiven Systems zu.

3.1 Das ‚black box‘-Problem

Im Unterschied zur traditionellen Linguistik, die sich eine möglichst präzise Beschreibung der strukturellen Regelmäßigkeiten sprachlicher Äußerungen zum Ziel gesetzt hat, tritt Psycholinguistik mit dem wissenschaftlichen Anspruch an, eine umfassende, allgemeingültige und nachweislich zutreffende Erklärung der kognitiven Prozesse zu liefern, die bei der Verwendung von Sprache ablaufen. Psycholinguistik versteht sich somit als eine empirische, an Daten orientierte Wissenschaft: Es geht ihr darum, theoretisch begründete Hypothesen über das Verhalten von Sprachbenutzern anhand von systematischen Beobachtungen zu stützen oder zu widerlegen, um so Entscheidungsgrundlagen für die Beibehaltung, Ablehnung oder Revision der zugrunde liegenden Theorien zu erhalten.

Das Vorgehen in der empirisch arbeitenden Psycholinguistik veranschaulicht Abbildung 3. Forscherinnen oder Forscher setzen an Lücken oder Widersprüchen existierender Theorien an, sehen also beispielsweise Klärungsbedarf in der Frage der Verarbeitung von Fragesätzen. Aus einer Theorie leiten sie dann eine Hypothese ab, die vielleicht besagt, Fragesätze seien schwieriger zu verarbeiten als vergleichbare Aussagesätze. Konkrete Beobachtungen dazu könnten die Forscher dann in Situationen machen, wo eine Gruppe von Sprachbenutzern eine Reihe von Aufgaben anhand von Fragesätzen löst (*Ist zwölf eine gerade Zahl?*), während eine andere Gruppe dieselben Aufgaben anhand von Aussagesätzen löst (*Zwölf ist eine gerade Zahl.*). Zeigt sich in den Daten – etwa in der zur richtigen Lösung benötigten Zeit – ein der Hypothese entsprechender statistischer Unterschied zwischen den beiden

Teilnehmergruppen, so können die Forscher die zugrunde liegende Theorie bestätigt sehen. Zeigt sich jedoch kein der Hypothese entsprechendes Ergebnis, so haben die Forscher Anlass, an der zugrunde liegenden Theorie zu zweifeln.

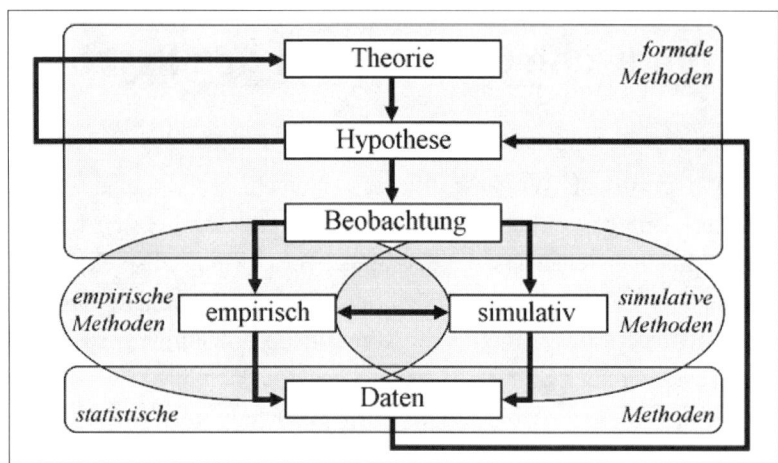

Abbildung 3

Systematische Beobachtungen von In- und Output der metaphorischen ‚black box', des Sprache verarbeitenden kognitiven Systems, liefern also für die Psycholinguistik relevante empirische Daten. Diese Daten sind allerdings nur zum Teil sprachlicher Natur. Bei der empirischen Untersuchung von Sprachproduktion etwa sind sprachliche Daten meist auf der Output-Seite der ‚black box' zu finden; auf der Input-Seite interessieren die situativen Bedingungen, die dazu geführt haben, dass die sprachliche Äußerung in bestimmter Weise produziert wurde – wobei freilich nicht ausgeschlossen ist, dass zu den situativen Bedingungen auch beispielsweise ein spezifischer sprachlicher Kontext zählt. Bei der empirischen Untersuchung von Verstehensprozessen dagegen sind sprachliche Daten meist auf der Input-Seite der ‚black box' zu finden; auf der Output-Seite fallen häufig nichtsprachliche Daten wie Verarbeitungszeiten, Urteile oder Entscheidungen an, die mehr oder weniger gut Auskunft darüber geben können, was der betreffende Sprachbenutzer mit dem sprachlichen Input angefangen hat.

Aus methodologischer Sicht gelten für sprachliche wie nichtsprachliche Daten gleichermaßen drei definierende Charakteristika (Sichelschmidt & Carbone, 2003): Daten im Sinne psycholinguistischer Forschung sind

- für das jeweilige Erkenntnisinteresse informativ, d.h. sie bilden eine Grundlage für theoriebezogene Entscheidungen;

- das Resultat systematischer Beobachtungsprozesse, d.h. sie sind aufgrund von Messvorgängen zustande gekommen;

- auf eine numerische Skala bezogen, d.h. es existiert eine Zuordnungsfunktion zwischen Merkmalsausprägungen und Maßzahlen.

Die beiden erstgenannten Punkte sind für die Datenerhebung sehr wesentlich. Rückschlüsse auf die Arbeitsweise des sprachverarbeitenden Systems gelingen nämlich nur dann, wenn der Bezug zwischen den empirischen Daten und den dahinter vermuteten kognitiven Prozessen ebenso klar ist wie der Bezug zwischen den Messvorgängen und den dadurch zustande gekommenen empirischen Daten. – Die Datenerhebung in einer psycholinguistischen Studie muss <u>drei klassische Gütekriterien</u> erfüllen:

- *Objektivität:* Die Messung muss vom jeweils Beobachtenden unabhängig sein. Im Idealfall sollten verschiedene Beobachter zu denselben Ergebnissen gelangen.

- *Reliabilität:* Die Messung muss technisch verlässlich sein. Idealerweise sollten Wiederholungen der Messung immer zu denselben Ergebnissen führen.

- *Validität:* Die Messung muss das erfassen, was erfasst werden soll. Inhaltlich sollten die Messergebnisse direkt auf das zu untersuchende Merkmal zu beziehen sein.

Leider sind allgemein anerkannte Vorschriften für die Messwerterfassung in der Psycholinguistik selten. Zur Erfassung der ‚Länge eines geschriebenen Satzes‘ etwa sind diverse Maße denkbar (Zahl der Zeichen, Zeilen oder Seiten, Lauflänge in cm ...), wobei prinzipiell das valideste Maß (hier: Zahl der Zeichen) zu bevorzugen ist.

Der letztgenannte Punkt – Bezug auf eine numerische Skala – ist für die Auswertung und die Interpretation psycholinguistisch relevanter Daten von besonderer Bedeutung. Skalen unterscheiden sich nämlich darin, welche Aussagen über die dahinterstehenden Beziehungen zulässig sind (es ist zum Beispiel nicht gerechtfertigt zu sagen, ein Vier-Sterne-Hotel sei doppelt so gut wie ein Zwei-Sterne-Hotel). – Von praktischer Bedeutung sind Nominal-, Ordinal- und Kardinalskalen.

- *Nominalskala:* Ein Merkmal wird durch prinzipiell gleichwertige Kategorien gemessen. Hierbei sind lediglich Aussagen über Gleichheit oder Verschiedenheit der Kategoriezuordnung zulässig. Ein Beispiel ist das Merkmal ‚Numerus‘ mit den Kategorien ‚Singular‘ und ‚Plural‘.

- *Ordinalskala:* Ein Merkmal wird durch Kategorien verschiedener Breite gemessen, die nach Größenordnung abgestuft werden können. Hierbei sind auch Aussagen über die Rangfolge von Messwerten sinnvoll. Ein Beispiel ist das Merkmal ‚Qualitätsurteil‘ mit den Kategorien ★ bis ★★★★★.

- *Kardinalskala:* Ein Merkmal wird durch abgestufte Kategorien gleicher Breite gemessen. Hierbei sind auch Aussagen über Größenunterschiede (und eventuell Größenverhältnisse) von Messwerten erlaubt. Ein Beispiel ist das Merkmal ‚Textschwierigkeit‘, gemessen über die Lesezeit in Sekunden.

Angemerkt sei, dass eine höher wertige Skala immer in eine niedriger wertige umgesetzt werden kann, diese Umsetzung jedoch mit einem Informationsverlust verbunden ist.

3.2   Beobachtungstechniken

Wie kommt man nun in der Psycholinguistik an empirische Daten, die Auskunft über das Innere der ‚black box' geben können?

3.2.1   Selbstbeobachtung

Das Naheliegendste ist sicherlich der Versuch, durch Selbstbeobachtung (Introspektion) Aufschlüsse über Prozesse der Sprachproduktion und -rezeption zu gewinnen. Tatsächlich sind auf diese Weise allerhand linguistische Ergebnisse zustande gekommen (z.B. Ballmer & Brennenstuhl, 1982). Allerdings bringt ein Vorgehen, das sich ausschließlich auf die qualitative Auswertung des eigenen ‚inneren Erlebens' stützt, eine Reihe grundsätzlicher Probleme mit sich. Introspektion ist nämlich in zweierlei Hinsicht subjektiv: Erstens ist nicht klar, ob die durch Selbstbeobachtung gewonnenen Ergebnisse überhaupt auf andere Personen übertragbar sind. Zweitens ist nicht klar, inwieweit die durch Selbstbeobachtung gewonnenen Ergebnisse das mentale Geschehen wirklich getreu widerspiegeln. Angesichts dieser Probleme ist der Wert von Introspektion sehr umstritten. Befürworter argumentieren, bestimmte Aspekte des kognitiven Geschehens seien ausschließlich über Selbstbeobachtung erfassbar (z.B. Searle, 1992). Gegner argumentieren, Selbstbeobachtung reflektiere allenfalls persönliche Theorien, nicht jedoch die kognitiven Prozesse selbst (z.B. Gopnik, 1993).

Da Introspektion keine verlässlichen allgemein gültigen Erkenntnisse über kognitive Prozesse zu liefern vermag, hat sich ein ausschließlich introspektives Vorgehen in der Psycholinguistik nicht durchgesetzt. Allerdings hat Introspektion dennoch einen Platz im psycholinguistischen Werkzeugkasten – wenn man sich nämlich auf die auf Selbstbeobachtungen gestützten Auskünfte vieler verschiedener Sprachbenutzer stützt. Berichten viele Sprachbenutzer in ähnlichen Situationen Ähnliches, so kann daraus auf eine gewisse Allgemeingültigkeit geschlossen werden. Und wenn es darum geht, subjektive Theorien zu erfassen, sind Selbstbeobachtungen die mit Abstand wichtigste Datenquelle. Insbesondere zwei Techniken der Datenerhebung werden dabei angewendet.

- *Gedankenprotokolle:* Versuchspersonen berichten mündlich oder schriftlich über das, was sie in einer bestimmten Situation erleben oder empfinden. Solche Gedankenprotokolle können kontinuierlich („Lautes Denken") oder punktuell („Gedankenstichproben") erhoben werden; sie können entweder zeitgleich mit dem Verlauf der Ereignisse oder aber im Nachhinein aus der Erinnerung angefertigt werden.

- *Wissensdiagnostik:* Experten oder Laien explizieren das individuelle Wissen, das sie zu einem bestimmten Sachgebiet haben. Dabei kommen verschiedene Klassifikations- oder Abbildungsprozeduren, wie beispielsweise die „Struktur-Lege-Technik", zum

Einsatz, durch die sich die subjektiven strukturellen Besonderheiten des betreffenden Sachgebiets anschaulich darstellen lassen.

Schwierig gestaltet sich jedoch die quantitative Auswertung derartiger Selbstbeobachtungen. Die Ergebnisse von Selbstbeobachtung liegen nämlich meist als sprachliche Materialien vor, die wiederum zu analysieren sind. Dabei können korpusanalytische Methoden nützlich sein.

3.2.2   Beobachtungen an Korpora

Objektiver, jedoch auch indirekter als Selbstbeobachtungen sind Beobachtungen an Korpora. Unter „Korpora" verstehen Linguisten Sammlungen von Sprachmaterialien, die der Forschung unabhängig von ihrem ursprünglichen Erhebungszweck für spätere Analysen zur Verfügung stehen. Die Sammlungen können als Ton- oder Videoaufzeichnungen oder aber auch in verschriftlichter Form vorliegen; es kann sich um Protokolle von Diskursen, Dialogen oder Monologen oder auch um schriftsprachliches Material handeln. Wesentlich ist, dass die Art und Weise, wie die Materialien zustande gekommen sind, und auch die außersprachlichen Begleitumstände der Sprachäußerungen genau dokumentiert sein müssen. Die Erforschung kindlicher Sprachentwicklung beispielsweise wäre ohne entsprechende Materialsammlungen kaum denkbar. Das in diesem Bereich sicher bedeutendste Korpus ist das „Child Language Data Exchange System" CHILDES (MacWhinney, 2000), in dem Materialien von mehr als 100 Studien aus über 25 Sprachen der Welt zusammengetragen sind (zugänglich über http://cnts.uia.ac.be/childes/). Möglichkeiten zur On-line-Recherche in umfangreichen Korpora bietet auch das Institut für deutsche Sprache (zugänglich über http://www.ids-mannheim.de/kt/corpora.shtml).

Unter die Kategorie „Beobachtungen an Korpora" fallen nach unserem Verständnis alle Methoden, die sich auf die Analyse von Material stützen, welches nicht eigens zum jeweiligen linguistischen Forschungszweck gesammelt wurde. Das umfasst so unterschiedliche Methoden wie die qualitative Analyse des Verlaufs und der Argumentationsstruktur von Gesprächen (Gesprächsanalyse) oder die so genannte Inhaltsanalyse (vgl. Titscher, Wodak, Meyer & Vetter, 1998).

■ *Gesprächsanalyse:* Die Materialien werden qualitativ unter formalen und inhaltlichen Gesichtspunkten beschrieben, interpretiert und kommentiert. Liegt das Schwergewicht dabei auf Merkmalen des Gesprächsverlaufs (wie etwa Sprecherwechseln oder wechselseitigen Korrekturen), so spricht man von „Konversationsanalyse". Geht es eher um Gesprächsstrategien der Beteiligten (etwa die Ziele oder Argumentationsmuster), so spricht man von „Diskursanalyse". Gemeinsam ist beiden Ansätzen, dass sie Sprache als Mittel sozialen Handelns betrachten und daher auch außersprachlichen Aspekten einen hohen Stellenwert zuerkennen.

- *Inhaltsanalyse:* Die Materialien werden im Hinblick auf das Vorkommen bestimmter linguistischer Phänomene (etwa Versprechern bestimmter Typen) ausgezählt. Gerne verwendet man dabei inhaltlich definierte nominale Kategorien (wer, was, wie, wo, wann, warum, ...). Das verwendete Kategoriensystem muss vor der Analyse festgelegt werden; die Kategorien müssen wohldefiniert und erschöpfend sein und einander ausschließen.

Beobachtungen an Korpora sind insofern objektiver als Selbstbeobachtungen, weil hier jederzeit Reanalysen desselben Materials durch andere Beobachter möglich sind, so dass sich subjektive Verzerrungen statistisch ausgleichen sollten. – Abschließend sei angemerkt, dass es sich bei dem in einem Korpus vorliegenden Material (und auch bei den Ergebnissen qualitativer Analysen) noch nicht um Daten im Sinne der obigen Definition handelt. Daten entstehen erst durch die Anwendung eines quantitativen Analyseverfahrens auf die Materialien.

3.2.3   Teilnehmende Beobachtung

Mit teilnehmender Beobachtung sind wir bei einer Standardmethode der empirischen Sozialforschung angelangt. Im Rahmen der Linguistik handelt es sich dabei um die planvolle Beobachtung des Verhaltens von Sprachbenutzern in ihrem natürlichen Handlungsumfeld durch Beobachter, die – als Teil dieses Umfelds – aktiv am Kommunikationsgeschehen teilnehmen. Der Vorteil eines solchen Vorgehens liegt darin, dass so auch komplexe Verhaltensweisen von Sprachbenutzern zu beobachten sind, die sich sonst der Beobachtung entziehen – etwa die Ausdrücke, die Familienmitglieder unter sich, aber nicht im Gespräch mit Fremden verwenden. Mittels teilnehmender Beobachtung hat beispielsweise die Arbeitsgruppe um den Soziolinguisten Peter Schlobinski „jugendspezifische Sprechweisen" in Jugendgruppen mit unterschiedlichem soziokulturellem Hintergrund untersucht (Schlobinski, Kohl & Ludewigt, 1993).

Zu den gebräuchlichsten Varianten teilnehmender Beobachtung in der Psycholinguistik gehören folgende.

- *Elizitation:* Gespräche mit dem Ziel, die Beobachteten zu spezifischen Sprachäußerungen zu veranlassen. Um zu erfahren, unter welchen Bedingungen welche Ausdrücke produziert werden und welche Gedanken darin zum Tragen kommen, konfrontiert der Beobachter den Beobachteten mit geeigneten sprachlichen oder nichtsprachlichen Stimuli, auf die sprachlich zu reagieren ist. Das kann auf mehr oder weniger formalisierte Weise geschehen. Im einfachsten Fall ist es vielleicht eine schlichte Aufforderung, etwas zu beschreiben oder etwas einem vorgegebenen Thema zu erzählen (*Verzeihung – wie komme ich von hier aus zum Bahnhof?*); oft läuft es auf die Befragung von Informanten hinaus (*Wie nennen Sie dieses Tier, das auf der Weide steht, Milch gibt und ‚Muuuh' macht?*). Stärker formalisierte Elizitationstechniken sind etwa das freie Assoziieren (*Woran denken Sie spontan, wenn Sie ‚Blume' hören?*) oder das Satzergänzen (*Bitte ergänzen Sie: ‚Anja rief Britta an, weil sie ...* '), was in diesem Beispiel Auskunft darüber geben kann, ob der Befragte das Pronomen *sie* auf Anja, auf Britta oder auf beide bezieht. Die sprachlichen Äußerungen, die so zustande kommen, sind natürlich wieder quantitativ zu analysieren.

■ *Interview:* Gespräche mit dem Ziel, die Beobachteten zu spezifischen Meinungsäußerungen zu veranlassen. Auch hier konfrontiert der Beobachter den Beobachteten mit Stimuli – meist Fragen, auf die sprachlich oder nichtsprachlich zu reagieren ist. Im Unterschied zur Elizitation sind die Reaktionen der Befragten beim Interview jedoch reflexiv: Sie spiegeln das Ergebnis bewusster Überlegungen wider. Auch im Interview sind verschiedene Formalisierungsgrade denkbar. Bei unstrukturierten Interviews liegen nur das Thema und die anzusprechenden Fragen fest, bei standardisierten Interviews auch Reihenfolge und Formulierung der Fragen. Die Antwortmöglichkeiten der Befragten können ebenfalls mehr oder weniger stark eingeschränkt sein; das Spektrum reicht von ‚offenen' Statements bis zu Ja/nein-Alternativen (*Finden Sie den Ausdruck ‚Mehl kaufte Sabine und Kuchen backte' grammatisch korrekt?*).

Die Schwierigkeit teilnehmender Beobachtung liegt darin, dass der Beobachtende zum einen einen Kompromiss zwischen wissenschaftlicher Distanz und kumpelhafter Nähe zu den Beobachteten finden muss und zum anderen das kommunikative Geschehen nicht allzu sehr durch seine Teilnahme beeinflussen darf.

3.2.4 Nicht-teilnehmende Beobachtung

Freilich kann das Ausmaß der Teilnahme des Beobachters am Geschehen unterschiedlich sein. Teilnehmende und nicht-teilnehmende Beobachtung bilden von daher ein Kontinuum. Unter nicht-teilnehmender Beobachtung wollen wir in diesem Zusammenhang eine systematische Beobachtung des Verhaltens von Sprachbenutzern verstehen, die unter kontrollierten Bedingungen praktisch unbeeinflusst durch die Beobachtenden erfolgt. Dieses Verfahren bietet der Psycholinguistik die Möglichkeit, bestimmte Phänomene im Detail zu untersuchen und dabei auch genaue Aussagen über die jeweilige Kommunikationssituation machen zu können. Anhand der Videoaufzeichnungen von Konstruktionsdialogen haben sich beispielsweise regelhafte Zusammenhänge zwischen objektbezogenen Sprachäußerungen und den sie begleitenden Zeigegesten herausarbeiten lassen (Rieser, 2002).

In der Psycholinguistik werden zahlreiche Varianten nicht-teilnehmender Beobachtung angewendet, von denen hier nur die wichtigsten erwähnt werden können.

■ *Fragebogen:* Schriftliche Form der Befragung mit dem Ziel, die Meinungen der Befragten zu sprachbezogenen Sachverhalten zu erfahren. Dabei hat die Antwortsituation für den Befragten klar monologischen Charakter. Das Spektrum der Befragungsmöglichkeiten reicht von offenen Fragen ohne Antwortvorgaben (*Was halten Sie von der neuen Rechtschreibung?*) über halboffene Fragen mit Antworteinschränkungen (*Welche Kasus des Lateinischen kennen Sie?*) bis zu geschlossenen Fragen mit Antwortalternativen (*Was sind ,Weise' und ,Waise' – (a) Homographen, (b) Homophone oder (c) Homonyme?*).

- *Beurteilung*: Spezielle Art von Fragebogen, wodurch die Meinungen der Befragten zu konkret vorliegenden sprachlichen Stimulusmaterialien oder spezifischen sprachbezogenen Sachverhalten erhoben werden. Geht es dabei schwerpunktmäßig um die Beurteilung von Intensität (*Wie ansprechend finden Sie den Werbeslogan ,Zoom – Zoom'?*), so verwendet man als Antwortvorgaben meist mehrfach abgestufte ,rating'-Skalen (*sehr schlecht – eher schlecht – mittel – eher gut – sehr gut*). Geht es jedoch in erster Linie um Ähnlichkeitsbeurteilungen (*Gehört ,Fledermaus' eher zu ,Waldkauz' oder zu ,Eichhörnchen'?*), so greift man oft zu Sortier- oder Klassifikationsprozeduren.

- *Provoziertes Verhalten:* Die wohl allgemeinste und am weitesten verbreitete Art und Weise nicht-teilnehmender Beobachtung. Die Untersuchungsteilnehmer werden hier in eine Situation gebracht, in der sie sich in irgendeiner Weise mit Dingen oder Sachverhalten bzw. mit anderen Personen sprachlich auseinandersetzen müssen. Zwar sind die Beobachteten dabei in ihrem kommunikativen Handeln grundsätzlich frei, doch kann die Ausgestaltung der Situation bestimmte Verhaltensweisen nahelegen (Fragebögen und Beurteilungen können von daher als Sonderfälle von Verhaltensprovokation gelten). In einem Forschungsprojekt zu aufgabenorientierter Kommunikation etwa haben wir am Beispiel eines aus Holzteilen bestehenden Spielzeugflugzeugs untersucht, welche verbalen Mittel Sprecher anwenden, um Hörern, welche das Flugzeug nicht sehen können, zu erklären, wie es zusammenzubauen ist (Rickheit & Hildebrandt, 1997).

Werden Fragebögen, Beurteilungsskalen und Datenerhebungssituation zweckmäßig gestaltet, so ist die quantitative Auswertung der anfallenden Daten meist nicht schwierig. Eine zweckmäßige Gestaltung kann allerdings zu einem gewissen Grad von Alltagsferne führen – was eventuell die Relevanz und die Verallgemeinerbarkeit der Beobachtungsergebnisse beeinträchtigen kann.

3.2.5 Experimentelle Beobachtung

Bei einem Experiment handelt es sich um eine spezielle Art der nicht-teilnehmenden Beobachtung, bei der „die gleichen Sachverhalte unter verschiedenen Bedingungen [...] systematisch beobachtet werden" (Hager, 1987: 71). Das geschieht, indem der Forscher gezielt Änderungen an der Situation vornimmt (z.B. den Kontext oder das zu verarbeitende Material variiert) und die Auswirkungen dieser Manipulation auf das Verhalten der Untersuchungsteilnehmer erfasst. Die Datenerhebungssituation in einem Experiment ist daher weitgehend durch die Initiatoren kontrolliert. Nur infolge der systematischen Variation der Bedingungen nämlich bietet das Experiment die Möglichkeit, notwendige und hinreichende Bedingungen von Ereignissen zu identifizieren und so Ursache-Wirkungs-Zusammenhänge zu rekonstruieren. Daraus ergibt sich eine für Experimente charakteristische Unterscheidung zweier Klassen von Variablen: den ‚unabhängigen‘, gemäß Theorie als Ursache anzusehenden „Faktoren" und den ‚abhängigen‘, als Wirkung anzusehenden „Variaten".

Innerhalb dieses generellen Rahmens sind verschiedene Realisierungen von Experimenten denkbar (vgl. Bortz & Döring, 2002). Die folgenden Situationen sind in der psycholinguistischen Forschung recht häufig anzutreffen.

- *Lexikalische Entscheidung:* Hier hören oder sehen die Versuchspersonen einen sprachlichen Ausdruck (z.B. *Elefänt*); sie sollen möglichst schnell und richtig entscheiden, ob es sich dabei um ein korrektes Wort handelt oder nicht. Mit diesem Verfahren kann man prüfen, unter welchen Bedingungen den Sprachbenutzern der Zugriff auf ihr mentales Lexikon besonders leicht oder besonders schwer fällt. Mit Hilfe der lexikalischen Entscheidung hat etwa de Groot (1989) gezeigt, dass konkrete Wörter (*Gewehr*) leichter erkannt werden als vergleichbar häufige abstrakte (*Gefahr*), wobei der Unterschied bei selten vorkommenden Wörtern besonders groß ist.

- *Satzverifikation:* Hier hören oder sehen die Versuchspersonen einen Satz (z.B. *Die Erde ist eine Scheibe*); sie müssen möglichst schnell und richtig entscheiden, ob er im Hinblick auf das Allgemeinwissen oder eine Situation – etwa ein Bild – wahr oder falsch ist. Auf diese Weise kann man über die zur Entscheidung notwendige Zeit den kognitiven Aufwand bei der Inbeziehungsetzung von sprachlichen und außersprachlichen Informationen untersuchen. Mittels Satz-Bild-Verifikation hat etwa Clark (1974) nachgewiesen, dass die Verarbeitung von affirmativen Sätzen (*Star is above plus*) viel einfacher ist als die Verarbeitung von negativen Sätzen (*Plus isn't above star*), die denselben Sachverhalt beschreiben (⚓).

- *Provoziertes Sprachverhalten:* Hier besteht die Aufgabe der Versuchspersonen darin, unter bestimmten Vorgaben eine adäquate Sprachäußerung hervorzubringen oder eine unter bestimmten Bedingungen dargebotene Äußerung zu verstehen (*Legen Sie den kleinen Würfel auf den großen Würfel*). Wesentlich ist dabei die planvolle Variation der Vorgaben bzw. Bedingungen, denn dadurch kann man feststellen, unter welchen Voraussetzungen welche Verhaltensweisen vorkommen. So ist wiederholt beobachtet worden (z.B. Pechmann, 1989), dass Sprecher zur Überspezifikation bestimmter Objektmerkmale neigen, also beispielsweise selbst dann, wenn ein Objekt durch ein Substantiv völlig eindeutig zu kennzeichnen wäre, dessen Farbe nennen (*Michael Schumacher im roten Ferrari ...*).

■ _Doppelaufgaben:_ Hier bekommen die Versuchspersonen zwei Aufgaben gleichzeitig. Dabei ist von besonderem Interesse, ob und inwieweit die Bearbeitung der eigentlichen Aufgabe durch die Zusatzaufgabe beeinträchtigt wird. Das Ausmaß der Beeinträchtigung gibt Aufschlüsse sowohl über das Zusammenwirken und die Belastbarkeit der beteiligten Verarbeitungssysteme als auch über das kognitive Ressourcenmanagement der Versuchsteilnehmer. In einer Studie zum Buchstabieren (Rohwetter, Kessler & Hielscher-Fastabend, 2001) mussten Versuchspersonen beispielsweise Wörter buchstabieren und dabei zusätzlich sprachliche Ausdrücke oder räumlich-visuelle Muster memorieren. Der Befund, dass auch die räumlich-visuellen Zusatzaufgaben die Buchstabierleistung beeinträchtigten, zeigt, dass das Buchstabieren nicht als ein rein sprachlicher Vorgang betrachtet werden kann.

■ _Interferenz:_ Hier ist die Aufgabe so angelegt, dass sie der normalen Verarbeitungsstrategie zuwiderläuft. Die dahinterstehende Idee ist die gleiche wie bei Doppelaufgaben: Das Ausmaß der Beeinträchtigung gibt Hinweise auf die relevanten kognitiven Strukturen und Prozesse. In der klassischen Form (Stroop, 1935) erhält die Versuchsperson ein Blatt, auf dem eine Reihe von Farbadjektiven farbig abgedruckt sind, und zwar so, dass Wortbedeutung und Druckfarbe nicht übereinstimmen (das Adjektiv _rot_ ist also niemals in roter Farbe gedruckt). Gegenüber der normalen Verarbeitungsstrategie, beim Lesen auf die Bedeutung der Wörter zu achten, ist die Aufgabe, lediglich die Druckfarben der Wörter zu nennen, wesentlich aufwändiger. Offenbar fällt es schwer, Bedeutung zu ignorieren.

Experimente sind in der Psycholinguistik die mit Abstand wichtigste Methode der Datenerhebung. Dem kritischen Einwand, Experimente seien meist auf Einzelpersonen und eine Verarbeitungsrichtung beschränkt und erfassten dabei nur einen winzigen Teilausschnitt des kommunikativen Geschehens, ist entgegenzuhalten, dass Experimente diesen Teilausschnitt besonders präzise erfassen und auch das Zusammenwirken verschiedener Faktoren einbeziehen. Ohnehin sind Experimente unverzichtbar, wenn es um den Nachweis von Kausalzusammenhängen geht.

3.3   Empirische Parameter der Sprachverarbeitung

Weil kognitive Strukturen und Prozesse nicht direkt zu beobachten sind, müssen sich Aussagen über den Inhalt der ‚black box' auf Beobachtungen geeigneter Parameter der Informationsverarbeitung stützen. Dazu wurden und werden in der empirisch arbeitenden Psycholinguistik höchst unterschiedliche Maße verwendet. Im Lauf der Zeit hat sich dabei ein gewisser Wandel vollzogen: Wurden früher solche Maße bevorzugt, die nach Ablauf der zu untersuchenden Prozesse anfielen (‚off-line'-Messung) und daher in erster Linie etwas über die Verarbeitungsresultate aussagten, so bevorzugt man gegenwärtig solche Maße, die während der laufenden Prozesse anfallen („on-line'-Messung) und daher Einblick in Zwischenstadien der Verarbeitung geben. Im Folgenden bieten wir eine kurze Übersicht über die wichtigsten Parameter der Sprachverarbeitung, zusammen mit einigen Beispielen.

3.3.1 Frequenzmaße

Das wohl grundlegendste Maß zur Erfassung der Arbeitsweise kognitiver Systeme ist die Häufigkeit, mit der ein bestimmtes Phänomen auftritt. Auftretensfrequenz als Parameter von Kognition zu betrachten, ist insofern gerechtfertigt, als dahinter die fundamentale Annahme steht, Sprachverarbeitung sei ein regelgeleiteter Prozess: Unter gleichen Bedingungen wird dieselbe Information von derselben Person in gleicher Weise und mit dem gleichen Ergebnis verarbeitet. Jedes Auftreten eines bestimmten Ereignisses legt somit nahe, dass dazu die gleichen Prozesse abgelaufen sind, also die gleichen Systeme in gleicher Weise gearbeitet haben.

Anhand der Häufigkeit, mit der kleine Kinder bestimmte Laute, Silben, Wörter oder Wortkombinationen verwenden, schließt man in der Spracherwerbsforschung beispielsweise auf den Entwicklungsstand – auf den Ausbau des kindlichen Vokabulars, auf seine Kenntnis bestimmter Bedeutungen, das Beherrschen bestimmter Regeln, die Anwendung bestimmter Strategien. Wenn ein Kind Hunde regelmäßig *Wauwau* nennt, ist dies ein Indiz dafür, dass es über eine entsprechende begriffliche Kategorie verfügt. Natürlich entspricht diese begriffliche Kategorie anfangs nicht der von Erwachsenen, doch auch der allmähliche Bedeutungswandel ist empirisch nachzuvollziehen – anhand der Häufigkeit, mit der das Kind anderes als Hunde mit *Wauwau* bezeichnet.

Daran wird deutlich: Auch die Häufigkeit des Auftretens von Fehlern ist für die Psycholinguistik von Belang. So hat etwa das Sammeln, Auszählen und Analysieren von Versprechern (z.B. *Karamelkarawane* statt *Kamelkarawane*) zu allerhand grundlegenden Erkenntnissen über die Produktion sprachlicher Äußerungen geführt (z.B. Berg, 1987).

Auch in der Gesprächsanalyse spielt die Frequenz bestimmter Phänomene eine wichtige Rolle – sowohl in inhaltsanalytischen als auch in konversationsanalytischen Studien. Würde man etwa feststellen, dass Männer Frauen häufiger unterbrechen als Frauen Männer unterbrechen, so könnte das als ein Effekt gesellschaftlicher Statusunterschiede angesehen werden (tatsächlich begegnet man diesem Argument bisweilen, obwohl die empirische Befundlage in dieser Angelegenheit keineswegs eindeutig ist).

3.3.2 Intensitätsmaße

Ein weiteres grundlegendes Maß zur Erfassung der Arbeitsweise kognitiver Systeme ist die Intensität des sprachlichen Verhaltens und Erlebens. Intensität bezieht sich dabei auf das Ausmaß, in dem Sprachbenutzer in Sprachausdrücken bestimmte Merkmale realisieren bzw. wahrnehmen. Hinter diesem Maß steht die fundamentale Annahme, dass mentale Strukturen und kognitive Prozesse graduierbare Charakteristika aufweisen, also nicht durch ein ‚alles oder nichts'-Prinzip, sondern durch ein ‚mehr oder weniger'-Prinzip zu beschreiben sind.

In Bezug auf mentale Strukturen bedeutet das unter anderem, dass begriffliche Kategorien vage sind. Ein Begriff wie *Haus* ist nicht klar zu umreißen: Es gibt typische und weniger typische Häuser, und bei manchen Gebäuden weiß man nicht recht, ob man sie überhaupt noch *Haus* nennen kann (man denke z.B. an ein Vogelhäuschen). Selbst ein Begriff wie Grammatikalität wird besser durch ein Kontinuum als durch ein ‚entweder – oder' beschrieben: Ein Satz wie *Meine Schwester spricht Russisch und ich Griechisch* ist nicht wirklich falsch, aber wird von manchen (wegen der Inkongruenz von *ich* und *spricht*) auch nicht für grammatisch korrekt gehalten. Entsprechendes gilt für kognitive Prozesse; auch hier ist von Intensitätsgraden auszugehen. Die verschiedenen Lesarten eines mehrdeutigen Wortes wie *Flügel* beispielsweise (Vogel-, Flugzeug-, Gebäude-, Konzertflügel) dürften je nach Kontext in unterschiedlichem Ausmaß bewusst werden.

Die zur quantitativen Erfassung von Intensitätsgraden wohl bestgeeignete Datenerhebungstechnik ist die Beurteilung mit Hilfe von ‚rating'-Skalen. Aber es gibt natürlich auch Möglichkeiten der direkten Messung von Intensitätsgraden im Rahmen des internationalen Einheitensystems.

Ein klassisches psycholinguistisches Instrument, das auf der Grundlage von Intensitätsmaßen arbeitet, ist das so genannte „semantische Differenzial" (z.B. Hörmann & Terbuyken, 1974). Es dient zur Erfassung gefühlsmäßiger (konnotativer) Bedeutungsaspekte. Dazu wird der interessierende Reiz (hier: das Wort *Regen*) hinsichtlich seiner Assoziationen zu bestimmten, als Gegensatzpaaren angebotenen Schlüsselbegriffen in einem Polaritätsprofil verankert (Abbildung 4). Das Polaritätsprofil stellt einen Bedeutungsraum dar, der durch die drei Dimensionen ‚Aktivität', ‚Potenz' und ‚Evaluation' aufgespannt wird. Durch die Intensität der Zuordnung zu diesen Dimensionen wird der Reiz in diesem Bedeutungsraum verortet.

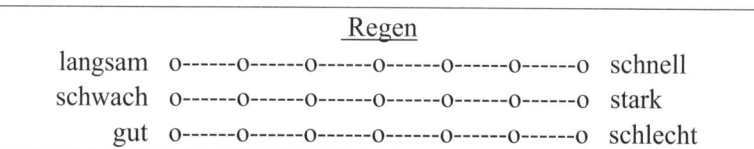

Abbildung 4

3.3.3 Zeitmaße

Zeitdauer ist das wohl bedeutsamste Maß zur Erfassung der Arbeitsweise sprachverarbeitender Systeme. Ausgehend von der fundamentalen Annahme, dass kognitive Prozesse eine messbare Zeit andauern und dass sie prinzipiell zeitlich gestaffelt ablaufen, ist die Zeit, die Sprachproduzenten oder -rezipienten unter wohldefinierten Bedingungen für ihre Aufgabe benötigen, für die Psycholinguistik besonders aufschlussreich: Je länger nämlich das Zeitintervall zwischen Input und Output ist, desto komplexer müssen die in der ‚black box‘ ablaufenden kognitiven Prozesse sein.

Nun existieren diverse Arten von Zeitmaßen. Sie unterscheiden sich darin, welche Art von Prozess wie gemessen wird.

Als *Verarbeitungszeit* bezeichnet man die Zeit zwischen dem Beginn eines komplexen Informationsverarbeitungsvorgangs bis zu dessen vollständigem Abschluss. Bei der Sprachproduktion wird der erfolgreiche Abschluss der Verarbeitung im Allgemeinen durch eine sprachliche Äußerung angezeigt; bei der Sprachrezeption dagegen sind die Reaktionsmöglichkeiten vielfältiger. Die Zeit, die jemand benötigt, um einen Satz wie *Zu Risiken und Nebenwirkungen lesen Sie die Packungsbeilage und fragen Sie Ihren Arzt oder Apotheker* zu produzieren, hängt ab von der Komplexität des Materials (z.B. Satzlänge), der kognitiven Operationen (z.B. Ablesen) und der motorischen Reaktion (z.B. Artikulation). Für die Relevanz der kognitiven Operationen gibt es eindrucksvolle empirische Belege: So hat sich in einem Experiment zum Satzlesen gezeigt (Kintsch & Keenan, 1973), dass die Lesezeit für Sätze – bei gleicher Länge – mit der Zahl der darin enthaltenen Sinneinheiten ansteigt.

Unter *Reaktionszeit* versteht man die Zeit zwischen dem Beginn eines elementaren Informationsverarbeitungsvorgangs bis zu dessen Abschluss. Auch hier umfasst die Reaktionszeit mindestens dreierlei: die Zeit zum Wahrnehmen der zu verarbeitenden Information, die Zeit zu ihrer Strukturierung und die Zeit zur Ausführung der (meist motorischen) Reaktion. Ein klassisches Experiment zum Nachweis der „psychologischen Realität" syntaktischer Strukturen (Fodor & Bever, 1965) baut auf Reaktionszeitmessung auf: Während die Versuchspersonen einen gesprochenen Satz hörten, ertönte ein Klick, auf den die Versuchspersonen durch Tastendruck reagieren sollten. Die Reaktion auf den Klickton erfolgte am schnellsten, wenn der Ton mit einer Phrasengrenze zusammenfiel.

Mit *Wahlreaktionszeit* bezeichnet man eine spezielle Art der Reaktionszeitmessung, bei der der Abschluss der Verarbeitung eine Entscheidung zwischen mehreren Handlungsoptionen beinhaltet. Lexikalische Entscheidung (*Ist ‚schmöll‘ ein Wort der deutschen Sprache – ja oder nein?*) und Satzverifikation (*Elf ist eine gerade Zahl – richtig oder falsch?*) sind typische Beispiele für diese Art der Zeitmessung. Gegenüber einfacher Reaktionszeitmessung kommt hier also erschwerend hinzu, dass die Versuchspersonen die richtige Wahl unter den Reaktionsmöglichkeiten treffen müssen. Anzumerken ist dazu, dass natürlich nur richtige mit richtigen Antworten verglichen werden sollten und dass positive Reaktionen („ja" oder „richtig") im Allgemeinen schneller erfolgen als negative.

Bei *Priming* (wörtlich: „Grundierung") handelt es sich um ein Zeitmessungsverfahren, das sich auf Zeitdifferenzen, genauer: auf Reaktionszeit-Vorteile, richtet. Dabei misst man, welchen zeitlichen Vorteil für die Verarbeitung eines bestimmten Zielwortes verschiedene Kontexte mit sich bringen. Konkret geschieht das jeweils, indem ein Kontext (,prime') und kurz darauf das Zielwort (z.B. *Maus*) präsentiert wird, auf das mit einer lexikalischen Entscheidung (*Ist es ein Wort?*) zu reagieren ist. Die Reaktion (*ja*) sollte umso schneller erfolgen, je stärker das Zielwort durch den Kontext ,voraktiviert' worden ist (vgl. Abbildung 5). Reaktionszeit-Vorteile können dabei durch diverse Mechanismen entstehen: Schneller erkannt wird das Wort *Maus* unter anderem nach Darbietung von *Haus* (orthographisches Priming), von /maut/ (phonologisches Priming), von *Katze* (semantisches Priming) oder von ⏾ (bildliches Priming). Durch Variation der SOA („stimulus onset asynchrony"), des Zeitintervalls zwischen dem Beginn des ,prime' und dem des Zielworts, kann man überdies ermitteln, wie lange die reaktionszeitverkürzende Wirkung eines ,prime' gegebenenfalls anhält.

,prime'	Zielwort	Reaktion
Eimer (neutraler Kontext)	*Maus*	[ja]
Katze (bedeutungsverwandter Kontext)	*Maus*	[ja]
SOA (stimulus onset asynchrony)	Reaktionszeit ...	differenz

Abbildung 5

Mit diesem Verfahren zur Registrierung von Kontexteffekten im Mikrobereich ist es möglich (allerdings auch aufwändig), kognitive Prozesse wie etwa den Aktivierungsverlauf für bestimmte Begriffe und deren Assoziationen minuziös zu rekonstruieren.

Verarbeitungszeiten lassen lediglich pauschale Aussagen über Informationsverarbeitungsprozesse zu. Jedoch lässt sich der Genauigkeitsgrad der Messung erhöhen, indem man Teilprozesse betrachtet. Untersuchungen zum Lesen von Texten beispielsweise lassen viel genauere Aussagen zu, wenn man statt der Gesamtlesezeit für den Text die Lesezeiten für die einzelnen Sätze oder gar Wörter misst. Da längere Lesezeiten einen höheren kognitiven Aufwand signalisieren, ist es auf diese Weise möglich, satz- oder gar wortgenau zu ermitteln, welche Stellen des Textes den Lesern besondere Schwierigkeiten bereiten. In entsprechenden Studien (z.B. Sichelschmidt, Günther & Rickheit, 1992) haben wir unter anderem gezeigt, dass anaphorische Strukturen (Nominalphrase vor Pronomen: *Als der Polizist eintrat, sah er ...*) wesentlich leichter zu verarbeiten sind als kataphorische Strukturen (Pronomen vor Nominalphrase: *Als er eintrat, sah der Polizist ...*).

Um spezifische Zwischenzustände des kognitiven Systems zu untersuchen, können Reaktions- oder Wahlreaktionszeiten zu geeigneten Zeitpunkten im Verlauf der Informationsverarbeitung erhoben werden. Ein solches Vorgehen nennt man Monitoring. Zum Beispiel hat sich in einem viel zitierten Experiment (Glenberg, Meyer & Lindem, 1987) in den Reaktionszeiten für das Wiedererkennen des Zielwortes *sweatshirt* gezeigt, dass *sweatshirt* nach dem Lesen des Kontextsatzes *He put on his sweatshirt ...* länger im Gedächtnis der Leser aktiviert bleibt als nach dem Lesen des Kontextsatzes *He took off his sweatshirt ...*

3.3.4 Leistungsmaße

Während bei Zeitmessung erfasst wird, wieviel Zeit die Erledigung einer vorgegebenen Aufgabe erfordert, geht man bei Leistungsmessung den umgekehrten Weg: Man untersucht, wieviele Aufgaben in einer vorgegebenen Zeit erledigt werden können. Dahinter stehen im Grunde die gleichen Annahmen wie bei der Zeitmessung, doch ist der Betrachtungswinkel insofern ein anderer, als bei Leistungsmessung gewissermaßen Intensität auf Zeit bezogen wird.

Ein Leistungsmaß galt in der Psycholinguistik lange Zeit als der Sprachrezeptionsparameter schlechthin: die Behaltensleistung. Mangels raffinierterer Messtechniken versuchte man (durchaus mit einigem Erfolg), Textverstehen über die Menge des nach einer gewissen Zeit noch im Gedächtnis Vorhandenen zu erfassen. Die dahinterstehende Logik war die, dass besseres Verstehen zu einer stabileren, höher integrierten mentalen Repräsentation der Äußerung führen sollte – eine Überlegung übrigens, die bereits seit Mitte des 19. Jahrhunderts zu den Standardannahmen der Psychologie gehört. In dieser Tradition finden seither in der Psycholinguistik drei Techniken der Behaltensprüfung Anwendung.

Bei der *freien Reproduktion* besteht die Aufgabe der Rezipienten darin, das Verarbeitete nach Ablauf einer gewissen Zeit so gut wie möglich wiederzugeben, wobei sich die Rezipienten ganz auf ihr Gedächtnis verlassen müssen. Innerhalb dieses Rahmens gibt es natürlich allerhand Spielraum bei der Festlegung der Kriterien – von wörtlicher Wiedergabe bis zu sinngemäßer Wiedergabe. – Als Beispiel für eine freie Reproduktion möchten wir ein Experiment erwähnen, das gezeigt hat, dass die jeweilige Verarbeitungsperspektive maßgeblich dafür ist, was man von einem Text reproduziert (Anderson & Pichert, 1978): Leser, die die Beschreibung eines Einfamilienhauses unter der Maßgabe rezipierten, sie sollten sich vorstellen, Einbrecher zu sein, erinnerten sich anschließend vor allem an die einbruchsrelevanten Einzelheiten (z.B. die Ausstattung); Leser dagegen, die den gleichen Text aus der Perspektive von Immobilienkäufern rezipierten, erinnerten sich vor allem an Kaufrelevantes (z.B. die Bausubstanz).

Bei der *Reproduktion mit Erinnerungshilfe* besteht die Aufgabe der Rezipienten ebenfalls darin, das Verarbeitete nach Ablauf einer gewissen Zeit so gut wie möglich wiederzugeben, doch erhalten die Rezipienten hier bei der Wiedergabe Unterstützung in Form von Stichwörtern oder dergleichen, die ihnen ‚auf die Sprünge helfen‘. – Auch für diese Technik der Behaltensprüfung ein Beispielexperiment (Anderson & Ortony, 1975): Bei Versuchspersonen, die sich unter anderem an den zuvor gelesenen Satz *The container held the apples* erinnern sollten, war das Wort *basket* eine effektive Reproduktionshilfe; Versuchspersonen dagegen, die den Satz *The container held the cola* reproduzieren sollten, profitierten von der Erinnerungshilfe *bottle*, nicht jedoch von *basket*.

Bei der *Rekognition* (Wiedererkennen) besteht die Aufgabe der Rezipienten darin, das Verarbeitete nach Ablauf einer gewissen Zeit richtig zu identifizieren. Im Vergleich zur Reproduktion ist die Rekognition kognitiv weniger anspruchsvoll, denn Wiedererkennen erfolgt im Wesentlichen auf der Grundlage von Vergleichsoperationen. Praktisch wird Rekognition meist nach dem ‚multiple choice'-Prinzip realisiert (*Welchen der folgenden Sätze haben Sie vorhin gehört?*). Alternativ kann Rekognition auch nach dem Verifikationsprinzip realisiert werden (*Haben Sie den folgenden Satz vorhin gehört?*). – Als Beispiel für ein psycholinguistisches Rekognitionsexperiment sei die Beobachtung aufgeführt (Sachs, 1967), dass es schon bald nach dem Hören eines Satzes zu Verwechslungen zwischen dem Original und einer syntaktisch-formal abgewandelten Version kommt, während Verwechslungen zwischen dem Original und einer semantisch-inhaltlich abgewandelten Version auch längere Zeit nach dem Hören kaum jemals vorkommen.

Zwar sind Behaltensleistungen praktisch recht einfach zu erheben, doch haben sie ein erhebliches Manko: Es ist nämlich nicht klar, welche kognitiven Prozesse damit überhaupt erfasst werden. Sind es Prozesse zum Zeitpunkt der Verarbeitung des Materials, sind es Prozesse zum Zeitpunkt der Wiedergabe, oder fließt womöglich beides ein? Da sich diese Frage letztlich kaum klären lässt, haben Behaltensleistungen als Zugang zur ‚black box' für die moderne Psycholinguistik einiges von ihrer früheren Attraktivität verloren.

3.3.5   Raumzeitliche Maße

Mit dem informationstechnologischen Fortschritt geraten seit einiger Zeit allerdings messtechnisch ausgesprochen anspruchsvolle Verfahren zunehmend in das Visier der Psycholinguistik. Es sind Verfahren wie die Messung von Augenbewegungen oder die Messung der gehirnelektrischen Aktivität – Verfahren also, die mit erheblichem apparativem Aufwand motorische bzw. neurophysiologische Parameter kognitiver Prozesse erfassen. So unterschiedlich diese Verfahren auch sind, ist ihnen doch eines gemeinsam: Sie liefern Informationen darüber, welche Teile der Situation aktuell verarbeitet werden bzw. welche Teile des Systems aktuell mit der Verarbeitung befasst sind. Dabei wird Information über den Zeitverlauf von kognitiven Prozessen ergänzt durch Information über den Ort des Geschehens. Im Zusammenhang mit Augenbewegungsmessung ist darunter ein bestimmtes Gebiet der räumlichen Umwelt zu verstehen, im Zusammenhang mit neurophysiologischen Messungen ein bestimmtes Gehirnareal. Aus diesem Grund fassen wir die bei diesen modernen Verfahren anfallenden Daten unter dem Stichwort „raumzeitliche Maße" zusammen.

Die *Messung von Augenbewegungen,* ein Verfahren, das in der Leseforschung schon seit geraumer Zeit angewendet wird, wird neuerdings auch zur Untersuchung der Sprachproduktion und der Rezeption gesprochener Sprache erfolgreich eingesetzt. Es beruht auf der fundamentalen Annahme, dass das, was man betrachtet, auch das ist, was man verarbeitet. Aufschluss darüber, was jemand zu einem bestimmten Zeitpunkt betrachtet, geben so genannte „eye tracker". Das sind Geräte, die mit Hilfe von Miniatur-Infrarot-Videokameras laufend die Position der Pupillen relativ zur Umgebung auswerten. So kann man Blickbewegungsverläufe exakt nachzeichnen. – Durch Augenbewegungsmessung konnte unter anderem nachgewiesen werden, dass Hörer die Bedeutung von Wörtern sehr schnell erfassen (Sichelschmidt, 1995): Versuchspersonen sahen auf einem Computermonitor verschiedene farbige Objekte; gleichzeitig hörten sie eine Nominalphrase, aus der hervorging, welches Objekt gemeint war (z.B. *das linke obere Quadrat*). Die Aufgabe bestand einfach darin, die Farbe des betreffenden Objekts zu nennen. Aus den Augenbewegungsdaten ging hervor, dass die Versuchspersonen beim Hören von *das linke obere Quadrat* zunächst nach links und dann nach oben schauten, während sie beim Hören von *das obere linke Quadrat* zunächst nach oben und dann nach links schauten. Schon während sie eine Lokalangabe hörten, blickten die Versuchspersonen in die betreffende Richtung.

Neurophysiologische Messungen: Mit der Verfügbarkeit neuer, nicht-invasiver Techniken der Registrierung gehirnelektrischer Aktivität haben sich der Psycholinguistik vielversprechende Möglichkeiten zur direkteren Erforschung der sprichwörtlichen ‚black box' eröffnet. Dass bei der Sprachverarbeitung viele funktional verschiedene Systeme zusammenarbeiten, sollte sich, so die Grundannahme dieser Ansätze, darin zeigen, dass die Neuronenaktivität in bestimmten Regionen des Gehirns charakteristische und ähnliche Schwankungen aufweist. Bei der Elektroenzephalographie, also der Registrierung der Hirnströme, verwendet man Metallelektroden, die an bestimmten Stellen auf der Kopfoberfläche angebracht werden und laufend Spannungswerte liefern, die – verstärkt und gefiltert – ausgewertet werden können. Dabei gibt es zwei Wege. Zum einen kann die Analyse den zeitlichen Zusammenhang zwischen Reizereignissen und der Aktivität in bestimmten Gehirnarealen betreffen (Registrierung von ereigniskorrelierten Potentialen); zum anderen kann die Analyse das Zusammenspiel der Aktivität in unterschiedlichen Hirnregionen betreffen (Registrierung elektroenzephalographischer Kohärenzen). – Anhand von ereigniskorrelierten Potentialen konnte beispielsweise der Nachweis erbracht werden (Müller & Kutas, 1997), dass Eigennamen und Gattungsbezeichnungen in einem Zeitfenster von etwa 100 bis 200 ms nach Darbietung unterschiedlich verarbeitet werden – ein neurophysiologischer Hinweis auf die linguistische Sonderrolle von Eigennamen.

Weitere raumzeitliche Parameter, etwa Daten aus bildgebenden Verfahren wie der Positronen-Emissions-Tomographie oder der funktionellen Kernspin-Resonanz-Tomographie, werden zur Zeit erst ansatzweise unter psycholinguistischer Perspektive ausgewertet.

3.4   Modellierung und Computersimulation

Da Experimente nur einen ausschnittweisen (dafür allerdings besonders gründlichen) Zugang zu Sprache und Kommunikation bieten, liegt es nahe, das empirische Vorgehen durch formale Modelle und Computersimulationen zu ergänzen, die zum Verständnis komplexerer Sachverhalte beitragen können. Ein weiterer Grund ist, dass man in Simulationen Situationen studieren kann, die in der Realität nur selten auftreten, und systematische Veränderungen vornehmen kann, die in der Realität nur schwer oder überhaupt nicht rückgängig zu machen sind. In der Psycholinguistik beginnt sich deshalb ein Nebeneinander von Empirie und Simulation zu etablieren, von dem die Wissenschaft nur profitieren kann: Die empirischen Beobachtungen bilden die Grundlage für ein formales Modell, welches die Daten mehr oder weniger gut abbildet. Das formale Modell kann in einer Computersimulation implementiert werden, welche nicht nur die Konsistenz des Modells gewährleistet, sondern auch Hinweise auf Aspekte geben kann, die es wert sind, näher empirisch untersucht zu werden. Bei diesem Vorgehen inspirieren sich Empirie und Simulation also gegenseitig (Schade, 1999).

Ein erster Schritt von der Empirie zur Simulation ist die Beschreibung der Beobachtungen in einem formalen Modell. Wie jedes Modell bilden auch formale Modelle die empirischen Sachverhalte mehr oder weniger gut ab: Qualitative Modelle begnügen sich damit, notwendige und hinreichende Bedingungen für das Zustandekommen von Effekten aufzuführen. Im Unterschied dazu beschreiben quantitative Modelle den Zusammenhang von Bedingungen und Effekten über (lineare) Strukturgleichungen, die hinsichtlich ihrer Schätzgüte evaluiert werden können. – Eines der ersten formalen Modelle in der Psycholinguistik war das so genannte ‚Cliff'sche Gesetz' (Cliff, 1959). Es besagt, dass Gradadverbien wie *ziemlich* oder *sehr* den Intensitätsgrad von Adjektiven (*groß, teuer*) um einen adverbspezifisch konstanten Faktor modifizieren: Wenn *sehr groß* 1,4 mal so groß ist wie *groß*, dann ist *sehr teuer* auch 1,4 mal so teuer wie *teuer* – eine einfache lineare Gleichung der Form $y_{AdjP} = b_{Adv} \cdot x_{Adj} + c$. Die kognitive Adäquanz dieses Modells ist seither in mehreren Studien empirisch untersucht worden, mit widersprüchlichen Ergebnissen. Offenbar ist dieses frühe Modell viel zu einfach, um der individuellen und kontextuellen Variabilität von Bedeutung und der Vielfalt denkbarer semantischer Zusammenhänge Rechnung zu tragen. Spätere Modelle sind in dieser Hinsicht natürlich wesentlich differenzierter.

Mit der Umsetzung abstrakter formaler Modelle in lauffähige Computerprogramme ist der Schritt von abstrakten Ideen zu konkreten Berechnungen vollzogen (Jacobs & Grainger, 1994). Bei der Implementation sind zahlreiche Gesichtspunkte zu bedenken (vgl. Jacobs, 2003); unter anderem der Simulationsgegenstand (Verarbeitungsprozesse oder Verarbeitungsergebnisse), der Modellierungsansatz (regelbasiert oder assoziativ), die Wissensrepräsentation (lokalistisch oder distribuiert) und das Verarbeitungprinzip (autonom oder interaktiv). Besonders die so genannten konnektionistischen Simulationsmodelle haben in der Psycholinguistik große Bedeutung erlangt. Die Grundidee konnektionistischer Ansätze besteht darin, nach dem Vorbild des Gehirns Sprachverarbeitungsphänomene und -prozesse durch den Aktivationsfluss in einem ‚neuronalen' Netz zu modellieren. Konkret geschieht das durch einen iterativen Prozess, in dem die einzelnen Knoten des Netzwerks Aktivierung an die mit ihnen verbundenen Knoten ‚schicken', so dass in jedem Iterationsschritt der Aktivierungszustand eines jeden Knotens aus seiner Voraktivierung und der von seinen Nachbarknoten empfangenen Aktivierung neu berechnet werden kann. Für das Funktionieren eines konnektionistischen Simulationsmodells sind vor allem dessen Topologie, die angenommenen Schwellenwerte und die Aktivierungsfunktion entscheidend (vgl. Schade, 1992; Christiansen & Chater, 2001). – Simulationsmodelle konnektionistischer, symbolischer oder hybrider Art liegen inzwischen zu vielen Bereichen der Psycholinguistik vor; für Sprachrezeption etwa zur Worterkennung, zur Satzsegmentierung, zum Lesen und zum Textverstehen, für Sprachproduktion zum lexikalischen Zugriff sowie zu Versprechern und deren Reparaturen und für Sprachentwicklung unter anderem zu bestimmten Aspekten des Erwerbs von Morphologie und Syntax.

3.5   Statistische Analyseprinzipien

Zur Auswertung der empirisch oder simulativ gewonnenen Daten bedient sich die Psycholinguistik der mathematischen Statistik. Im Vordergrund stehen dabei zwei Aufgaben. Zunächst müssen die Daten aufbereitet, zusammengefasst und strukturiert werden, um die Befundlage durch geeignete Kennzahlen oder Diagramme darstellen zu können. Anschließend muss eine weitergehende Analyse erfolgen, um Hypothesen über Zusammenhänge oder Unterschiede von Variablen wahrscheinlichkeitstheoretisch zu testen und Allgemeinaussagen wahrscheinlichkeitstheoretisch rechtfertigen zu können.

Analytische Statistik ermöglicht damit Entscheidungen über das Annehmen oder Ablehnen der zugrunde liegenden Theorie unter Angabe konkreter Wahrscheinlichkeiten. Ein Effekt, der mit einer Wahrscheinlichkeit von $p \geq 0{,}95$ durch systematische Unterschiede in den Faktoren (also höchstens mit $p < 0{,}05$ durch Zufall) bedingt ist, heißt „signifikant". Die in Frage kommenden statistischen Verrechnungsverfahren sind äußerst vielfältig. Welches Verfahren angebracht ist, richtet sich im Wesentlichen nach dem Skalenniveau der Variaten und nach der Art und Weise der Variation der Faktoren. Eine Kurzübersicht bieten die Psychologen Dirk Vorberg und Sven Blankenberger (1999); Einzelheiten finden sich in einem Standardwerk von Jürgen Bortz (1999).

In der empirisch arbeitenden Psycholinguistik richten sich die Beobachtungen einerseits auf konkrete Sprachausdrücke (im weitesten Sinn) und deren morphosyntaktische, semantische oder pragmatische Struktur und andererseits auf konkrete Sprachbenutzer (im weitesten Sinn) und deren Sprachgebrauch einschließlich der zugrunde liegenden kognitiven Prozesse. Nun beabsichtigen viele psycholinguistische Studien Allgemeinaussagen, die sowohl über die tatsächlich beobachteten Äußerungen als auch über die tatsächlich beobachteten Personen hinaus Gültigkeit besitzen. Um eine solche zweifache Verallgemeinerung zu rechtfertigen, müssen die Daten sowohl in Bezug auf die Versuchsmaterialien als auch in Bezug auf die Versuchspersonen statistisch analysiert werden (Clark, 1973). Nur wenn sich in beiden Analysen herausstellt, dass eine wahrscheinlichkeitstheoretisch begründete Verallgemeinerung möglich ist, lassen sich die Ergebnisse sowohl auf andere Sprachbenutzer wie auch auf andere Sprachausdrücke übertragen.

Damit schließt sich der Kreis psycholinguistischen Erkenntnisfortschritts: Lücken oder Widersprüche in der Theorie führen zur Formulierung von Hypothesen, die anhand empirischer bzw. simulativer Beobachtungen systematisch überprüft werden. Entspricht das Beobachtungsergebnis den Vorhersagen, so hat die Theorie eine weitere Bestätigung erfahren; steht das Beobachtungsergebnis aber im Gegensatz zu den Vorhersagen, so ist die Theorie zu revidieren. Dieses letztere Ergebnis ist ohne Zweifel das wissenschaftlich fruchtbarere.

Kapitel 3 zusammengefasst

▶ Psycholinguistik ist eine empirische (auf Beobachtungen gestützte) Wissenschaft.

▶ Aus Theorien abgeleitete Hypothesen werden durch Beobachtungen geprüft.

▶ Psycholinguistik nutzt die ganze Bandbreite sozialwissenschaftlicher Methoden.

▶ Die wichtigste Methode in der Psycholinguistik ist das Experiment.

▶ Kognitive Prozesse können über geeignete Parameter erschlossen werden.

▶ Frequenz- und Intensitätsmaße sind klassische Parameter kognitiver Prozesse.

▶ Zeit-, Leistungs- und raumzeitliche Maße können genaueren Aufschluss geben.

Weiterführende Literatur zu Kapitel 3: Kriz & Lisch (1988); Erdfelder, Mausfeld, Meiser & Rudinger (1996); Bortz (1999); Bortz & Döring (2002).

Sprachwissen

Kapitel 4
Wissen über Sprache: Struktureinheiten

Die Psycholinguistik als Wissenschaft vom sprachlichen Verhalten und Erleben benötigt solide Erkenntnisse über die sprachlichen und mentalen Einheiten, die diesem Verhalten und Erleben zugrunde liegen. Das betrifft einerseits die Frage, welche ‚externen' sprachlichen Einheiten – Laute, Wörter, Sätze? – für die Verarbeitung maßgeblich sind, und andererseits die Frage, wie die den maßgeblichen Einheiten entsprechenden kognitiven Strukturen aussehen. Bevor wir uns der letzteren Frage zuwenden, betrachten wir zunächst aus psycholinguistischer Sicht die Erscheinungsformen von Sprache. Hierzu gehören die *Sprachmodalitäten*, aber auch die *Bausteine* der sprachlichen Äußerungen, mit denen Sprachbenutzerinnen und -benutzer zu tun haben.

4.1 Sprachmodalitäten

4.1.1 Gesprochene Sprache

Das, was Menschen auditiv wahrnehmen, lässt sich leicht einer von zwei Kategorien zuordnen: Man hört entweder Sprache oder Nichtsprachliches. Akustisch sind beide Kategorien aber nicht ohne weiteres voneinander zu unterscheiden. Umso eindrucksvoller ist die Leistung, die Sprachbenutzer bei der Wahrnehmung gesprochener Sprache vollbringen: Es gelingt uns, aus einem Stimmengewirr einzelne Sprecher herauszufiltern; in einem kontinuierlichen Lautstrom können wir ohne weiteres einzelne Wörter erkennen; wir interpretieren – je nach Zusammenhang – unterschiedliche Schallwellenformen gleich (/naɪn/, /næː/, /naː/... als ‚*nein*') und gleiche Wellenformen unterschiedlich (/raɪn/ als ‚*rein*', ‚*Rhein*' oder ‚*Rain*'...). Wie schaffen Sprachbenutzer das?

Da die Linguistik und die Psycholinguistik sich besonders intensiv mit der lautlichen Erscheinungsform der Sprache auseinandergesetzt haben, sind die relevanten Einheiten der gesprochenen Sprache bereits gut untersucht. Wir gehen kurz auf *Phoneme, Silben* und *Prosodie* ein.

In der Linguistik wird davon ausgegangen, dass die *Phoneme* als kleinste bedeutungsunterscheidende lautliche Einheiten die Basis der lautlichen Realisierung der Sprache bilden. Zahlreiche Untersuchungen haben sich mit der Frage befasst, welche Phoneme mit welchen anderen zusammen vorkommen können (syntagmatischer Aspekt) oder durch welche anderen ersetzt werden können (paradigmatischer Aspekt), so dass sich ein Wort ergibt. Berücksichtigt man jedoch – aus psycholinguistischer Perspektive – die Schwierigkeit, die Kinder bei der Zerlegung von Wörtern in einzelne Phoneme haben, so wird schnell klar, dass Phoneme eingebunden sind in ein ganzes Netzwerk sprachlichen Wissens, welches im phonologischen Bereich vor allem auch solche Einheiten wie Silben umfasst und zudem durch das Erlernen der Schriftsprache stark gefördert wird.

Untersuchungen zur Entwicklung phonologischer Bewusstheit bei Kindern zeigen, dass die lautliche Einheit, die Kinder am frühesten unterscheiden können, die *Silbe* ist (z.B. Weingarten, 2003). Eine Silbe ist eine Phonemfolge, die grob als bestimmte Konstellation von Konsonanten (C) und Vokalen (V) beschrieben werden kann. Im Deutschen sind die einfachsten Silben vom Typ V (z.B. *oh*) und die komplexesten vom Typ CCCVCCCC (z.B. *strolchst*). Die Relevanz der Silbe als Einheit in Sprachproduktion und -rezeption wird auch durch Beobachtungen von Versprechern bestätigt: Obwohl Anfangs- und Endkonsonanten oft verwechselt werden, bleibt die Silbenstruktur meist erhalten.

Der Begriff *Prosodie* ist eine Sammelbezeichnung für alle phonologisch relevanten Phänomene oberhalb der Silbenebene, zum Beispiel Sprachtempo, Rhythmus und Tonhöhenbewegung. Prosodische Merkmale können bedeutungstragend sein – nicht nur in so genannten tonalen Sprachen wie dem Chinesischen: Im Deutschen wie in fast allen anderen Sprachen signalisiert eine fallende Tonhöhe eine Aussage und eine steigende Tonhöhe eine Frage.

4.1.2 Geschriebene Sprache

Während gesprochene Sprache zeitlich organisiert ist und üblicherweise an eine konkrete Kommunikationssituation gebunden ist, ist geschriebene Sprache räumlich organisiert und geeignet, raumzeitliche Distanzen zwischen den Kommunikationspartnern zu überwinden. Weitere Unterschiede zwischen gesprochener und geschriebener Sprache betreffen den Formalisierungsgrad, die Kontexteinbindung, die Syntax und die Wortwahl: Geschriebene Sprache gilt als verbindlicher. Im Vergleich zur gesprochenen Sprache ist die geschriebene Sprache in der Psycholinguistik weniger gut erforscht. In grober Analogie zur gesprochenen Sprache sollen im Folgenden einige Forschungsresultate auf der Ebene der *Grapheme*, der *Orthografie* und des *Layouts* besprochen werden.

Analog zum Begriff Phonem bezeichnet *Graphem* die kleinste bedeutungsunterscheidende Einheit eines Schriftsystems. In dem bei uns verwendeten lateinischen Alphabet entspricht das einem Buchstaben. Allgemein sind in alphabetischen Schriftsystemen die einzelnen Grapheme (oder auch bestimmte Graphemgruppen) bestimmten Phonemen zugeordnet. Die daraus resultierenden Graphem-Phonem-Korrespondenzen bilden die Grundlage des

Schriftsystems – eine Basis, deren Erlernen Erwachsenen sicher weniger Schwierigkeiten bereitet als Kindern, denn bei Kindern in der Grundschule sind nicht nur die Grapheme, sondern auch viele Phoneme noch nicht im Wissensbestand vorhanden (z.B. Weingarten, 2003). Die Graphem-Phonem-Korrespondenzen fallen allerdings in den verschiedenen Einzelsprachen sehr unterschiedlich aus (leidgeprüfte Englischlernende kennen sicher die scherzhafte Schreibung *ghoti* für /fiʃ/ – *gh* wie in *laugh*, *o* wie in *women*, und *ti* wie in *patience*). In Sprachen, die sich statt einer Alphabetschrift (wie z.B. das koreanische Hangul) einer Silbenschrift (wie z.B. das japanische Katakana) oder einer logographischen Schrift bedienen (wie z.B. das chinesische Liushu), ist die Zahl der zu lernenden Grapheme noch weitaus größer, der Erwerb schriftsprachlicher Fertigkeiten also noch weitaus schwieriger.

Immer wieder gibt es Bestrebungen, die Graphem-Phonem-Korrespondenzen zu vereinheitlichen. Wie die jüngste Reform der deutschen Orthografie gezeigt hat, kann mit einer solchen Maßnahme viel öffentlicher und privater Ärger, aber nicht notwendigerweise eine wirkliche Erleichterung der schriftlichen Kommunikation verbunden sein. Dies hängt möglicherweise damit zusammen, dass die Urheber der Reform bei einzelnen Vorschlägen kognitive und kommunikative Gesichtspunkte zu wenig berücksichtigt haben, dafür aber umso mehr auf eine schriftinterne Systematik Wert gelegt haben, die sich jedoch Laien nicht ohne Weiteres erschließt. Die Lehre, die hieraus gezogen werden kann, ist, dass sich die Psycholinguistik in Zukunft verstärkt auch um die Orthografie und darüber hinaus um die hierauf bezogenen sprachpolitischen Entscheidungen kümmern sollte.

Wie die Prosodie auf der lautlichen Seite umfasst das *Layout* auf der schriftlichen Seite alle kognitiv relevanten Aspekte auf der makrostrukturellen Ebene – Typografie, Sonderzeichen, Gliederungshinweise und Grafikelemente. Auch hier treten weitere Informationen hinzu, die weit über die sprachliche Ebene hinausgehen. Im Fall des Layout sind dies vor allem die räumliche Anordnung der schriftlichen Informationen und ihre Strukturierung, aber auch ikonische Zeichen wie Piktogramme, Diagramme oder Bilder.

4.1.3 Gebärdensprache

Obwohl sie noch bis in die jüngste Zeit in weiten Bereichen der Wissenschaft kaum gewürdigt wurde, stellt die Gebärdensprache, genau wie die gesprochene oder geschriebene Sprache, in Bezug auf Komplexität, Funktionalität und Geschwindigkeit ein vollwertiges Sprachsystem dar. Formalisierte Varianten sind zum Beispiel die *American Sign Language* oder die *Deutsche Gebärdensprache*. Diese Sprachen benutzen einen so genannten Gebärdenraum, innerhalb dessen Sprecher Gebärdenzeichen mit bestimmten syntaktischen und semantischen Funktionen erzeugen können. Plural etwa wird durch Gebärdenverdoppelung angezeigt, Zeitbezüge durch die Verlagerung auf der Vorne-hinten-Achse und Personenbezüge durch eine Bereichsunterteilung der Links-rechts-Achse (dem Gegenüber, „du", entspricht ‚mittig', einer dritten Person ‚rechts' und einer vierten ‚links').

Chereme wurden nach einem Vorschlag von William C. Stokoe (1978) die kleinsten bedeutungsunterscheidenden Merkmale der Gebärdensprache genannt; sie entsprechen den Phonemen oder Graphemen in der gesprochenen oder geschriebenen Sprache. Einzelne Chereme beziehen sich beispielsweise auf die Form, Lokation, Bewegung und Orientierung der Hände, auf den Ausdruck und Blickrichtung der Augen und auf verschiedene Aspekte der Körperhaltung. Daneben können auch Silben, Morpheme und zur Prosodie analoge Phänomene in der Gebärdensprache nachgewiesen werden. Sogar ‚Versprecher' in der Gebärdensprache besitzen ähnliche Charakteristika wie diejenigen in der gesprochenen Sprache (Leuninger, 2003).

Die effektive Verwendung der Gebärdensprache durch Erwachsene und das leichte Erlernen durch gehörlose Kinder belegt, dass Menschen nicht auf die gesprochene Sprache bei ihrem Eintritt in die Welt der Sprache festgelegt sind. Eine Behandlung dieser Form menschlicher Sprache ist im Rahmen der Psycholinguistik auch schon deshalb angebracht, weil sich aus ihr neue Einsichten in die mentale Repräsentation von Sprache und in das Funktionieren der menschlichen Sprachverarbeitung gewinnen lassen (z.B. Erlenkamp, 2000).

4.2   Bausteine sprachlicher Äußerungen

Wie im vorigen Abschnitt deutlich wurde, verfügen alle sprachlichen Erscheinungsformen über verarbeitungsrelevante, bedeutungtragende Einheiten. Diese Einheiten lassen sich natürlich auch unter strukturellen Gesichtspunkten betrachten, nämlich als Elemente sprachlicher Äußerungen. Denn letzten Endes bestehen gesprochene Äußerungen aus Phonemen, geschriebene Äußerungen aus Graphemen und Äußerungen der Gebärdensprache aus Cheremen. Und dann ist zu fragen, ob sich die Verarbeitung von Sprache tatsächlich an diesen elementaren Einheiten orientiert oder ob es vielleicht andere, übergeordnete Bausteine sprachlicher Äußerungen gibt, die für kognitive Prozesse des Umgangs mit Sprache von Belang sind. In diesem Abschnitt gehen wir dieser Frage nach.

4.2.1   Wörter

Fragt man Sprachbenutzer, woraus sprachliche Äußerungen bestehen, erhält man mit hoher Wahrscheinlichkeit die Antwort: aus Wörtern. In der Tat: Jede sprachliche Äußerung muss mindestens ein Wort beinhalten (hat derer aber in der Realität manchmal sogar zu viel). Wörter sind so sehr in unserem Wissen präsent, dass es naheliegt, sie als wesentliche oder sogar als die wesentlichen Bausteine zu betrachten (Miller, 1995).

Eine Beobachtung aus der Frühzeit der Psycholinguistik liefert ein Argument für die Wichtigkeit von Wörtern: der von J. McKeen Cattell (1885) berichtete *Wort-Überlegenheits-Effekt.* Bei kurzer Darbietung sind Buchstabengruppen leichter zu lesen, wenn sie Wörter bilden (*wer neu amt* geht also schneller als *wna eem rut*). Eine Erklärung für den Wortüberlegenheits-Effekt hat mit der Redundanz von Sprache zu tun – wenn man den Wortanfang verarbeitet hat, kann man mit einer gewissen Wahrscheinlichkeit den Rest richtig erraten. Reicher (1969) hat dazu ein Experiment gemacht, bei dem er den Effekt des Ratens ausgeschaltet hat: Versuchspersonen bekamen kurzzeitig Buchstabengruppen dargeboten und wurden dann nach einem bestimmten Buchstaben gefragt (*War der letzte Buchstabe ein D oder K?*). Eine Gruppe erhielt Wörter (*WORK*), eine andere Gruppe Nichtwörter (*OWRK*). Die Ergebnisse sprachen gegen die Rate-Hypothese: Bei Wörtern erkannten die Versuchspersonen den letzten Buchstaben genauer. Man kann also Buchstaben besser erkennen, wenn sie Bestandteil eines Wortes sind, als wenn sie Bestandteil einer Buchstabenkette ohne Wortcharakter sind. Offenbar ist das Wort eine verarbeitungsrelevante Einheit – ein integriertes Informationsgefüge.

Aber die Menge der Wörter ist in sich nicht homogen. Bestimmte, besonders häufige Wörter sind uns vertrauter als andere; sie erfordern von daher weniger Verarbeitungsaufwand. Die 30 häufigsten Wörter des Deutschen (Abbildung 6) machen zusammen fast ein Drittel (32 %) aller schriftlichen deutschen Texte aus; im gesprochenen Amerikanisch machen die 20 häufigsten Wörter – Spitzenreiter ist das Personalpronomen *I* – über ein Drittel (37 %) aus (Dahl, 1979).

Abbildung 6

Hitliste der zehn häufigsten Wörter der deutschen Sprache:				
10. *sie*	9. *von*	8. *nicht*	7. *das*	6. *den*
5. *zu*	4. *in*	3. *und*	2. *der*	1. *die*

Wenn man die Auftretenswahrscheinlichkeit eines Wortes mit seinem Rangplatz multipliziert, ergibt sich eine annähernde Konstante: Es gibt wenige häufig vorkommende Wörter, aber viele seltene Wörter. Diesen Sachverhalt, das so genannte „Zipf'sche Gesetz", nutzt man unter anderem für die Zusammenstellung von Wörterbüchern.

Aber Wörter sind nur in einer informellen Redeweise die Bausteine sprachlicher Äußerungen schlechthin. Streng genommen sind es die *Morpheme.* Morpheme sind die kleinsten Einheiten der Sprache, denen Bedeutung zugeordnet werden kann. Was Morpheme an Bedeutung tragen, kann dabei sehr unterschiedlich sein. Die Zeichenkette *er* zum Beispiel kann als Morphem eine Mehrzahl anzeigen (*Kind-er*), eine Steigerung (*schnell-er*), eine Tätigkeit (*Mal-er*), eine Besonderheit (*er-leben*) oder, als selbstständiges Pronomen, etwas Männliches (*er*). Manche Morpheme können allein stehen und können dann als Wort bezeichnet werden. Andere, die so genannten gebundenen Morpheme, können nur in Verbindung mit anderen Morphemen auftreten.

Wie werden nun mehrmorphemige Wörter mental repräsentiert? Zwei unterschiedliche Antworten auf diese Frage liegen nahe:

- Die _atomistische_ Position besagt, dass Wörter in ihre Morphembestandteile aufgeteilt werden. Jedes einzelne Morphem ist separat im Sprachwissen repräsentiert, und Wörter werden durch Verbindungen der Repräsentationen einzelner Morpheme gebildet.

- Die _holistische_ Position dagegen sieht im Wort, unabhängig davon, ob es morphologisch einfach oder komplex aufgebaut ist, die für die mentale Repräsentation entscheidende Einheit im Sprachwissen.

Wie die empirische Forschung gezeigt hat, bilden in vielen Fällen beide, die Ebene der Teilmorpheme und diejenige des Gesamtwortes, kognitiv relevante Einheiten (z.B. Laudanna, Badecker & Caramazza, 1989; Drews, Zwitserlood, Bolwiender & Heuer, 1993).

4.2.2 Phrasen

Haben wir es mit sprachlichen Äußerungen zu tun, die aus mehreren Wörtern bestehen, so kommen syntaktische Überlegungen ins Spiel. Die unterschiedliche Reihenfolge der Wörter in den beiden Schlagzeilen _Hund beißt Briefträger_ und _Briefträger beißt Hund_ sorgt dafür, dass man ihnen unterschiedliche Bedeutungen zuordnet. Neben der Reihenfolge ist für die syntaktische Information auch die Zugehörigkeit sprachlicher Einheiten zu bestimmten Konstituenten maßgebend. Damit ist die zwischen der Wort- und der Satzebene angesiedelte Ebene der Teilsätze oder _Phrasen_ für die Frage nach verarbeitungsrelevanten Einheiten ebenfalls von Belang.

Es kann davon ausgegangen werden, dass auch Phrasen eigenständige Einheiten darstellen: Sätze, deren Teilsätze eine einheitliche Struktur aufweisen, sind generell leichter zu verarbeiten als Sätze mit heterogenen Teilsätzen. Besonders aufschlussreich sind in diesem Zusammenhang mehrdeutige Präpositionalphrasen: In _Manfred fesselte den Mann mit der schwarzen Krawatte_ ist nicht klar, worauf sich die Phrase _mit der schwarzen Krawatte_ genau bezieht. Um zu untersuchen, ob die Anbindung der Präpositionalphrase an die anderen Satzteile eher syntaktische oder eher semantische Hintergründe hat, haben Rayner, Carlson und Frazier (1983) Sätze wie _The spy saw the cop with the binoculars ..._, wo die Präpositionalphrase _with the binoculars_ an das Verb (_saw_) gebunden ist, verglichen mit Sätzen wie _The spy saw the cop with a revolver ..._, wo die Präpositionalphrase _with a revolver_ eindeutig an die zweite Nominalphrase (_the cop_) gebunden ist. Nach dem aus strukturalistischen Syntaxtheorien abgeleiteten Prinzip der minimalen Anbindung sollten verbgebundene Präpositionalphrasen leichter zu verarbeiten sein als nomengebundene, da für letztere in der Konstituentenhierarchie eine zusätzliche Ebene vorzusehen ist. Die Ergebnisse waren mit dieser syntaxbasierten Auffassung zu vereinbaren: Die Lesezeiten für den der Präpositionalphrase folgenden Satzteil (_... but the cop didn't see him_) waren bei Sätzen mit einer verbgebundenen Struktur kürzer als bei Sätzen mit einer nomengebundenen Struktur.

In späteren Untersuchungen fand man jedoch Hinweise auf semantische Einflüsse bei der Verarbeitung von Präpositionalphrasen. Das war vor allem dann der Fall, wenn nomengebundene Präpositionalphrasen dazu verwendet wurden, den Referenzbereich der Nominalphrase zu klären (wenn also *mit der schwarzen Krawatte* dazu diente, den betreffenden Mann von anderen Männern ohne Krawatte zu unterscheiden) und damit eine notwendige Anforderung an das Sprachverstehen zu erfüllen. Auch spielt die thematische Struktur des Satzes eine Rolle: Satzergänzungsexperimente haben gezeigt, dass Präpositionalphrasen vorzugsweise an die erste im Satz vorkommende Nominalphrase gebunden werden (Altmann & Steedman, 1988; Hemforth, Konieczny, Seelig & Walter, 2000).

4.2.3 Sätze

Eine in der Psycholinguistik bis heute noch weitgehend offene Frage ist die nach dem Stellenwert von Sätzen als verarbeitungsrelevanten Einheiten. Zwar standen Sätze vom Anfang an im Mittelpunkt der psycholinguistischen Diskussion, doch galt das Untersuchungsinteresse eher ihrer formalen Korrektheit als ihrer Rolle für die Sprachverarbeitung. Gründe für den vergleichsweise geringen Erkenntnisfortschritt liegen zum einen sicherlich in der ungeheuren Komplexität des Gegenstandes, zum anderen aber vermutlich auch in der Theorielastigkeit der generativ-grammatisch inspirierten Forschung, die lange Zeit mit einer Vernachlässigung der empirischen Untermauerung einherging.

Diese Unsicherheit kann besonders anschaulich am Beispiel so genannter elliptischer Koordinationen demonstriert werden (*Theo trinkt Tee und Carla Kaffee*). Über die Verarbeitung solcher Strukturen machen unterschiedliche Theorieansätze unterschiedliche Aussagen. Nach traditionellen grammatiktheoretischen Überlegungen sollte das Wort *trinkt* mental vom ersten Koordinationsteil in den zweiten, elliptischen Teil (*und Carla Kaffee*) kopiert werden, um diesen zu ‚vervollständigen‘. Neueren Überlegungen zufolge ist jedoch in der Äußerung eine strukturelle Parallelität bereits angelegt, so dass das Kopieren entfällt. Diese einander widersprechenden Auffassungen lassen sich empirisch überprüfen, denn das Kopieren sollte bei Ellipsen zu einer im Vergleich zu nichtelliptischen Kontrollsätzen längeren Verarbeitungszeit führen. In einem entsprechenden Experiment von Günther, Kindt, Schade, Sichelschmidt und Strohner (1993) lasen Versuchspersonen elliptische Sätze wie *Wenn Ute in die Alpen fährt und Anne an die Ostsee wie im letzten Jahr ...* An der in unserem Zusammenhang besonders interessanten Stelle dieser Satzstruktur, dem Übergang zwischen *Ostsee* und *wie*, war jedoch keine Lesezeitverlängerung zu beobachten. Die Autoren schlossen daraus, dass die Verarbeitung elliptischer Koordinationen nicht an eine Vervollständigung ‚fehlender‘ Komponenten gebunden ist.

Dieses Beispiel zeigt, dass nicht normativ über Satzverarbeitung befunden werden kann, sondern nur auf der Grundlage gut kontrollierter empirischer Untersuchungen. Auf einer solchen Grundlage wird es möglich sein, in Zukunft umfassende Theorien der Satzverarbeitung zu entwickeln. Einige neuere Ansätze der Kognitiven Linguistik können als erste Schritte in diese Richtung betrachtet werden (z.B. Langacker, 1991, 2001; Croft, 2000).

4.2.4 Texte

Mit dem Aufbau noch umfassenderer sprachlicher Äußerungen, nämlich ganzer Texte, befassten sich die so genannten *Geschichtengrammatiken*. In der Tradition strukturalistischer Linguistik versuchte man, die Grundstruktur von narrativen Texten (Erzähltexten) durch hierarchische schematische Kategorien zu beschreiben. Eine Geschichte, so hieß es (z.B. Thorndyke, 1977), bestehe aus vier der Reihe nach angeordneten Teilen: Rahmen, Thema, Handlung und Auflösung. Der Rahmen diene zur Einführung der Personen, des Schauplatzes und der Zeit (*Es war einmal ein König...*). Das Thema umfasse ein Ereignis und ein Ziel. Die Handlung bestehe aus mehreren Episoden, von denen jede eine eigene Thema-Handlung-Auflösungs-Struktur habe. In der Auflösung schließlich werde das Erreichen des Gesamtziels thematisiert. Die Beobachtung, dass narrative Texte, die diesem Strukturschema nicht entsprechen, längere Lesezeit benötigen, wurde zunächst als überzeugendes Indiz für die Existenz einer solchen idealen Textstruktur angesehen (z.B. Haberlandt, 1980). Später meldeten sich dann kritische Stimmen zu Wort, die darauf hinwiesen, dass die Geschichtengrammatiken lediglich Handlungsabläufe, nicht aber dramaturgische Aspekte berücksichtigten und bestenfalls für einfache Erzähltexte wie Märchen, nicht aber für längere, vielschichtige Erzähltexte Gültigkeit beanspruchen könnten – und schon gar nicht auf Sachtexte zu übertragen seien (z.B. Garnham, 1983; Wilensky, 1983; Graesser, Swamer & Hu, 1997).

4.3   Wissensressourcen

Wörter, Phrasen, Sätze, Texte – diese Struktureinheiten können nur dann als Bausteine sprachlicher Äußerungen fungieren, wenn die Sprachbenutzerinnen und Sprachbenutzer über das notwendige Wissen über den Umgang mit ihnen verfügen. Dieses sprachliche ‚know how‘ ist eine notwendige kognitive Voraussetzung für sprachliche Kommunikation. Wie notwendig das Wissen über Sprache und ihre Struktureinheiten ist, wird besonders dann deutlich, wenn es fehlt. Verstehen Sie etwa, was gemeint ist, wenn es heißt *Setzen Sie das Stereo Kopfphon in Kopfphon Wagenwinde ein, die Macht ist an, sonst die Macht ist ab*? In diesem Abschnitt stellen wir das kognitive System zur Speicherung von Wissen und Bedeutungen vor und erläutern die wichtigsten Wissensressourcen für den erfolgreichen Gebrauch von Sprache.

4.3.1 Das semantische Gedächtnis

Wissen, auch sprachliches Wissen, ist langfristig im Gedächtnis gespeichert. Der kanadi-
sche Gedächtnispsychologe Endel Tulving (1972, 2002) hat vorgeschlagen, zwei Spei-
chersysteme im Langzeitgedächtnis zu unterscheiden (vgl. Welzer & Markowitsch, 2001):

■ Im *episodischen Gedächtnis* sind Erinnerungen mit einem gewissen autobiographi-
schen Bezug gespeichert, also etwa Episoden aus dem letzten Urlaub oder dergleichen.

■ Im *semantischen Gedächtnis* ist Allgemeinwissen unabhängig vom Erwerbszusam-
menhang gespeichert. Deshalb wird dieses Speichersystem heute auch häufig schlicht
Wissenssystem genannt. Selbstverständlich gehört zum Allgemeinwissen auch sprachliches Wissen, etwa ein mentales Lexikon. Doch das semantische Gedächtnis umfasst
mehr – was wir über Fledermäuse wissen, was man in einem Restaurant macht, wieviel sechs mal acht ist usw.

Paradigma der Untersuchungen zum semantischen Gedächtnis sind Verifikationsaufgaben
(*Ein Rabe ist ein Vogel – richtig oder falsch?*). Dabei zeigt sich ein Typikalitätseffekt:
„Richtig"-Antworten erfolgen schneller, wenn das Subjekt einen typischen Vertreter der
betreffenden Objektklasse bezeichnet (ein *Spatz* ist ein typischer *Vogel*), als wenn es einen
untypischen Vertreter bezeichnet (ein *Pinguin* ist kein typischer *Vogel*). Umgekehrt erfolgen „Falsch"-Antworten schneller, wenn Subjekt und Prädikatsnomen semantisch deutlich
verschieden sind (*Ein Rabe ist ein Fahrzeug*), als wenn das nicht der Fall ist (*Ein Rabe ist
ein Fisch*). Dieses Befundmuster gilt ebenso für Gleich-Verschieden-Urteile wie für Ei-
genschaftszuschreibungen (*Eine Amsel kann singen. Eine Amsel hat Federn ...*); auch bei
Satzvervollständigung findet man Vergleichbares. Dieser Typikalitätseffekt wird zwar
durch bestimmte Umstände wie die Art der Aufgabe oder die Offensichtlichkeit falscher
Kategoriezuordnung moduliert, ist aber insgesamt konsistent.

Fast alle Theorien postulieren eine bestimmte Struktur des semantischen Gedächtnisses
und entsprechend eine bestimmte Art des Zugriffs. Die wichtigsten klassischen Ansätze:

■ *Hierarchische Suche* (Collins & Quillian, 1969). Das semantische Gedächtnis ist als
ein hierarchisch geordnetes Netz von Begriffen organisiert, wobei Eigenschaften an
die höchste zutreffende Hierarchieebene gekoppelt sind. Verifikation wird in diesem
Rahmen wie folgt erklärt: *Eine Amsel kann singen* geht schnell, weil die Eigenschaft
direkt an den *Amsel*-Knoten gekoppelt ist. *Eine Amsel hat Federn* dauert länger, weil
man sowohl *Amsel* als auch das übergeordnete *Vogel* durchsuchen muss.

■ *Merkmalsvergleich* (Smith, Shoben & Rips, 1974). Begriffsdefinierende und optionale
Eigenschaften werden in einem zweistufigen Verfahren verglichen. Wenn der Grad
der Merkmalsähnlichkeit etwa von *Rabe* und *Vogel* eine bestimmte obere Schwelle
überschreitet, antwortet man mit „Ja"; wenn er eine bestimmte untere Schwelle unter-

schreitet, antwortet man mit „Nein". Liegt er dazwischen, tritt man in eine zweite Stufe ein, wo lediglich die begriffsdefinierenden Merkmale genauer verglichen werden.

- _Spreading Activation_ (Collins & Loftus, 1975). Bei diesem Ansatz handelt es sich um cinen Vorläufcr konnektionistischer Modelle. In einem semantischen Netz, das aus Begriffsknoten und Relationskanten besteht, wird die Aktivierung von einem Knoten zu seinen Nachbarknoten schrittweise weitertransportiert. Kritisch anzumerken ist, dass der Ansatz bei seiner Breite ausgesprochen vage ist. Um spezifische Voraussagen daraus abzuleiten, sind allerhand Zusatzannahmen über die Netztopologie notwendig, die für sich ebenfalls noch zu begründen wären.

Die drei Ansätze unterscheiden sich in verschiedener Hinsicht. Ein Punkt betrifft die Frage der Wissensspeicherung: Sind Eigenschaften, wie Netzwerkmodelle annehmen, direkt gespeichert, oder müssen sie wie in Merkmalsmodellen berechnet werden? Ein anderer Punkt betrifft die Frage der Wissensstruktur: Sind Eigenschaften hierarchisch strukturiert und wenn ja, entspricht die kognitive Hierarchie der biologischen? Ein dritter Punkt betrifft die Frage der Detailliertheit: Sind Eigenschaften nur knapp repräsentiert oder ausführlicher und damit redundant? Ein vierter Punkt schließlich betrifft die Frage der Dekomposition: Sind Eigenschaften ständig präsent, oder werden sie nur bei Bedarf entwickelt? Alle diese Überlegungen sind aber so lange wenig hilfreich, als nicht klar ist, ob begriffliches Wissen überhaupt sinnvoll über Objekteigenschaften beschrieben werden kann (vgl. Khalidi, 1995). Es ist beispielsweise schwer vorstellbar, wie man die aufgeführten Ansätze auf abstrakte Begriffe wie _Wirklichkeit_ oder _Freiheit_ ausweiten könnte.

4.3.2   Das mentale Lexikon

Die Struktur der mentalen Einheiten, die den lexikalischen Grundeinheiten der Sprache entsprechen, wird seit den Anfängen der modernen Psycholinguistik unter dem Stichwort „mentales Lexikon" untersucht. Das mentale Lexikon umfasst das gesamte Wissen einer Person über die ihr bekannten Wörter. Die meisten Theorien gehen davon aus, dass das mentale Lexikon ähnlich angelegt ist wie ein gedrucktes Lexikon oder ein Wörterbuch, wobei zu jedem Lexikon-Eintrag zweierlei verzeichnet ist:

- _Lemma-Information:_ Die Gesamtheit der syntaktischen Eigenschaften des betreffenden Wortes (‚Sessel‘ ist ein Nomen, ist maskulin, ...) sowie seiner Bedeutungsaspekte (‚Sessel‘ bezeichnet ein Sitzmöbel, das gepolstert ist, Armlehnen hat, ...).

- _Lexem-Information:_ Die Gesamtheit der lautlichen und schriftlichen Realisierungsformen des betreffenden Wortes (‚Sessel‘, ‚Sessels‘, ‚SESSEL‘, ...).

Die Lemmata sind maßgeblich für die Verknüpfung eines Lexikon-Eintrags mit anderen Lemmata und darüber hinaus mit weiteren Inhalten des semantischen Gedächtnisses.

Was den Zugriff auf das mentale Lexikon betrifft, so gilt allgemein: Gut bekannte Wörter werden schneller erkannt als weniger gut bekannte. Das zeigt sich unter anderem bei der lexikalischen Entscheidungsaufgabe (s. Kapitel 3): Wie zu erwarten, gibt es besonders kurze Reaktionszeiten für Wörter mit hoher Auftretenshäufigkeit und hoher Vertrautheit. Aber es gibt auch einen überraschenden Befund. Im Vergleich von mehrdeutigen Wörtern (*Bank, Flügel ...*) mit eindeutigen, die genauso häufig sind, werden mehrdeutige schneller als Wörter erkannt; je mehr Bedeutungen ein Wort hat, desto schneller antworten Versuchspersonen mit „Ja". Das ist deswegen überraschend, weil man sich eigentlich nicht mit Bedeutungen auseinanderzusetzen braucht, um ein Wort als Wort zu identifizieren. Man tut es aber offenbar unwillkürlich trotzdem. Daraus folgt: Ambige Wörter sind mit zwei Einträgen im mentalen Lexikon vertreten, und die Reaktionszeit ist die Zeit, die man braucht, um mindestens einen Eintrag zu finden. Das sagt etwas über den Inhalt von Lexikon-Einträgen: Sie enthalten nämlich (auch) Bedeutungen (s. Kapitel 5).

Die Bedeutungshaltigkeit von Lexikon-Einträgen hat auch Auswirkungen auf das *Priming* (s. Kapitel 3). Ein flektiertes Wort ‚primt' seine unflektierten Formen genauso gut, wie die unflektierten Formen sich selbst primen. Das heißt: Wenn man ein Substantiv oder ein Verb kennt, muss man dessen Pluralform oder dessen Partizip nicht als eigene Einträge speichern. Die Gegenprobe: Wenn es sich um morphologisch nicht verwandte Wortformen handelt (*cancel* und *can*), so ist kein Priming-Effekt zu beobachten. Entsprechendes gilt für abgeleitete Wörter: Die flektierte Form *managed* erleichtert das folgende Erkennen von *manage* genau so gut wie *manage* selbst. Auch *manager* und *management* haben den gleichen Effekt. Das legt den Schluss nahe, dass es nur einen Eintrag für alle diese Wörter gibt oder, falls es mehrere gibt, sie alle parallel aktiviert werden.

Auf jeden Fall ist das mentale Lexikon anders organisiert als ein gedrucktes Wörterbuch, denn wir können auf häufig benutzte Einträge schneller zugreifen als auf seltene. Denkbar wäre vielleicht, dass das mentale Lexikon wie eine Art Kartenstapel organisiert ist; er wird von oben nach unten durchsucht, und benutzte Karten werden immer obenauf gelegt.

Wenn wir noch nicht genau wissen, wie unser Lexikon organisiert ist, wissen wir wenigstens, wieviele Einträge es umfasst? Auch hier gehen die Schätzungen stark auseinander. Legt man den Umfang von gedruckten Wörterbüchern zugrunde, so kommt man für die deutsche Sprache auf eine Zahl von ca. 300.000-500.000 Wortformen. In Anbetracht der oben angeführten Befunde wird man für das mentale Lexikon allerdings einiges zusammenfassen müssen. Aber auch das kann problematisch sein; man denke nur an Komposita. Unter Berücksichtigung solcher Aspekte und bei Ausschluss von Eigennamen, Zahl- und Fremdwörtern kommen konservative Schätzungen zu dem Ergebnis, der Wortschatz eines durchschnittlichen amerikanischen Highschool-Absolventen umfasse etwa 45.000 Wörter; gute Schüler könnten jedoch leicht zwei- oder dreimal soviele Wörter kennen.

Nachdem wir festgestellt haben, dass wir weder genau wissen, wie das mentale Lexikon organisiert ist, noch wieviele Einträge es umfasst, können wir uns auch noch fragen, ob es überhaupt existiert. Tatsächlich haben sich einige Psycholinguisten mit dem Argument, es gebe nicht ‚die Bedeutung' eines Wortes schlechthin, sondern allenfalls situations- und kontextspezifische Bedeutungen, gegen die Annahme eines mentalen Lexikons ausgesprochen, in dem nach Art eines Wörterbuchs feststehende Bedeutungen verzeichnet seien. Aber andererseits besteht in der Psycholinguistik Einigkeit darüber, dass sprachliches Wissen ohne das Wissen um Wörter und die Möglichkeiten ihrer Verwendung nicht denkbar ist. Pointiert spricht Hörmann (1983b: 3) daher von „the difficulties of using the concept of a dictionary – and the impossibility of not using it."

4.3.3 Mentale Schemata

Neben den Einträgen im mentalen Lexikon, die als molekulare Einheiten des sprachlichen Wissens angesehen werden können, nimmt man auch molare Einheiten an, die so genannten mentalen Schemata. Den Begriff „Schema" hat der englische Gedächtnispsychologe Sir Frederick Bartlett (1932) in die Diskussion eingebracht. Ein Schema ist eine abstrakte Wissensstruktur, die stereotype Charakteristika von Gegenständen oder Sachverhalten repräsentiert. Ein Schema stellt, bildlich gesprochen, einen gedanklichen ‚Setzkasten' mit inhaltlichen Leerstellen bereit, die in konkreten Situationen durch Wahrnehmung, Inferenzen oder Subsumtion anderer Schemata spezifiziert werden können. Ein Einkauf beispielsweise kann sehr unterschiedlich ausfallen, je nachdem welche Art von Laden Sie aufsuchen – aber immer werden Sie auf irgendeine Weise Waren prüfen, auswählen und bezahlen. Mentale Schemata bieten so die Möglichkeit, eine umfassende Struktur in die Umwelt zu bringen.

In den Kognitionswissenschaften hat man unter anderem mit Objektschemata (stereotype Objektklassen, z.B. Fisch), Merkmalsschemata (stereotype Objekteigenschaften, z.B. *teuer*), Handlungsschemata (stereotype Vorgänge, z.B. schenken), Ablaufschemata (stereotype Ereignisfolgen, z.B. Restaurantbesuch) und metalinguistische Schemata (stereotype Textstrukturen, z.B. Märchen) gearbeitet. Einem Schema können die folgenden verarbeitungsleitenden Wirkungen zugesprochen werden (Alba & Hasher, 1983):

- *Selektion:* Nur die für das betreffende Schema relevanten Informationen werden weiterverarbeitet.

- *Abstraktion:* Die Weiterverarbeitung erfolgt in einer dem betreffenden Schema entsprechenden abstrahierten Weise.

- *Interpretation:* Die zu verarbeitende Information wird im Hinblick auf das betreffende Schema interpretiert.

■ *Integration:* Die so aufbereitete Information wird in das betreffende Schema integriert und gegebenenfalls mit weiteren Schemata verknüpft.

Für die verarbeitungsleitenden Wirkungen von Schemata liegen zahlreiche Befunde vor, die unter anderem zeigen, dass die Struktur eines Textes bei mehrfach wiederholter Reproduktion immer stereotyper wird, dass wesentliche Elemente eines Schemas schneller verarbeitet werden als unwesentliche und dass ein Ereignis eines Ablaufschemas die Verarbeitung des zeitlich folgenden Ereignisses beschleunigt. Schemata wirken auf Wortebene: *Etwas Schweres* ist eine bessere Erinnerungshilfe für den Satz *The man lifted the piano*, *etwas Wohlklingendes* ist eine bessere Erinnerungshilfe für *The man tuned the piano* (Barclay, Bransford, Franks, McCarrell & Nitsch, 1974). Schemata wirken auf Satzebene: Liest man Sätze wie *Der schwache Esel bringt schwere Körbe* oder *Der starke Esel bringt leichte Körbe*, so richtet sich die geschätzte Anzahl der Körbe nach einem Energie-Ökonomie-Schema (Hörmann, 1983a).

Ein Schema, das sich auf ganze Handlungsabläufe bezieht, heißt auch „Skript" (Drehbuch). Im Rahmen der Textverarbeitung bezeichnet „Skript" eine stereotype Sequenz von Ereignissen oder Handlungen, wie z.B. den Besuch in einem Restaurant (Schank & Abelson, 1977). Der Kognitionswissenschaftler Robert P. Abelson (1981) unterscheidet starke und schwache Skripts. Während bei starken Skripts die Reihenfolge der Ereignisse festgelegt ist (z.B. *Gottesdienst*), ist diese bei schwachen Skripts beliebig (z.B. *Zirkusaufführung*). Starke Skripts rufen nach Meinung von Abelson konkrete Erwartungen bezüglich der auf eine bestimmte Handlung folgenden Handlungen hervor (was zu verkürzten Verarbeitungszeiten führt), während die Leser oder Hörer von Texten auf der Grundlage von schwachen Skripts lediglich mit dem Vorkommen bestimmter Handlungen rechnen.

Die Kritik an den Ansätzen, die sich auf mentale Schemata stützen, setzt vor allem an dem mit starken Skripts verbundenen Erwartungsbegriff an (den Uyl & van Oostendorp, 1980). Abelson schließt aus den verkürzten Verstehenszeiten für diejenigen Sätze, die die unmittelbar benachbarten Skripthandlungen beinhalten, dass diese Handlungen erwartet wurden. Genauso gut könnte es jedoch sein, dass dieser Erleichterungseffekt erst bei dem Versuch der Integration des nachfolgenden Satzes in das betreffende Schema zustande kommt. Mit der Frage der Erwartungen hängt das Problem zusammen, welche Teile eines Skripts gemeinsam aktiviert werden. Das ganze Skript kann es nicht sein, denn sonst hätten auch die nichtbenachbarten Handlungen zu einer Verkürzung der Verarbeitungszeit führen müssen (van Oostendorp, 1991).

Die Frage, was von schematischen mentalen Strukturen zusammenhängend aktiviert wird, wird heute im Zusammenhang mit der Inferenzproblematik behandelt. Dazu gehört auch die Frage nach den Grenzen eines Schemas; im Prinzip sind Schemata beliebigen Spezifikationsgrades denkbar (statt *Restaurantbesuch* etwa *Abendessen in der Stammpizzeria*

Donato' ...). Auch der Zusammenhang zwischen den postulierten mentalen Schemata als molaren Wissenseinheiten, bestimmten sprachlichen Äußerungseinheiten und bestimmten Aspekten der jeweiligen Kommunikationssituation wird in diesem Zusammenhang untersucht (s. Kapitel 5 und 7).

Neben den Schemata, die sich auf die durch den Text angesprochenen Inhalte beziehen, verfügen Kommunikationsteilnehmer natürlich auch über schematisches Wissen, das sich auf die Kommunikationssituation selbst bezieht. Beispielsweise könnte das stereotype soziale Schema *Ausländer* – über das Vorurteil, Ausländer hätten grundsätzlich Schwierigkeiten, deutschsprachige Äußerungen zu verstehen – der Grund dafür sein, dass manche Deutsche im Gespräch mit Ausländern oft besonders laut sprechen (statt, wie angemessen, besonders einfach). Jedenfalls können soziale Situationen zum Teil über die ihnen zugeschriebenen Konventionen und Normen definiert werden, und solche Zuschreibungen können mitunter erhebliche Konsequenzen für das kommunikative Geschehen haben.

Kapitel 4 zusammengefasst

▶ Wissen über Sprache bezieht sich auf die Modalitäten und die Bausteine der sprachlichen Äußerungen sowie die hierfür notwendigen Wissensressourcen.

▶ Die wichtigsten Modalitäten sind die gesprochene, die geschriebene und die Gebärdensprache.

▶ Bausteine sprachlicher Äußerungen sind Wörter, Phrasen, Sätze und Texte.

▶ Die für den Umgang mit den Sprachbausteinen notwendigen Wissensressourcen umfassen das semantische Gedächtnis, das mentale Lexikon und Schemata.

Weiterführende Literatur zu Kapitel 4: van Oostendorp (1991); Günther, Kindt, Schade, Sichelschmidt & Strohner (1993); Khalidi (1995); Miller (1995); Graesser, Swamer & Hu (1997).

Kapitel 5
Wissen aus Sprache: Repräsentationen

Neben dem Wissen über Sprache, das eine notwendige Voraussetzung für einen erfolgreichen Sprachgebrauch ist, müssen wir noch jenes Wissen diskutieren, das in einer konkreten Kommunikationssituation aus der Verarbeitung von Sprache entsteht oder den Anlass für sprachliche Äußerungen bildet. Die meisten Theoretiker gehen davon aus, dass dieses Wissen die Umwelt in irgendeiner Weise repräsentiert, weshalb auch von *mentaler Repräsentation* gesprochen wird. Allerdings darf man sich die mentale Repräsentation auf keinen Fall wie eine naturgetreue Abbildung vorstellen, obwohl wir alle meinen, ein wirklichkeitsnahes Bild unserer Umwelt im Kopf zu haben. Psycholinguistische Überlegungen dazu, was repräsentiert wird und wie das geschieht, stellen wir in diesem Kapitel vor. Dabei legen wir besonderen Wert auf semantische Aspekte, denn der inhaltliche Aspekt der Sprachrepräsentation stellt die Verbindung zwischen einer sprachlichen Äußerung und ihrer Bedeutung her. Bedeutung wiederum hängt in einem nicht zu unterschätzenden Ausmaß von der Kommunikationssituation ab. Aus psycholinguistischer Sicht kann es deshalb nicht ‚die‘ Bedeutung einer Äußerung geben, sondern es gibt eine Vielzahl situativ bedingter Interpretationsmöglichkeiten. Die Äußerung *Es zieht* bedeutet zum Beispiel, dass es an diesem Ort zieht, aber möglicherweise auch, dass der Angesprochene aufstehen möge, um das offene Fenster zu schließen.

5.1.   Bedeutungsbausteine

Am Anfang der semantisch orientierten Rezeptionsforschung stand die – von traditionellen linguistischen Auffassungen abweichende – Einsicht, dass Sprachäußerungen keine festgelegten Bedeutungen in sich tragen, sondern dass die Hörer oder Leser in der jeweiligen Kommunikationssituation den sprachlichen Äußerungen ihre Bedeutung verleihen. Nicht nur Produzenten, sondern auch Rezipienten konstruieren also Bedeutung, und zwar in dem Sinne, dass sie bestimmten Sprachstrukturen bestimmte Wissensstrukturen zuordnen. Ein vorherrschendes Ziel der psycholinguistischen Forschung war es daher, die einzelnen Bedeutungseinheiten zu bestimmen, mit deren Hilfe diese konstruktive Aktivität durchgeführt werden kann. Als wichtige semantische Einheiten gelten in der Psycholinguistik *mentale Konzepte*, *mentale Propositionen* und *mentale Modelle*.

5.1.1 Konzepte: Der Sinn der Wörter

Die unterste Ebene der Erfassung von Bedeutung ist die der Konzepte oder Begriffe. Für die Psycholinguistik ist es von größter Bedeutung zu wissen, wie die Struktur dieser semantischen Grundeinheiten aussieht, da diese die Grundlage für alle anderen repräsentationalen Einheiten bilden. Aus psycholinguistischer Sicht ist Wortbedeutung als Zuordnung von Wörtern zu Konzepten zu verstehen (Harras, Herrmann & Grabowski, 1996).

❖ Bedeutung ist die Zuordnung von Sprachausdrücken zu Konzepten.

Konzepte wiederum beziehen sich auf Klassen von Objekten, Ereignissen oder Sachverhalten; sie sind immer mit anderen Konzepten zusammen in kognitive Strukturen eingeordnet. Der Begriff, dem das Wort *Käfer* entspricht, hat beispielsweise als prominente Komponente, dass es sich um ein spezielles Exemplar jener Objektklasse handelt, der das Wort *Insekt* entspricht, dass Objekte dieser Klasse im Vergleich zu solchen der Klasse ‚Tier' eher klein sind, dass es sechs Extremitäten der Objektklasse ‚Bein' besitzt usw.

Eine Frage, die für die Psycholinguistik besonders relevant ist, betrifft die *Flexibilität* der Konzepte. Während in der Linguistik nach wie vor von festgelegten Bedeutungen eines Wortes ausgegangen wird, wachsen innerhalb der Psycholinguistik die Zweifel, ob diese strukturalistische Annahme der Verarbeitungsrealität entspricht (Mangold-Allwinn, 1993). Unterstützt wird diese Auffassung durch Beobachtungen wie die, dass die Bedeutung so genannter unbestimmter Quantoren wie *einige, mehrere* oder *ein paar* stark vom Kontext abhängt (Hörmann, 1983a): *Ein paar Büroklammern* sind mehr als *ein paar Bäume, ein paar Berge* mehr als *ein paar Hemden, ein paar Bücher auf einem großen Tisch* mehr als *ein paar Bücher auf einem Tisch, ein paar Menschen vor dem Rathaus* mehr als *ein paar Menschen vor der Telefonzelle ...* Wie Clark (1983), ebenfalls ein Befürworter einer flexiblen Konzeption von Konzepten, gezeigt hat, können Wörter sogar in ganz neuen Bedeutungen verwendet werden, ohne unüberwindliche Verständigungsprobleme hervorzurufen. Das ist plausibel: Wir können das Wort *Käfer* auch ohne Weiteres mit einem bestimmten Automobil-Typ in Verbindung bringen.

Ein Grund, warum die Flexibilität von Konzepten gewöhnlich jedoch gewisse Grenzen hat, könnte darin liegen, dass es kontextabhängige und kontextunabhängige Bestandteile der Wortbedeutung gibt. Nach Ansicht von Larry W. Barsalou (1982) entstehen die kontextunabhängigen Bestandteile aus den kontextabhängigen durch häufige Verbindung mit dem betreffenden Wort. Der kontextunabhängige ‚Bedeutungskern' umfasst häufig solche Merkmale, die das dem Wort zugeordnete Konzept von anderen Konzepten unterscheiden (z.B. unterscheidet *hat Kiemen* Fische eindeutig von anderen Tieren) oder die Verwendung des mit dem Wort bezeichneten Gegenstandes charakterisieren (z.B. ist die Eigenschaft *ist essbar* ein kontextunabhängiger Bestandteil von *Apfel*).

5.1.2 Propositionen: Sachverhalte feststellen

Mentale Propositionen sind Repräsentationen einfacher Sachverhalte, wie zum Beispiel, dass die Pizza lecker ist oder dass Chris Britta einen Apfel schenkte. Im Zusammenhang mit Sprachrezeption werden Propositionen dazu verwendet, die semantische Struktur von Sätzen zu beschreiben – ein Ansatz, der auf Überlegungen des Linguisten Lucien Tesnière (1965) zur Verbvalenz zurückgeht und der durch den Psychologen Walter Kintsch (1974) zu einer umfassenden Beschreibungssprache für Bedeutungen ausgearbeitet wurde.

Eine Proposition ist gewissermaßen ein Bedeutungsmolekül, das seinerseits aus Konzepten besteht, quasi den Bedeutungsatomen. Eines der Konzepte bezieht sich auf die zentrale Aussage; es fungiert als Prädikat und bindet die anderen Konzepte als so genannte Argumente an sich. Bei einem Sachverhalt wie *Chris schenkte Britta einen Apfel* geht es zum Beispiel im Wesentlichen um *schenken*; dieses Konzept ist also das Prädikat. Als Prädikate kommen in erster Linie solche Konzepte infrage, die durch ein Verb, ein Adverb, ein Adjektiv, eine Präposition oder eine Konjunktion ausgedrückt werden. Als Argumente dienen Konzepte, die bestimmte Kasusrollen spezifizieren (wer, wem, was, womit, wie, wann, wo ...) oder auch andere Propositionen. Propositionen werden üblicherweise in Funktor-Argument-Schreibweise dargestellt, so dass der Sachverhalt *Chris schenkte Britta einen Apfel* als Proposition durch einen Term mit dem Prädikat-Konzept *schenken* und den Argument-Konzepten *Chris* (wer), *Britta* (wem) und *Apfel* (was) ausgedrückt würde (s. Abbildung 7).

Satz:	*Chris schenkte Britta einen Apfel.*
Proposition:	SCHENKEN (CHRIS, BRITTA, APFEL)

Abbildung 7

Die propositionale Beschreibung abstrahiert von Einzelheiten des Wortlauts; Informationen etwa über Numerus, Tempus oder „genus verbi" (Aktiv oder Passiv) sind in den Propositionen nicht codiert, und Pronomina werden aufgelöst. Die Beziehung zwischen dem Wortlaut eines Satzes und der zugrunde liegenden Proposition ist von daher nicht eineindeutig; propositionale Darstellungen sind nicht frei von Interpretationen.

Kintsch (1974) konnte experimentell nachweisen, dass die Anzahl der einem Satz zugrunde liegenden Propositionen die Lesezeit für diesen Satz bestimmt: Versuchspersonen lasen Sätze, die aus jeweils 14 Wörtern bestanden, welche zwischen 4 und 9 Propositionen ausdrückten; jede Proposition, die der Leser sich erarbeitete, erforderte 1,5 s mehr Lesezeit. Darüber hinaus konnte gezeigt werden, dass Propositionen meist ganzheitlich erinnert werden – Leser reproduzieren entweder die gesamte Proposition oder gar nichts davon. Befunde wie diese haben viele Psycholinguisten davon überzeugt, dass Propositionen nicht nur zur Beschreibung von Bedeutungsstrukturen zweckmäßig sind, sondern auch als mentale Repräsentationseinheiten bei der Sprachverarbeitung funktionieren.

5.1.3 Mentale Modelle: Die Welt in der Sprache

Als „mentale Modelle" bezeichnen wir (Rickheit & Sichelschmidt, 1999) ganzheitliche, strukturerhaltende interne Repräsentationen externer Objekte, Sachverhalte oder Ereignisse. So wie ein Modellauto in bestimmter Hinsicht ein richtiges Fahrzeug abbildet (etwa im Hinblick auf Form und Farbe, nicht jedoch im Hinblick auf Größe oder Antrieb), bildet auch ein mentales Modell die Sachverhalte, von denen in einer sprachlichen Äußerung die Rede ist, in bestimmter Hinsicht ab. Für den Kognitionswissenschaftler Philip N. Johnson-Laird (1983: 397) sind mentale Modelle damit ein eigenständiger, wichtiger Typ von mentalen Repräsentationen: „They enable individuals to make inferences and predictions [...] and they relate words to the world by ways of conception and perception."

Mentale Modelle bilden nach Johnson-Laird (1995) Sachverhalte durch Mengen von ‚tokens' (Stellvertreter-Symbolen) ab, deren Struktur der Struktur des abgebildeten Sachverhalts entspricht. Ein Sachverhalt, der durch die Äußerung *Das Messer liegt rechts von der Gabel* beschrieben werden kann, würde demnach vielleicht wie in Abbildung 8 repräsentiert werden, wobei das token [G] die Gabel und das token [M] das Messer symbolisiert:

Abbildung 8   [G]   ---   [M]

Mentalen Modellen werden spezifische Eigenschaften zugeschrieben, die sie von anderen Formen mentaler Repräsentationen unterscheiden. Mentale Modelle sind demnach

- holistisch: Die Repräsentation umfasst die Gesamtsituation (soweit bekannt).

- analog: Die Struktur der Situation ist aus der Repräsentation ablesbar.

- dynamisch: Die Repräsentation kann Veränderungen der Situation abbilden.

Damit steht der Begriff „mentales Modell" für eine ganze Klasse von psycholinguistischen Denkansätzen. Dazu gehören außer dem eigentlichen „mental model"-Ansatz (Johnson-Laird, 1983) der konstruktivistische Ansatz (Bransford, Barclay & Franks, 1972), der ‚Szenario-Mapping'-Ansatz (Sanford & Garrod, 1981) und der Situationsmodell-Ansatz (Zwaan, 1999). Überdies ist „mentales Modell" ein Sammelbegriff für verschiedene Unterarten holistisch-analoger Repräsentationen – quasi-bildhafte Vorstellungen, kognitive Landkarten, Gedankenexperimente und dergleichen.

Von propositionalen Repräsentationen unterscheiden sich mentale Modelle dadurch, dass sie in weit stärkerem Ausmaß als propositionale Ansätze Allgemeinwissen einbeziehen und damit in ihrem semantischen Gehalt deutlich über das in einem Text explizit Gesagte hinausgehen. Von Schemata unterscheiden sich mentale Modelle insofern, als mentale Modelle aktuelle Wissensstrukturen im menschlichen Arbeitsgedächtnis sind, die konkrete Sachverhalte in allen relevanten Einzelheiten repräsentieren und dabei auf schematisches Wissen im Langzeitgedächtnis aufbauen.

Die Theorie mentaler Modelle hat sich in zahlreichen Experimenten empirisch bewährt (Oakhill & Garnham, 1996; Rickheit & Habel, 1999). Die Befunde zeigen unter anderem, dass Rezipienten aus den in einem Text beschriebenen räumlichen Relationen eine Art mentale Landkarte konstruieren, deren Topologie quasi abgelesen werden kann, dass das Allgemeinwissen über bestimmte Sachverhalte deren Repräsentation und daraus ableitbare Konsequenzen beeinflusst und dass die zur Entwicklung oder Manipulation von quasi-bildhaften Vorstellungen benötigte Zeit eine Funktion ihrer Komplexität ist (z.B. Dutke, 1998; Zwaan & Radvansky, 1998).

Nachteilig ist jedoch, dass der Begriff des mentalen Modells bei aller Plausibilität sehr unscharf bleibt, dass es nur unzureichende Festlegungen bezüglich des Repräsentationsformats gibt und dass eine empirische Überprüfung der Postulate zur Dynamik mentaler Modelle schwierig ist.

5.2 Bedeutung konstruieren

Wir haben weiter oben in diesem Kapitel Bedeutung als Zuordnung und damit als einen kognitiven Prozess definiert. Nun wollen wir einige Gesichtspunkte erörtern, die in diesem Prozess ausschlaggebend sind (Rickheit, Sichelschmidt & Strohner, 2002).

5.2.1 Referenz: Über Dinge reden

Referenz bezeichnet allgemein den direkten oder indirekten sprachlichen Verweis auf Nichtsprachliches. Diejenigen Dinge oder Sachverhalte, von denen in einer sprachlichen Äußerung die Rede ist, heißen Referenten oder Referenzobjekte. Eine sprachliche Bezugnahme auf Nichtsprachliches kann in der Praxis auf vielerlei Arten erfolgen (Nelson, 1992). Deshalb ein kurzer Überblick über die wichtigsten Arten von Referenz.

- *Definite Referenz:* Sprachlicher Verweis mit Hilfe einer Nominalphrase mit definitem Artikel (z.B. *der Mond*). Das funktioniert nur dann problemlos, wenn der Referent singulär ist, eindeutig bestimmbar ist oder wenigstens vorher klar thematisiert wurde.

- *Generische Referenz:* Sprachlicher Verweis mit Hilfe eines generisch gebrauchten definiten Artikels; Referent ist hier nicht ein bestimmtes Einzelobjekt, sondern eine Klasse von Objekten (z.B. *Der Ball ist rund*).

- *Indefinite Referenz:* Sprachlicher Verweis mit Hilfe einer Nominalphrase mit indefinitem Artikel (z.B. *ein Mann*). Indefinite Referenz dient vor allem dazu, aus der Menge der in Frage kommenden Referenten einen bestimmten zu thematisieren.

- *Pronominale Referenz:* Sprachlicher Verweis mit Hilfe eines Pronomens (z.B. *er*). Pronominale Referenz erfordert eine zusätzliche sprachliche oder nichtsprachliche Bestimmung des Referenten; sie kommt daher fast immer zusammen mit anderen Referenzformen vor.

■ *Deiktische Referenz:* Sprachlicher Verweis mit Hilfe von Demonstrativa (z.B. *jener*) oder Deiktika (z.B. *dort*). Die Referenten solcher Ausdrücke können nur anhand der konkreten Situation bestimmt werden; deiktische Referenz wird daher oft von Zeigegesten begleitet.

Erfolgt der sprachliche Verweis auf einen Referenten nicht direkt, sondern – wie bei pronominaler Referenz – indirekt, so spricht man auch von „Koreferenz". Die verschiedenen sprachlichen Ausdrücke verweisen ja auf dasselbe Referenzobjekt. In diesem Sinn sind etwa die drei Ausdrücke *Dresden*, *Elbflorenz* und *sächsische Hauptstadt* koreferent.

5.2.2 Kohärenz: Sachverhalte verknüpfen

Aus psycholinguistischer Sicht ist mit Kohärenz nicht die strukturelle Verknüpfung von Äußerungsteilen gemeint (das ist die so genannte Kohäsion), sondern der Grad der semantischen Verknüpfung der entsprechenden mentalen Repräsentationen – und auch die kognitiven Prozesse, die bei dieser Verknüpfung ablaufen (Gernsbacher & Givón, 1995). Zwei sprachliche Ausdrücke (in den Beispielen jeweils in geschweiften Klammern) sind

■ referenziell kohärent, wenn der zweite Ausdruck auf denselben Referenten verweist wie der erste: *{Erwin} lag auf dem Sofa. {Er} ruhte sich aus.*

■ kausal kohärent, wenn ein Ausdruck auf die Ursachen der Ereignisse verweist, die im anderen beschrieben sind: *{Erik schnarchte} so laut, dass {Lena erwachte}.*

■ temporal kohärent, wenn sie auf Referenten verweisen, die in denselben Zeitrahmen einzuordnen sind: *{Else schlief} schon, als {Alfred anrief}.*

■ lokal kohärent, wenn sie auf Referenten verweisen, die in denselben Ortsrahmen einzuordnen sind: *{Gabi übernachtete}* in Weimar, wo einst *{Goethe lebte}.*

■ strukturell kohärent, wenn sie unmittelbar aufeinanderfolgen und syntaktisch gleichartig aufgebaut sind: *{Ralf döste am Pool}, und {Sabine hockte an der Bar}.*

Kohärenz ist in der Psycholinguistik unter anderem anhand von verkürzten Ausdrücken, so genannten Ellipsen, untersucht worden (s. Kapitel 4). Eine Ellipse wie *Theo trank Tee und Karl Kaffee*, deren zweiter Teil kein Verb enthält, ist entsprechend dem oben Gesagten referenziell, temporal, lokal und strukturell kohärent. In der Psycholinguistik wird derzeit diskutiert, ob für die Verarbeitung von Ellipsen eher der Unterschied oder eher die Ähnlichkeit der in Beziehung zu setzenden Teile Ausschlag gebend ist. Unstrittig ist jedenfalls, dass Kohärenzherstellung ein ausgesprochen aufwändiger kognitiver Prozess ist, dessen Bedingungen und Verlauf noch viel genauer zu untersuchen sind.

Der Begriff der _lokalen Kohärenz_ bezieht sich speziell auf diejenigen kognitiven Prozesse, die zur Verknüpfung zweier aufeinander folgenden Bedeutungseinheiten beitragen. Auf der Grundlage des propositionalen Ansatzes entwickelte Kintsch (1974) ein Beschreibungssystem für die Bedeutungsstruktur von Texten, welches auf lokale Kohärenz aufbaut. Die Bedeutung eines Textes lässt sich demnach als hierarchisch geordnete Liste von Propositionen darstellen, wobei die Hierarchie über die Wiederholung von Argumenten definiert ist: Eine Proposition nimmt die Hierarchieebene ein, die unterhalb derjenigen Ebene steht, auf der die Argumente erstmals erwähnt wurden. Als Beispiel für eine solche hierarchische Propositionsstruktur – die so genannte Textbasis – möge der folgende Text dienen (Abbildung 9; nach Kintsch, Kozminsky, Streby, McKoon & Keenan, 1975: 198).

Text:		*The Greeks loved beautiful art. When the Romans conquered the Greeks, they copied them, and thus, learned to create beautiful art.*
Textbasis:	1	LOVE (GREEK, ART)
	2	BEAUTIFUL (ART)
	3	CONQUER (ROMAN, GREEK)
	4	COPY (ROMAN, GREEK)
	5	WHEN (3, 4)
	6	LEARN (ROMAN, 8)
	7	CONSEQUENCE (3, 6)
Abbildung 9	8	CREATE (ROMAN, 2)

In der Textbasis bildet Proposition 1 die Ausgangsproposition; sie ist den anderen Propositionen übergeordnet und nimmt deshalb die höchste Hierarchieebene ein. Von ihr hängen die Propositionen 2, 3 und 4 ab: In Proposition 2 wird das Argument ART aus Proposition 1 als Argument wieder aufgegriffen, in den Propositionen 3 und 4 wiederholt sich das Argument GREEK. Die Propositionen 2, 3 und 4 bilden deshalb die zweite Hierarchieebene. Die restlichen Propositionen bilden die dritte Ebene. Sie beziehen sich alle auf Argumente der zweiten Ebene und sind teilweise noch untereinander verknüpft: Die Propositionen 6 und 8 enthalten das Argument ROMAN aus den Propositionen 3 und 4, und die Propositionen 5 und 7 verwenden als Argumente unter anderem die Proposition 3, die zur zweiten Hierarchieebene gehört.

Die Annahme einer derartigen Hierarchie lässt erwarten, dass eine Proposition für die Textverarbeitung umso wichtiger ist, je höher die Hierarchieebene ist, die sie einnimmt. Tatsächlich konnte nachgewiesen werden, dass die hierarchische Struktur der propositionalen Textbasis entscheidend dafür ist, was man von einem Text behält: Propositionen der obersten Hierarchieebene wurden mit einer Wahrscheinlichkeit von annähernd 80 % reproduziert, die der zweiten mit einer Wahrscheinlichkeit von 50 % und die der weiter untergeordneten Ebenen mit einer Wahrscheinlichkeit von 40 % oder weniger.

Der Begriff der *globalen Kohärenz* bezieht sich auf die den ganzen Text überspannende mentale Repräsentation, also die Textbasis als Ganzes. Entscheidend für die globale Kohärenz ist vor allem die Nähe der Propositionen zum Thema des Textes. Das Thema bezieht sich auf einen bestimmten Ausschnitt eines Gegenstandsbereichs; es kann mehr oder weniger spezifisch und mehr oder weniger leicht zu identifizieren sein. In der Praxis sind Rezipienten bestrebt, wenn schon nicht alle Einzelheiten, so doch wenigstens das Thema eines Textes zu erfassen. – Um dem Aspekt der globalen Kohärenz Rechnung zu tragen, postulierten Kintsch und van Dijk (1978) mentale Repräsentationen, die gegenüber der Textbasis höher organisiert sind (Makro- und Superstruktur); sie repräsentieren den wesentlichen Inhalt des Textes. Guindon und Kintsch (1984) haben gezeigt, dass Versuchspersonen nach dem Lesen eines Textes über Wissen in Form von *Makropropositionen* verfügen. Nach wie vor ist aber weder klar, in welchem Ausmaß solche Makropropositionen bereits während der Textverarbeitung konstruiert werden, noch ob die Annahme von Propositionen für höher organisierte mentale Repräsentationen überhaupt zweckmäßig ist.

5.2.3   Inferenz: Mehr als das Gesagte

Alle Sprachbenutzerinnen und Sprachbenutzer wissen, dass man oft mehr versteht als explizit in einer sprachlichen Äußerung enthalten ist. Über die sprachliche Information hinausgehend, ziehen Hörer und Leser weitergehende Schlüsse, so genannte *Inferenzen* (Rickheit & Strohner, 1985; Singer, 1994). Wenn jemand sagt *Meine Nachbarin fährt morgen nach Chicago zu ihrer Schwester*, dann kann man sich denken, dass besagte Nachbarin auf ihrer Reise etliche Stunden in einem Flugzeug verbringen wird. Und wenn jemand erzählt, Anne sitze links neben Bill und Bill sitze links neben Carola, dann weiß man auch, dass Carola rechts von Anne sitzt, ohne dass das ausdrücklich gesagt worden ist.

In der Psycholinguistik versteht man unter Inferenz einen Prozess der Aktivierung von Wissensbeständen, die in der zu verarbeitenden Information nicht explizit angesprochen werden. Hinzuzufügen wäre, dass Inferenz nicht auf Sprache beschränkt ist; Inferenz ist vielmehr ein kognitives Grundprinzip, ohne das menschliche Wahrnehmung und Erkenntnis nicht denkbar wären.

In einer für die psycholinguistische Inferenzforschung bahnbrechenden Studie haben John Bransford und seine Mitarbeiter versucht, räumliche Inferenzen empirisch nachzuweisen. Dazu boten Bransford, Barclay und Franks (1972) ihren Versuchspersonen Sätze folgender Art dar: *Three turtles rested on/beside a floating log and a fish swam beneath it.* Sie nahmen an, dass die Versuchspersonen beim Hören der Sätze nicht nur die expliziten Raumrelationen (Schildkröten – Treibholz und Fisch – Treibholz) mental repräsentieren, sondern auch die Relation von Fisch und Schildkröten. Tatsächlich konnten die Versuchspersonen, die *Three turtles rested on a floating log ...* gehört hatten, bei einem späteren

Wiedererkennenstest nicht mehr unterscheiden, ob die Fortsetzung ... *and a fish swam beneath it* oder ... *and a fish swam beneath them* gelautet hatte. Offenbar haben die Hörer hier inferiert, dass ein Fisch, der unter einem Stück Treibholz herschwimmt, auf dem Schildkröten sitzen, auch unter diesen herschwimmt. Ganz anders dagegen sahen die Ergebnisse bei den Versuchspersonen aus, die *Three turtles rested beside a floating log ...* gehört hatten: Hier kam es nicht zu Verwechslungen zwischen den *it*- und *them*-Varianten des zweiten Teilsatzes. Dieser Befund zeigt ganz klar, dass die Hörer die kritische Inferenz (Raumrelation Fisch – Schildkröten) gezogen haben; unklar ist jedoch, wann im Verlauf des Versuchs das genau geschehen ist.

In der gegenwärtigen Psycholinguistik herrscht Einigkeit darüber, dass die mentale Repräsentation eines Sachverhalts durch Inferenzen erweitert und angereichert werden kann. Doch gibt es eine Auseinandersetzung darüber, wie und inwieweit so etwas geschieht. In Bezug auf das „Wie" ist ungeklärt, ob Inferenzen eher durch die jeweiligen Konzepte oder eher durch die jeweiligen Schemata veranlasst werden. In Bezug auf das „Inwieweit" steht einer minimalistischen Auffassung (Inferenzen? Nur wenn unbedingt nötig!) eine maximalistische Auffassung gegenüber (Inferenzen? Immer wenn irgend möglich!). Die Wahrheit liegt wohl irgendwo dazwischen: Wann und in welchem Ausmaß Inferenzen gezogen werden, hängt sicher auch vom individuellen Wissen und von der jeweiligen Kommunikationssituation ab (s. Kapitel 7).

5.3   Kommunikation

Sprachverarbeitung zielt auf Kommunikation ab, auf das „Gemeinschaftlich-Machen" von Ereignissen, Handlungen, Wissen, Meinungen oder Gefühlen. Diese funktionale Ausrichtung auf Kommunikation hat große Auswirkungen auf den Ablauf und das Ergebnis der Sprachverarbeitung. Bei diesen Einflüssen lassen sich zwei große Variablengruppen unterscheiden, von denen sich eine auf die *Kommunikationssituation* und die andere auf die *Kommunikationspartner* bezieht.

5.3.1   Die Kommunikationssituation

Mit der Auffassung der Sprachverarbeitung als einer auf das Ziel der Kommunikation hin orientierten Handlung ist auch der Rahmen für ihre wissenschaftliche Analyse festgelegt. Aus der Einsicht in die Funktionalität des Sprachverhaltens heraus hat der Sprachpsychologe Hans Hörmann (1976: 504) die für uns wegweisende Analyseanleitung formuliert: „Da Sprachverwendung ein Mittel zu einem Zweck ist, darf die diesem Zweck entsprechende Korngröße nicht unterschritten werden." Für die ‚scientific community' der Psycholinguistik bedeutet das, die Situation, in der eine Sprachäußerung produziert oder rezipiert wird, fortwährend im Auge zu behalten. Richtet sich die Untersuchung dennoch auf sprachliche Einheiten, die kleiner als die Handlungseinheit sind, so folgt daraus, dass diese kleineren Einheiten auf die jeweilige Handlung bezogen werden müssen, um ein adäquates Verständnis des kommunikativen Gesamtzusammenhangs zu erreichen. Abbildung 10 veranschaulicht allgemein die Struktur einer Kommunikationssituation mit den beteiligten Systemkomponenten.

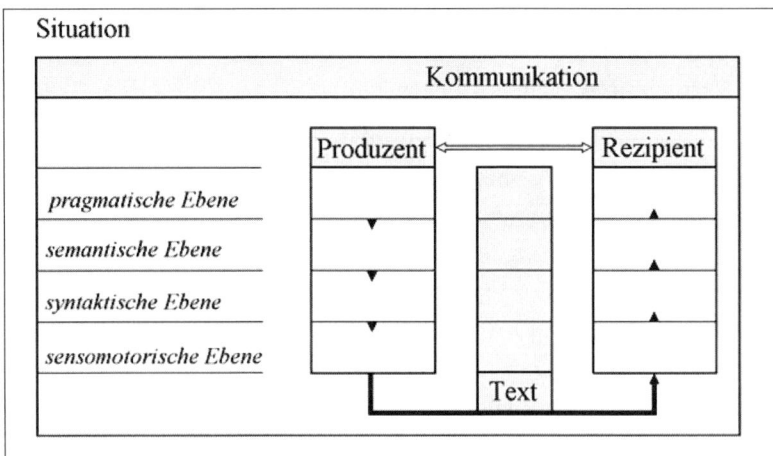

Abbildung 10

Ein mit dieser Auffassung eng verbundenes Konzept ist der Begriff des *Diskurses*. Von Diskurs sprechen wir dann, wenn es sich um einen komplexen Text mit mehreren Einheiten handelt, zum Beispiel um eine Frage-Antwort-Sequenz, ein Gespräch, einen Vortrag oder ein Buch. „Discourse is language use in the large," sagt Herbert H. Clark (1994: 985). „It is more than the use of sounds, words, or sentences. It is extended activities that are carried out by means of language."

Wenn man Texte als sprachliche Handlungen betrachtet, dann ist auch gar nicht befremdlich, dass zu diesen Handlungen meistens allerhand für die Kommunikation wichtige Verhaltensaspekte hinzutreten, zum Beispiel Gestik, Mimik und Körperhaltung als Teil der *nonverbalen Kommunikation.*

Kommunikationsanalytische Untersuchungsansätze, die sich mit der Analyse von Gesprächen in der Lebensrealität beschäftigen, legen besonderen Wert auf die Analyse der kulturellen und situativen Einbettung der Kommunikation, auf die unterschiedlichen Prozesse während der einzelnen Phasen eines Gesprächs, auf den kooperativen Charakter der sprachlichen Verständigung und auf die das Gespräch steuernden Strategien der Kommunikationsteilnehmer. So fällt beispielsweise auf, dass in den Vereinigten Staaten und in Frankreich offenbar unterschiedliche stillschweigende Konventionen für die Eröffnung privater Telefongespräche gelten (Godard, 1977). Ein typisch amerikanisches Telefongespräch beginnt vielleicht so: Das Telefon läutet, der Angerufene nennt seine Rufnummer, und der Anrufende fragt nach dem gewünschten Gesprächspartner. Ein typisch französisches Telefongespräch dagegen beginnt eher so: Das Telefon läutet, der Angerufene sagt *Hallo*, der Anrufer nennt die gewählte Nummer, der Angerufene bestätigt mit *oui*, der Anrufer nennt seinen Namen, entschuldigt sich und fragt nach dem gewünschten Gesprächspartner. Derartige Beobachtungen zur Makro- und Mikroorganisation von Gesprächen sind für den kommunikativen Aspekt der Psycholinguistik von großer Bedeutung.

5.3.2 Die Kommunikationspartner

Jeder weiß, dass sich Gespräche unter vier Augen in vielerlei Hinsicht von öffentlichen Diskussionen unterscheiden und dass man im Gespräch mit bestimmten Leuten besser zurecht kommt als mit anderen. Von daher ist es angebracht, bei der Analyse von Diskursen den Beitrag der verschiedenen Kommunikationspartner zu berücksichtigen. Diese Teilnehmerrollen können folgendermaßen unterteilt werden:

- *Primäre Diskursteilnehmer* sind diejenigen Personen, die sich als Produzenten oder Rezipienten aktiv am Diskurs beteiligen.

- *Sekundäre Diskursteilnehmer* sind alle anderen Personen, die Informationen über den Diskurs erhalten. Die Teilnahme kann den primären Diskursteilnehmern bewusst sein, sie kann ihnen aber auch unbekannt bleiben.

Gesprächsanalytisch arbeitende Psycholinguisten müssen stets auf die verschiedenen Teilnehmerrollen und ihre denkbaren Auswirkungen auf den Diskurs achten. Viele Äußerungen lassen sich nämlich erst dann richtig interpretieren, wenn man auch die beabsichtigten Wirkungen auf die sekundären Teilnehmer in Betracht zieht.

Selbstverständlich setzt erfolgreiche sprachliche Verständigung eine gewisse kooperative Haltung zwischen den Kommunikationspartnern voraus. Eine ebenso grundlegende Voraussetzung für das Gelingen der Verständigung sind jedoch Gemeinsamkeiten im Vorwissen und in den Vorannahmen (Präsuppositionen) der Diskursteilnehmer. Dieser Vorrat an gemeinsamem Wissen und gemeinsamen Überzeugungen wird auch als *common ground* des Diskurses bezeichnet. Der ‚common ground' wächst mit jeder Äußerung an. Der aktuelle Stand des ‚common ground' wird von den Teilnehmern genau bedacht und als Ausgangspunkt für den nächsten Redebeitrag genutzt.

Aus der Tatsache, dass ein Sprachereignis immer in eine Situation eingebettet ist und sich vor einem gemeinsamen Wissenshintergrund der Kommunikationspartner abspielt, folgt, dass Sprecher nur einen Teil dessen explizit zu sagen brauchen, was ihre Botschaft ausmacht. Sprecher können denjenigen Teil ihrer Botschaft weglassen, von dem sie annehmen können, dass ihn die Hörer aufgrund der Situation, der Konventionen und des Weltwissens selbst erschließen können. Die aus solchen Möglichkeiten resultierende Gestaltung der sprachlichen Äußerungen nennen Clark und Carlson (1982) „audience design". Auch wenn beide Kommunikationspartner kooperativ am Gelingen der sprachlichen Verständigung arbeiten, sind die von ihnen verlangten Aktivitäten unterschiedlicher Natur. Die Sprecher oder Schreiber antizipieren die Verstehensprozesse ihrer Adressaten und formulieren ihre Äußerungen deshalb idealerweise so, dass ihre Gesprächspartner ihnen schrittweise folgen können. Die Hörer oder Leser können, geleitet von ihren Gesprächspartnern, die angebotenen Informationen schrittweise aufnehmen. Sie sind deshalb nicht so sehr wie die Produzenten auf Antizipation angewiesen, sondern können sich auf das ihnen zur Verfügung gestellte sprachliche Material stützen.

Herbert H. Clark hat in den letzten Jahren eine Diskurstheorie entwickelt, die er als „Joint Activity Theory" bezeichnet. Kern dieser Theorie ist, dass Diskurse als Produkte gemeinsamen gestalterischen Handelns der beteiligten Kooperationspartner zu sehen sind: „The idea is that conversations, stories and other discourses [...] are the emergent products of an ensemble of people working together. Even stories told by single narrators are the outcome of such a process", sagt Clark (1994: 986) und fährt fort: „According to these arguments, we cannot understand what a discourse is as a product without understanding how it was created by means of this process." Beispiele für gemeinsame Handlungsvorhaben von Kommunikationspartnern, so genannte „joint projects", die Anlass zu Diskursen geben, sind etwa das Erfragen einer Information, das Abwägen von Alternativen, das Beilegen eines Streits, das Erzählen eines Witzes – oder das Verstehen des vorliegenden Buches.

Kapitel 5 zusammengefasst

▶ In einer konkreten Kommunikationssituation entsteht Wissen aus der Verarbeitung von Sprache, oder es bildet den Anlass für sprachliche Äußerungen.

▶ Wichtige Bedeutungseinheiten sind mentale Konzepte, mentale Propositionen und mentale Modelle.

▶ Referenz, Kohärenz und Inferenz sind wichtige Prozesse der Bedeutungskonstruktion.

▶ Die Bedeutungskonstruktion wird wesentlich durch die Kommunikationssituation und die Kommunikationspartner beeinflusst.

Weiterführende Literatur zu Kapitel 5: Clark (1994); Singer (1994); Gernsbacher & Givón (1995); Harras, Herrmann & Grabowski (1996); Rickheit & Habel (1999).

Teil 3
Sprachverarbeitung

Kapitel 6
Gedanken mitteilen: Sprachproduktion

Auf der Basis ihres Wissens und angeregt durch die jeweilige Situation produzieren Menschen mündliche oder schriftliche Äußerungen, mit denen sie bei ihren Kommunikationspartnern gewisse innere oder äußere Reaktionen hervorrufen möchten. Bevor Menschen jedoch den Mund öffnen, um zu sprechen, oder die Hand bewegen, um zu schreiben, ist in ihnen in der Regel eine Vielzahl von Teilprozessen abgelaufen.

Einen ersten Einblick in die kognitiven Prozesse, die bei der Sprachproduktion ablaufen, geben misslungene Äußerungen, vor allem Versprecher. Darin ist oft ein Element verdoppelt (*wenn was ist, ruf was an* statt *wenn was ist, ruf an*), oder zwei Äußerungselemente sind vertauscht (*eine Sorte von Tacher* statt *eine Torte von Sacher*) oder miteinander verschmolzen (*Prozessmus* aus *Prozess* und *Mechanismus*). Solche sprachlichen Fehlleistungen deuten darauf hin, dass am Zustandekommen einer Äußerung kognitive Prozesse auf allen Ebenen beteiligt sind (vgl. Leuninger, 1996).

Bei der Sprachproduktion verläuft der Informationsfluss im Wesentlichen von der pragmatischen Ebene über Semantik und Syntax zur Laut- oder Schriftebene. Die Prozesse auf den verschiedenen Ebenen sollen am Beispiel des Satzes *Die Katze hat gestern wieder eine Maus gejagt* verdeutlicht werden.

- *Die pragmatische Ebene*: Hier geht es zunächst darum, die zu produzierende Äußerung in der jeweiligen Kommunikationssituation zu verankern. Der Sprecher muss auf den jeweiligen Hörer sowie auf die Rahmenbedingungen der Kommunikation Rücksicht nehmen. So darf er etwa eine definite Referenz (*die Katze*) nur in der Annahme vornehmen, der Hörer kenne das betreffende Referenzobjekt, und eine deiktische Referenz (*gestern*) nur dann, wenn zwischen Produktion und Rezeption weniger als ein Tag liegt.

- *Die semantische Ebene*: Hier geht es darum, worüber gesprochen werden soll. Der Sprecher muss seine Äußerung also inhaltlich planen – sowohl hinsichtlich ihrer groben Thematik (Makroplanung) als auch hinsichtlich der einzelnen Basisaussagen (Mikroplanung). Dazu muss er diejenigen Ausschnitte seines Wissens aktivieren, die geeignete kognitive Schemata, Propositionen und Konzepte bereitstellen: Katzen jagen Mäuse (und nicht umgekehrt), sind viel größer als diese und haben lange Eckzähne und Krallen ...

- *Die morphosyntaktische Ebene*: Hier geht es um die Formulierung der Äußerung. Das bedeutet dreierlei: Der Sprecher muss geeignete Wörter zur Übermittlung der Inhalte finden (*Katze, jagen, Maus*), er muss diesen Wörtern bestimmte grammatische Funktionen zuweisen (z.B. das Subjekt durch den Nominativ kennzeichnen), und er muss die Wörter so anordnen, dass deutlich wird, was wie miteinander zusammenhängt ([*die Katze*] [*hat* [*gestern*] [*wieder*] [*eine Maus*] *gejagt*]).

- *Die Laut- und Schriftebene*: Hier geht es schließlich darum, die soweit geplante Äußerung tatsächlich zu realisieren, also die mentale Struktur in ein physikalisches Ereignis umzusetzen. Für gesprochene Sprache erledigt das ein Artikulationsmodul, für geschriebene Sprache ein graphemisches Modul.

Bei alledem ist eines überaus wichtig: Sprachproduktion läuft inkrementell ab. Inkrementell heißt: Die Verarbeitung auf unteren Ebenen kann bereits beginnen, obwohl die Verarbeitung auf höheren Ebenen noch nicht abgeschlossen ist. Man muss also nicht erst in allen Einzelheiten überlegen, was man sagen will, bevor man sich Gedanken darüber macht, wie man es sagen möchte. Diese Inkrementalität sorgt dafür, dass Sprachproduktion im Allgemeinen schnell und effizient abläuft.

Eine herausragende Eigenschaft von Sprachproduktionsprozessen ist die Geschwindigkeit, mit der sie verlaufen. Bei normaler Sprechgeschwindigkeit werden etwa 10-12 Phoneme pro Sekunde produziert, im Deutschen also etwa zwei bis drei Wörter pro Sekunde.

6.1 Pragmatische Produktion

Ein erster wichtiger Teilprozess der Sprachproduktion besteht darin, die Kommunikationssituation zu erkennen, zu bewerten und eventuell zu versuchen, sie zu beeinflussen. Der zweite pragmatische Aspekt der Sprachproduktion bezieht sich auf den Kommunikationspartner. Von diesem, genauer: von dessen Wissen und dessen Intentionen, sollten Sprecher eine gewisse Vorstellung haben, um angemessen auf ihn eingehen zu können.

6.1.1 Situationsbezüge

Die Kommunikationssituation ist eine entscheidende Bedingung dafür, ob überhaupt und wie Sprache produziert wird. Hierzu zählen nicht nur die raumzeitlichen Voraussetzungen und die verwendeten Medien, sondern auch die sozialen Rahmenbedingungen sowie kulturelle Einflüsse.

Besonders die *kulturellen* Einflüsse werden oft nur allzu leicht übersehen, vor allem dann, wenn Untersucher und Untersuchte aus derselben Kultur kommen. Erst dann, wenn man Menschen aus anderen Kulturen beobachtet, geraten kulturelle Unterschiede notwendigerweise in das Blickfeld der Wissenschaft. Aber auch hier gibt es Risiken: Es entsteht die Gefahr, dass eine implizite Werteskala auf die kommunikativen Tendenzen der verschiedenen Kulturen gelegt wird, wobei die eigene Kultur meist besser abschneidet.

Ein anschauliches Beispiel hierfür ist die unterschiedliche sprachliche Kommunikativität in einzelnen Kulturen. In einigen der überwiegend in den USA und Europa durchgeführten Untersuchungen zur interpersonalen Kommunikativität wird das in diesen Gesellschaften vorherrschende Streben nach verbaler Selbstbehauptung einem Trend zu verbaler Zurückhaltung in anderen Kulturen gegenüber gestellt und implizit oft als positiver bewertet. Min-Sun Kim (1999) schlägt dagegen einen integrativen Ansatz vor, in dem kulturelle Unterschiede der Kommunikativität in einer Gesellschaft Ausdruck ihrer Rücksichtnahme und Empathie gegenüber dem Partner sind. Solche metakulturell angelegten wissenschaftlichen Ansätze können verhindern, dass einseitige Normvorstellungen entwickelt werden und als implizite Bewertungen fungieren.

Zu den *sozialen* Rahmenbedingungen der Sprachproduktion gehört unter anderem die Unterscheidung zwischen interpersonaler, organisationaler und öffentlicher Kommunikation. Ein Gespräch über das Wetter zum Beispiel verläuft anders, wenn es im Freundeskreis, mit dem Chef oder in einer Talkshow geführt wird. Wahrscheinlich sind die dabei verfolgten Ziele, die mentalen Planungen und die umgesetzten Strategien auch bei anscheinend ähnlichem Thema sehr verschieden. So ist in der Forschung gezeigt worden, dass entgegen manchen didaktisch geleiteten Empfehlungen immer möglichst klar und präzise zu formulieren, unter Umständen auch eine vage Begrifflichkeit sehr erfolgreich sein kann, wie wir das unter anderem bei Horoskopen oder der täglichen Wettervorhersage sehen. In einem Experiment zu dieser Fragestellung verglichen Erev, Wallsten und Neal (1991) die Auswirkung unterschiedlicher kommunikativer Rahmenbedingungen auf das Verhalten von Versuchspersonen in zwei Kleingruppen. Während es in der ersten Gruppe von Vorteil war, wenn die Versuchspersonen in ihrem Verhalten bei einem Spiel möglichst übereinstimmten, erforderte in der zweiten Gruppe ein gutes Abschneiden ein möglichst heterogenes Verhalten der Gruppenmitglieder. Es zeigte sich, dass sprachliche Beschreibungen und Mitteilungen innerhalb der ersten Gruppe sehr viel präziser waren als innerhalb der zweiten Gruppe, wo die Versuchsteilnehmer eher zu vagen und mehrdeutigen Formulierungen griffen.

Auch der soziale Faktor der Gruppengröße ist eine wichtige Determinante kommunikativen Verhaltens. Wie Fay, Garrod und Carletta (2000) in zwei Experimenten zeigten, verlief die Kommunikation in kleinen, nur fünf Personen umfassenden Gruppen eher in Form von partnerorientierten Dialogen, während in größeren, zehn Personen umfassenden Gruppen die Diskussion in monologische Redebeiträge zerfiel, wobei die einzelnen Sprecher ihre Beiträge stark am dominantesten Mitglied der Gruppe ausrichteten.

Nicht zuletzt wirken sich *mediale* und *raumzeitliche* Rahmenbedingungen auf die Sprach-produktion aus. Telefongespräche unterscheiden sich von ‚face to face'-Interaktionen, aber auch von Chats im Internet hinsichtlich einer Vielzahl von Merkmalen.

6.1.2 Partnerbezüge

Im Allgemeinen produziert man sprachliche Äußerungen nicht für sich selbst (vielleicht einmal abgesehen vom Einkaufszettel), sondern für andere. Dementsprechend richtet man seine Äußerungen an den Adressaten aus – man betreibt „audience design".

Eine für die Untersuchungsmethodik des Partnerbezugs bei der Sprachproduktion interes-sante Beobachtung berichtete Michael F. Schober (1993). Da in vielen früheren Untersu-chungen mit fiktiven Adressaten gearbeitet worden war, verglich Schober in seiner Studie, wie Sprecher sich gegenüber real anwesenden Kommunikationspartnern und gegenüber fiktiven Kommunikationspartnern sprachlich auf Orte im Raum beziehen. Es zeigte sich, dass die Sprecher in beiden Partnerbedingungen vorzugsweise Raumreferenzen aus der Perspektive des Partners verwendeten (*von dir aus gesehen rechts*), der Anteil von Refe-renzen aus der eigenen Perspektive bei Sprechern mit realem Partner jedoch größer war als bei Sprechern mit fiktivem Partner. Zudem zeigten Sprecher mit realem Partner eine sehr viel größere Variabilität der von ihnen bevorzugten Referenzstrategien. Möglicherweise schalten Versuchspersonen mit bloß fiktivem Partner auf eine stereotype, durch die Ver-suchssituation nahe gelegte Strategie der Sprachproduktion um, während Sprecher mit rea-lem Partner in flexibler Weise auf diesen eingehen oder aber sich von ihm abgrenzen.

Während Clark (1996) stark den koordinativen Charakter des Sprachverhaltens der Kom-munikationspartner betonte („joint action"), sind in jüngerer Zeit Zweifel aufgetaucht, ob eine solche Koordination wirklich durchgehend gilt. Horton und Keysar (1996) gehen in ihrer ‚*Monitoring and Adjustment*'-Theorie davon aus, dass in der ersten Phase einer Äu-ßerungsplanung häufig eine egozentrische Perspektive vorherrscht. Erst in einer zweiten Phase wird diese eventuell um die Perspektive des Partners erweitert und damit für die ge-genseitige Verständigung nutzbar gemacht.

6.2   Semantische Produktion

Ist die Kommunikationssituation einigermaßen geklärt, geht es im nächsten Schritt darum, worüber gesprochen werden soll. Was soll Thema sein, und welche Aspekte des Themas sollen in welcher Ausführlichkeit angesprochen werden? Wie wir alle wissen, werden sol-che Entscheidungen in Alltagsgesprächen sehr schnell und meist unbewusst gefällt, wäh-rend bei Vorträgen oder beim Verfassen von Büchern wie dem vorliegenden hierbei eine Vielzahl von Überlegungen einfließt.

6.2.1 Themen und Argumentation

Wie beim „Agenda Setting", der Meinungsführerschaft in der öffentlichen Kommunikation, werden auch in der organisationalen und interpersonalen Kommunikation die etwaigen Themen dahingehend überprüft, ob sie angemessen, interessant und erfolgbringend sind. Besonders bei Verhandlungen oder Verkaufsgesprächen muss man genau überlegen, mit welcher Argumentation man das angestrebte Ziel der Kommunikation am besten erreicht.

So hat die neuere Forschung die Vermutung bestätigt, dass der Einbezug von Argumenten der Gegenseite in so genannter *zweiseitiger Argumentation* Auswirkungen auf den Argumentationserfolg hat (z.B. O'Keefe, 1999):

- Zweiseitige Argmentationen ohne Widerlegung der gegnerischen Argumente erreichen keine höhere Glaubwürdigkeit als einseitige Botschaften und erzielen darüber hinaus eine geringere Einstellungsänderung als diese.

- Dagegen resultieren zweiseitige Argumentationen mit Widerlegung der gegnerischen Argumente sowohl in einer höheren Glaubwürdigkeit als auch in einer stärkeren Einstellungsänderung als einseitige Botschaften.

Ein Diskussionsschema wird also dann am überzeugendsten vorgetragen, wenn sofort die Überlegungen der Gegenseite hierzu, aber auch deren Widerlegung in den Strang der Argumentation einbezogen werden.

6.2.2 Referenzherstellung

Eine der wichtigsten Voraussetzungen der sprachlichen Verständigung ist die Klarstellung, auf welche Gegenstände innerhalb eines Themas sich die jeweiligen Äußerungen beziehen. Zwei besonders wichtige Arten der Referenzherstellung sind der sprachliche Bezug auf Objekte und der Bezug auf Orte im Raum.

Wie die *Objektreferenz* bei der Sprachproduktion klargestellt wird, ist mit Hilfe einfacher Benennungsexperimente untersucht worden (z.B. Glucksberg, Krauss & Weisberg, 1966; Deutsch & Pechmann, 1982). Die Aufgabe der Versuchspersonen besteht dabei darin, aus einer Menge dargebotener Objekte ein bestimmtes so eindeutig zu bezeichnen, dass es von einem Kommunikationspartner identifiziert werden kann. Aber nicht immer wählen die Versuchspersonen dabei übereinstimmende Wege der Kennzeichnung. Thomas Pechmann (1994) führt für das Beispiel der Unterscheidung zwischen einem großen weißen Quadrat und einem kleinen weißen Quadrat die folgenden Möglichkeiten auf:

- Eine Objektbenennung ist referenziell minimal spezifiziert, wenn sie genau die unterscheidenden Merkmale enthält (z.B. *das große Quadrat*).

- Eine Objektbenennung ist referenziell unterspezifiziert, wenn sie nicht alle unterscheidenden Merkmale enthält (z.B. *das Quadrat*).

- Eine Objektbenennung ist referenziell überspezifiziert, wenn sie außer den unterscheidenden Merkmalen noch weitere Merkmale enthält (z.B. *das große weiße Quadrat*).

Die Untersuchungen zur Objektreferenz haben wiederholt ergeben, dass viele Sprecher dazu tendieren, Überspezifikationen zu produzieren und damit mehr zu tun, als nach ökonomischen Maßstäben eigentlich notwendig ist. Es könnte jedoch auch sein, dass die Produktion redundanter Information mit einer kanonischen Struktur dem Sprecher eine gewisse kognitive Entlastung bringt: Pechmann (1994) fand heraus, dass referenziell überspezifizierte Nominalphrasen schneller produziert werden als minimal spezifizierte. Kategorisierungsexperimente zeigten überdies, dass quantitative Attributdimensionen (z.B. Länge, Größe) und qualitative Attributdimensionen (z.B. Farbe, Form) in Abhängigkeit vom Kontext unterschiedlich verwendet werden: Für qualitative Dimensionen gelten idealtypische kognitive Vergleichswerte (Vorwerg & Rickheit, 1999).

Ebenfalls sehr variabel sind die von Sprechern gewählten Strategien bei der *Raumreferenz*. Wie Joachim Grabowski (1994) in einer Reihe von experimentellen Untersuchungen zeigen konnte, bezeichnen Sprecher ein und dieselbe Raumrelation unterschiedlich, je nachdem, ob das Bezugsobjekt eine intrinsische Ausrichtung hat oder nicht und ob sie sich in einer formellen oder einer informellen Situation befinden. Auch liegen der Produktion von Richtungsausdrücken Kategorisierungsprozesse zugrunde, die zu charakteristischen Typikalitätseffekten führen und die es erlauben, die Richtung als qualitative Attributdimension aufzufassen (Vorwerg & Rickheit, 2000; Vorwerg, 2001).

Damit wird es möglich, Objekt- und Raumreferenz in Bezug auf Objektattribute und Raumrelationen in einem einheitlichen theoretischen Rahmen zu behandeln.

6.2.3 Konzeptaktivierung

Der semantische Part der Produktionsaufgabe wird von der Thema- und Referenzselektion mit der Wahl derjenigen Konzepte abgeschlossen, die anschließend versprachlicht werden. Für viele Objekte existieren unterschiedliche Konzepte (eine Kreditkarte kann zum Beispiel als Geldersatz, als Ausweis der Mitgliedschaft in einer Organisation, als Identitätsnachweis, als Statussymbol oder auch als Lineal konzeptualisiert werden). Die Notwendigkeit der Auswahl unter mehreren Konzeptualisierungsalternativen kann möglicherweise unterschiedliche kognitive Verarbeitungsprozesse bei der Äußerungsproduktion erfordern. Ein Befund von Paul Fraisse (1969) ist hierfür besonders illustrativ: Fraisse bot seinen Versuchsteilnehmern das Symbol O dar, jedoch einmal im Kontext von Buchstaben und einmal im Kontext geometrischer Figuren. Auch bei Berücksichtigung von Artikulationsunterschieden zwischen den verschiedenen sprachlichen Bezeichnungen brauchten die

Versuchspersonen zum Benennen von O als Kreis signifikant mehr Zeit als zum Benennen von O als Buchstabe. Dieses Resultat veranschaulicht die Tatsache, dass die Selektion von Konzepten Zeit erfordert und dass diese Zeit unter anderem vom jeweiligen Suchbereich abhängt.

Neben den Prozessen zur Konzeptselektion ist auch der Übergang zwischen der Aktivierung des Konzepts und der Aktivierung des zugehörigen Wortes von großem theoretischen Interesse. Je nach persönlicher Überzeugung ordnen Forscher diese beiden Aktivierungen zeitlich voneinander getrennten Phasen zu oder aber nehmen mehr oder weniger starke Interaktionen zwischen ihnen an.

Zu den Vertretern einer Zwei-Phasen-Theorie des Zugriffs auf das mentale Lexikon gehört Willem J. M. Levelt, der in einer Reihe von Experimenten diese Theorie experimentell zu erhärten versuchte (vgl. Levelt, Schriefers, Vorberg, Meyer, Pechmann & Havinga, 1991; Levelt, Roelofs & Meyer, 1999). Dazu wurden den Versuchspersonen Abbildungen einzelner Objekte dargeboten, die sie so schnell wie möglich zu benennen hatten. Zusätzlich versuchte man zu unterschiedlichen Zeitpunkten während des Benennvorgangs, diesen durch akustische Darbietung von Wörtern zu beeinflussen. Die zusätzlichen Wörter waren den von den Versuchspersonen zu produzierenden Wörtern entweder semantisch oder phonologisch ähnlich; sie wurden entweder gleichzeitig, 150 ms vor oder 150 ms nach Beginn der Objektdarbietung präsentiert. Wie von der Zwei-Phasen-Theorie vorhergesagt, hatte zu dem früheren Zeitpunkt der Wortdarbietung nur die semantische Beziehung zwischen beiden Wörtern und zum späteren Zeitpunkt nur die phonologische Beziehung einen Effekt. Während sich die semantische Ähnlichkeit hemmend auswirkte, zeigte die phonologische Ähnlichkeit einen beschleunigenden Effekt auf die Artikulationsstartzeit für das zu benennende Objekt.

Konnektionistische Modelle der Konzeptaktivierung nehmen eine gewisse Interaktion zwischen der konzeptuellen und der phonologischen Ebene bei der Wortproduktion an (Schade, 1999). Neuere experimentelle Studien zur Wortproduktion haben gezeigt, dass bei genauerer Beobachtung Rückwirkungen der phonologischen auf die konzeptuelle Verarbeitung festgestellt werden können (Belke, Eikmeyer & Schade, 2001).

6.3 Syntaktische Produktion

Die syntaktischen Aspekte der Sprachproduktion haben in den letzten Jahren ebenfalls ein nicht unbeträchtliches Forschungsinteresse auf sich gezogen (Dietrich, 2002). Wesentlich für das Zustandekommen mehr oder weniger komplexer syntaktischer Strukturen sind vor allem zwei Prinzipien: ‚Top-down‘-Orientierung und inkrementelle Verarbeitung. ‚Top-down‘-Orientierung bezieht sich darauf, dass der Informationsfluss bei der Sprachproduktion prinzipiell „von oben nach unten", also von der pragmatischen Ebene über die semantische und die syntaktische zur motorischen Ebene verläuft. Inkrementelle Verarbeitung macht die Sprachproduktion insofern flexibel und schnell, als die unteren Ebenen bereits aktiv werden können, wenn die Verarbeitung auf höheren Ebenen noch nicht abgeschlossen ist. Es genügt bereits, das erste Konzept der zu formulierenden Proposition zu wissen, um in die syntaktische und motorische Produktion dieses Konzepts einzusteigen.

Auf der syntaktischen Ebene müssen Sprachproduzenten zwei wichtige Aufgaben bewältigen: Sie müssen die Funktionen und die Positionen der einzelnen Bausteine der zu produzierenden Äußerung bestimmen. Deshalb ist es naheliegend, funktionale und positionale Verarbeitung als zwei Phasen der syntaktischen Produktion zu unterscheiden. Bock und Levelt (1994), die die syntaktische Produktion als „grammatische Enkodierung" bezeichnen, beschreiben die Aufgaben dieser beiden Verarbeitungsbereiche am Beispiel des Satzes *She was handing him some broccoli* folgendermaßen.

- *Funktionale Verarbeitung* erfordert lexikalische Selektion und Funktionszuweisung:
    - Bei der *lexikalischen Selektion* werden die Wörter identifiziert, die in der Äußerung verwendet werden sollen. Das beinhaltet neben der Aktivierung eines dem jeweiligen Konzept möglichst angemessenen Wortes auch die Information über die Wortart, mit Hilfe derer das Konzept versprachlicht werden soll. Im Beispiel hat sich der Produzent etwa dafür entschieden, die männliche Person nur durch ein Personalpronomen (*he*) zu bezeichnen, das Gemüse jedoch durch das Nomen *broccoli* genauer zu spezifizieren und den Vorgang selbst durch das Verb *hand* anzuzeigen, das als „überreichen" mit dem Konzept einer bestimmten, etwas förmlichen Art und Weise des Gebens verknüpft ist.
    - Bei der *Funktionszuweisung* wird jedem Wort eine bestimmte syntaktische Funktion im Satz zugeordnet. Im Beispiel erscheint das Pronomen *she*, das die weibliche Person bezeichnet, in der Subjektrolle; bei dem Akkusativobjekt der unbestimmte Quantor *some*.

- *Positionale Verarbeitung* umfasst Konstituentenbildung und Flexion:
    - Bei der *Konstituentenbildung* erhalten die Wörter ihre serielle Position im Satz zugewiesen, so dass rudimentäre syntaktische Phrasen entstehen. Im Beispiel hat das Verb (*hand*) eine Position zwischen dem Subjekt (*she*) und dem Dativobjekt (*him*) bekommen.
    - Bei der *Flexion* schließlich wird die Bildung der Konstituenten durch Zuweisung der passenden Flexionsmorpheme vervollständigt. Im Beispiel wird das Tempus des Verbs festgelegt (aus *hand* wird *was handing*), das Dativobjekt erhält seinen Kasus (aus *he* wird *him*), und alle Satzbausteine werden im Hinblick auf Kongruenz überprüft.

6.4 Motorische Produktion

Die motorische Produktion beim Sprechen, beim Schreiben und bei Gebärden umfasst zunächst die Planung der Realisierung, um diese dann auch möglichst der Planung gemäß durch die entsprechende Motorik in die Tat umzusetzen.

6.4.1 Sprechen

Beim Sprechen wird nach der pragmatischen, semantischen und syntaktischen Vorbereitung der Äußerung deren phonologische Realisierung geplant und motorisch umgesetzt. Es gibt in der Psycholinguistik zur Zeit eine rege Diskussion darüber, inwieweit diese Teilprozesse voneinander unabhängig sind oder ob sie sich doch in einigen Aspekten gegenseitig beeinflussen können:

- Die seriellen Modelle der Sprachproduktion nehmen an, dass Sprecher zunächst ein bestimmtes Lemma auswählen und genau zu diesem die phonologische Form abrufen (z.B. Levelt, Roelofs & Meyer, 1999).

- Die interaktiven Modelle gehen stärker von der Inkrementalität der Sprachproduktion auch auf der phonologischen Ebene aus, was eine Rückkopplung von der Wortform-Ebene zu übergeordneten Ebenen ermöglicht (z.B. Belke, Eikmeyer & Schade, 2001).

Das so genannte „tip of the tongue"-Phänomen – man kann sich partout nicht mehr an ein bestimmtes Wort erinnern, weiß aber noch ungefähr, wieviele Silben es hat und welches der betonte Laut ist – wird häufig als Begründung für serielle Modelle zitiert. Bei genauer Betrachtung zeigt sich darin aber vor allem, wie komplex und unterschiedlich die abrufbaren Wissensaspekte sein können, so dass auch hier die Evidenz nicht eindeutig ist (Herrmann, 1993).

Aus den *Versprechern*, die sich nicht nur bei so genannten Zungenbrechern (z.B. *Whisky mixt der Whiskymixer* oder *She sells sea shells*) immer wieder auch bei geübten Sprechern entwickeln, lässt sich eine Reihe von Gesetzmäßigkeiten der Artikulation ableiten (z.B. Schade, 1992). Die Tatsache, dass gerade auf der phonologischen Ebene des Sprechsystems relativ häufig Versprecher auftreten, verweist auf die Komplexität dieser Ebene. Die phonologische Wohlgeformtheit der meisten Versprecher zeigt, dass bei ihnen das phonologische Wissen und nicht nur die Motorik mitspielt. Da bei den meisten Versprechern die Silbenstruktur erhalten bleibt, ist anzunehmen, dass diese Struktur separat von der jeweiligen Ausfüllung dieser Struktur repräsentiert ist. Wenn in einem Versprecher einzelne Phoneme durch andere ersetzt werden, handelt es sich bei den Ersetzungen meist um ähnliche Phoneme. Dies lässt darauf schließen, dass es auch unterhalb der Phonemebene eine Repräsentationsebene gibt, die der phonologischen Merkmale, die eventuell untereinander vertauscht werden können.

6.4.2 Schreiben

Im Unterschied zum Sprechen ist Schreiben nicht an bestimmte Ausführungsorgane gebunden – man denke nur an die motorischen Unterschiede beim Kritzeln mit dem Zeh in
den Sand, dem Unterschreiben eines Formulars mit dem Kugelschreiber oder die Textein-
gabe über eine Computertastatur. Wie beim Sprechen sind jedoch auch beim Schreiben die
kognitiven Planungsprozesse von ihrer Realisierung zu unterscheiden. Was beim Schreiben zu den sprachlichen Planungsprozessen hinzukommt, ist die Planung der räumlichen
Anordnung der Buchstaben (vgl. Rohwetter, Kessler & Hielscher-Fastabend, 2001).

Ähnlich wie im phonologischen Bereich gibt es auch für das Schreiben Hinweise, dass das
Schriftbild von Wörtern nicht nur als Ganzheit abgerufen, sondern auch sequenziell Buchstabe für Buchstabe geplant wird. Udo Günther (1993) untersuchte die zeitlichen Verhält-
nisse beim Schreiben mit dem Computer und fand keine Unterschiede der Pausen vor kürzeren und längeren Wörtern. Dies wäre aber bei einem ganzheitlichen Abruf der Wörter zu
erwarten gewesen.

Einer der Unterschiede zwischen Sprechen und Schreiben ist gewöhnlich, dass beim
Schreiben der produzierte Text nach dessen motorischer Ausführung noch *überarbeitet*
werden kann, bevor er an den Adressaten geschickt wird. Es gibt natürlich auch Sprechsi-
tuationen, wo dies möglich ist, z.B. bei professionellen Tonaufnahmen, und es gibt auch
Schreibsituationen, wo die Rezipienten jede Schreibbewegung mitbekommen, z.B. beim
Schreiben an die Tafel vor der Schulklasse (Grabowski, 2003).

6.5   Theorien der Sprachproduktion

6.5.1   Die autonome Theorie

Die bis jetzt am detailliertesten ausgearbeitete Theorie der Produktion gesprochener Äußerungen stammt von Willem J. M. Levelt (1989) vom Max-Planck-Institut für Psycholinguistik. Diese Theorie, die inzwischen mehrere Male überarbeitet wurde (z.B. Levelt, 1999),
sieht in ihrer Ursprungsversion drei Verarbeitungsstufen vor, auf denen jeweils ein Modul
für bestimmte Aufgaben zuständig ist:

■ Der *Konzeptualisator* ist für den begrifflichen Entwurf der Äußerung, also für die
   Makro- und Mikroplanung auf der semantischen Ebene, zuständig. Unter Berücksichtigung der Kommunikationssituation sowie des aktuellen Welt- und Diskurswissens
   werden dazu geeignete Konzepte aktiviert. Der Konzeptualisator erzeugt eine so genannte präverbale Botschaft – den vorsprachlichen Inhalt der zu produzierenden Äußerung.

■ Der *Formulator* hat die Aufgabe, die präverbale Botschaft zu versprachlichen. Er leistet zweierlei: Zum einen die grammatische Enkodierung, also den Zugriff auf das mentale Lexikon sowie die Zuweisung syntaktischer Funktionen (s. Abschnitt 6.3), und zum anderen die morphophonologische Enkodierung, durch die die Morpheme und Phoneme festgelegt werden, welche den betreffenden Funktionen entsprechen. Der Formulator erzeugt also – bildlich gesprochen – eine Partitur der sprachlichen Äußerung.

■ Der *Artikulator* realisiert diese Äußerungspartitur auf der Lautebene, indem er zunächst unter Rückgriff auf die Menge der verfügbaren Laute (Syllabarium) eine phonetische Enkodierung in Form einer – wiederum bildlich gesprochen – Ausführungsanweisung generiert und sodann, dieser Ausführungsanweisung entsprechend, die für die Artikulation benötigten Muskeln aktiviert und so Schall erzeugt.

In späteren Versionen der autonomen Theorie sind diese drei Verarbeitungsstufen zwei getrennten Systemen zugeordnet worden: Ein semantisch-syntaktisches System umfasst die Arbeit des Konzeptualisators sowie die grammatische Enkodierung und ein phonologisch-phonetisches System die morphophonologische Enkodierung sowie die Arbeit des Artikulators. Bemerkenswert ist, dass dabei zwei Rückmeldungsschleifen vorgesehen sind: eine ‚interne' zum Überprüfen der Äußerungspartitur und eine ‚externe' zum Überprüfen der gesprochenen Äußerung selbst (s. Abbildung 11).

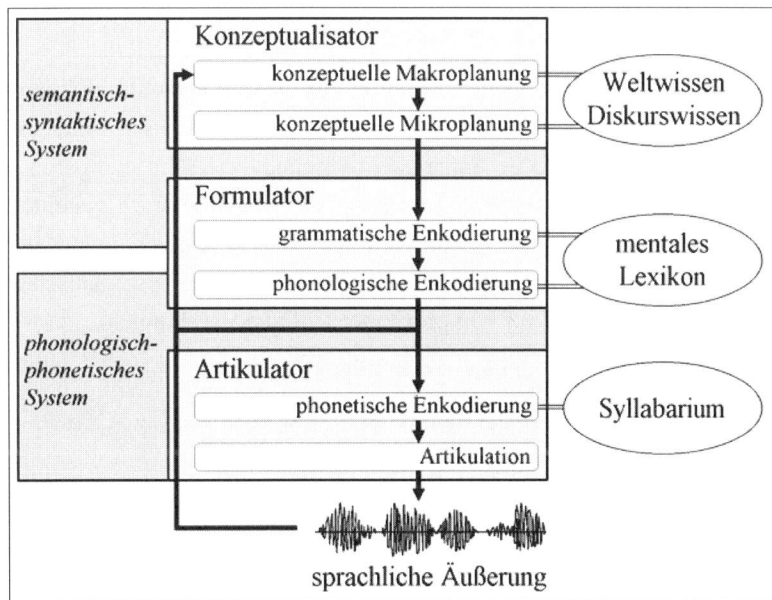

Abbildung 11

Alle postulierten Systeme sind autonom, arbeiten also voneinander unabhängig. Der Verarbeitungsablauf ist eindeutig gerichtet, und zwar von der oberen Ebene zur jeweils nächst niedrigen Ebene. Vor allen Dingen ist die Verarbeitung inkrementell: Nachdem der Konzeptualisator den ersten Teil der zu produzierenden Äußerung verarbeitet hat, wird das Ergebnis zunächst an den Formulator und anschließend an den Artikulator weitergeleitet, während der Konzeptualisator schon den nächsten Teil der zu produzierenden Äußerung verarbeitet und so fort.

Mit dieser Differenzierung der kognitiven Kontrolle von Sprachproduktionsprozessen ist eine Qualität der Theoriebildung erreicht, mit der die moderne Psycholinguistik Erklärungsansätze für ein breites Spektrum von Phänomenen situierter menschlicher Kommunikation liefern kann.

6.5.2   Die Regulationstheorie

Neben autonomen Ansätzen gibt es in der Psycholinguistik auch interaktive Ansätze zur Beschreibung der Äußerungsproduktion. Vertreter interaktiver Ansätze nehmen an, dass die an der Sprachproduktion beteiligten Subsysteme miteinander interagieren und dass Verarbeitungsergebnisse von unteren Ebenen auf Verarbeitungsprozesse auf höheren Ebenen zurückwirken können.

Die von Theo Herrmann und Joachim Grabowski (1994, 1996) entwickelte so genannte *Regulationstheorie des Sprechens* geht davon aus, dass Sprechen eine situierte Tätigkeit ist. Neben den verschiedenen beim Sprechen aktivierten Teilprozessen sind in dieser Theorie deshalb die kognitiven Kontrollmechanismen zentral, durch die diese Situiertheit gewährleistet wird.

Die Regulationstheorie geht von der Kontrolle der Sprachproduktion entsprechend einem Regelkreismodell aus. Seit Miller, Galanter und Pribram (1960) das menschliche Handeln durch Regelkreise – so genannte „Test-Operate-Test-Exit"-Schleifen – beschrieben haben, ist der Ansatz der Systemregulation fester Bestandteil einer systemorientierten Psychologie. Die besondere Leistung von Herrmann und Grabowski liegt – neben der Anwendung der Systemregulation auf die Sprachproduktion – in der systematischen Erweiterung dieses Ansatzes im Hinblick auf komplexe menschliche Handlungen.

■   Handlungsziele verändern sich mit der Zeit.

■   Normen können absichtlich übertreten werden.

■   Handlungen können hierarchisch geordnet sein.

■   Verschiedene Handlungsziele können in Konkurrenz zueinander stehen.

■   Die Handlungskontrolle kann unterschiedlich viel Aufmerksamkeit benötigen.

■   Es bestehen mannigfaltige Rückkopplungen zwischen den Handlungsebenen.

Auf der Grundlage dieser regulationstheoretischen Überlegungen kommen Herrmann und Grabowski zu folgender Dreiteilung des Sprachproduktionssystems:

- Die *zentrale Kontrolle* entwirft Strategien zur Minimierung der Differenz zwischen Ist- und Sollwert mit Hilfe eines Fokusspeichers und einer zentralen Exekutive. Der Fokusspeicher stellt Eckwerte zur Verfügung, die auf die jeweilige Kommunikationssituation abgestimmt sind. Die zentrale Exekutive wählt relevante Fokusinformationen aus, bereitet sie der Situation entsprechend auf und nimmt eine sequenzielle Anordnung vor. Das Ergebnis ist der so genannte Protoinput.

- Die *Hilfssysteme* bearbeiten den von der zentralen Kontrolle gelieferten Protoinput weiter. Sie sorgen für lokale und globale Kohärenz, wählen grammatische Schemata aus, legen entsprechend den einzelsprachlichen Möglichkeiten Satzarten, Tempora und Modi fest und versehen den Protoinput auf der Basis eines internen Protokolls des kommunikativen Geschehens mit sprachlicher Emphase. Die Hilfssysteme arbeiten normalerweise nach Vorgaben der zentralen Kontrolle, können unter Umständen aber auch selbstständig arbeiten; auf jeden Fall arbeiten sie ressourcenschonend. Das Ergebnis ist so genannter Enkodierinput.

- Der *Enkodiermechanismus* schließlich, der in etwa dem Formulator der autonomen Theorie entspricht, produziert die im engeren Sinn sprachliche Äußerung in Form grammatisch geregelter Phonemfolgen. Das geschieht weitgehend automatisch, kann aber je nach Vorgaben auch zur Erzeugung von Strukturen führen, die von den Standards der betreffenden Sprache abweichen. Für den Enkodiermechanismus offerieren Herrmann und Grabowski eine konnektionistische Modellierung und zeigen damit ihre theoretische Nähe zu interaktiven Ansätzen.

Die Funktionsweise der Regulationstheorie ist in Abbildung 12 skizziert.

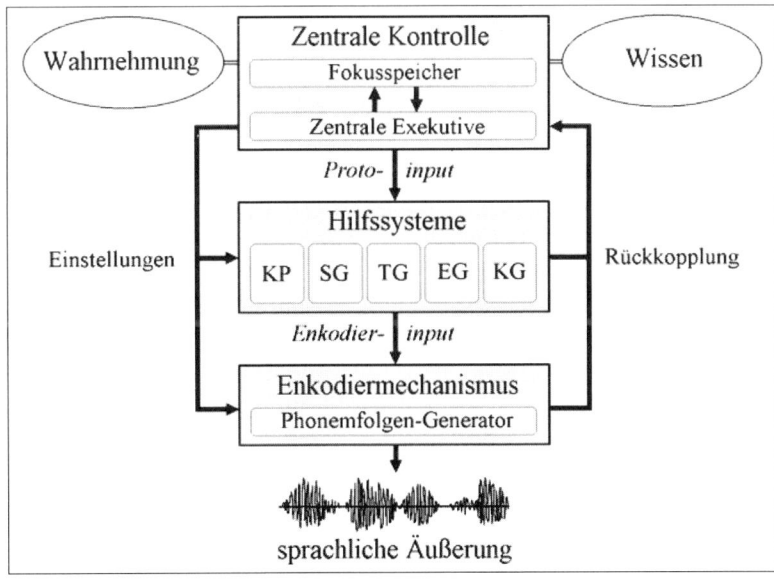

Abbildung 12

Die durchgehende Situiertheit der Sprachproduktion machen Herrmann und Grabowski (1994) dadurch deutlich, dass sie zwischen stark normorientierter *Schemasteuerung*, wahrnehmungsorientierter *Reizsteuerung* und aufmerksamkeitskontrollierter *Ad-hoc-Steuerung* unterscheiden. Durch diese Differenzierung ist es ihnen möglich, zu einer Typologie von Produktionsprozessen zu gelangen, wie sie sich auch in anderen Bereichen der Kognitionspsychologie als äußerst fruchtbar erwiesen hat.

Die grundlegende Situiertheit und kommunikative Verankerung der Regulationstheorie macht diese zu einer Rahmentheorie der Sprachproduktion, wie sie für die weitere kommunikative Öffnung der Psycholinguistik benötigt wird. Innerhalb dieses Rahmens muss jedoch sowohl theoretisch als auch empirisch noch viel Forschungsarbeit investiert werden, um die komplexe Dynamik der Sprachproduktion in ähnlich stringenter Weise modellieren zu können, wie es in der autonomen Theorie Levelts beispielhaft realisiert worden ist.

Kapitel 6 zusammengefasst

▶ Sprachproduktion umfasst Prozesse auf der pragmatischen, semantischen, morphosyntaktischen sowie der Laut- und Schriftebene.

▶ Sprachproduktion läuft inkrementell ab.

▶ Die sozialen Rahmenbedingungen und die Kommunikationspartner sind wichtige Einflussfaktoren der Sprachproduktion.

▶ Die semantischen Prozesse der Sprachproduktion umfassen Themenwahl, Argumentationsstrategien, Referenzherstellung und Konzeptaktivierung.

▶ Versprecher zeigen Gesetzmäßigkeiten der Sprachproduktion.

▶ Wichtige Theorien der Sprachproduktion sind die autonome Theorie und die Regulationstheorie.

Weiterführende Literatur zu Kapitel 6: Herrmann & Grabowski (1996); Horton & Keysar (1996); Leuninger (1996); Levelt (1999); Belke, Eikmeyer & Schade (2001).

Kapitel 7
Mitteilungen verstehen: Sprachrezeption

Die Sprachrezeption ist die zweite wichtige Verarbeitungsrichtung des Sprachverhaltens. Während bei der Sprachproduktion der wesentliche Informationsfluss von der pragmatischen Ebene über Semantik und Syntax zur Motorik verläuft, verhält es sich bei der Sprachrezeption zumindest im Großen und Ganzen anders herum: Die sprachliche Information wird zunächst mit Hilfe der Sensorik erkannt und dann syntaktisch und semantisch weiterverarbeitet, bis sie schließlich auf der pragmatischen Ebene in den aktuellen Kommunikationszusammenhang eingebettet wird.

7.1 Sprache wahrnehmen: Sensorische Rezeption

7.1.1 Hören

Zum Hörverstehen von Sprache gibt es inzwischen eine sichere Basis empirischer Evidenz (z.B. Cutler & Clifton, 1999). Zum Beispiel haben neurophysiologische Studien unlängst die enorme Schnelligkeit der dabei ablaufenden Erkennungsleistungen deutlich gemacht (Müller & Kutas, 1997; Weiss, Müller & Rappelsberger, 2000).

Für das Erkennen gesprochener Wörter im Kontext haben William Marslen-Wilson und Lorraine K. Tyler (1980) eine Theorie ausgearbeitet, die sie „Kohortentheorie" nennen. Danach wird von der Erkennung des ersten Phonems an eine ganze Schar (Kohorte) von Wortkandidaten aktiviert, die mit dem erkannten Phonem zu vereinbaren sind (nach dem Hören von /iː/ sind also u.a. *Igel*, *ihre* und *Ire* aktiviert, nicht jedoch *Egel*, *ich* oder *irre*). Mit der Erkennung des zweiten Phonems wird diese Auswahl eingeschränkt (nach /iːʀ/ fällt z.B. *Igel* heraus) und durch die folgenden noch weiter, bis irgendwann, meist bereits vor dem Ende des Wortes, nur noch genau ein Wortkandidat übrig bleibt. Die Erkennungsleistung wird unterstützt durch den Kontext; dieser beeinflusst die Wahrscheinlichkeiten für die jeweiligen Kandidaten (Marslen-Wilson, 1984).

Es liegen zahlreiche Hinweise darauf vor, dass bereits während der Wahrnehmung eines Wortes dessen Bedeutung erkannt wird. Es genügt also, einen Teil des betreffenden Wortes zu hören, um es mit großer Wahrscheinlichkeit identifizieren zu können. Das wird auch in der Art und Weise deutlich, wie man auditive sprachliche Informationen über Objekte

in einer visuellen Szene auswertet: Versuchspersonen, die, einen Farbbildschirm mit allerhand geometrischen Figuren betrachtend, die Farbe des *linken oberen Quadrats* nennen
sollen, blicken beim Hören des Wortes *linken* nach links und beim Hören von *oberen* nach
oben, während Versuchspersonen, die die Farbe des *oberen linken Quadrats* nennen sollen,
zuerst nach oben und dann nach links blicken (Sichelschmidt, 1995).

Besonders aufschlussreich in Bezug auf Sprachrezeption ist die Betrachtung gleich klin-
gender, aber bedeutungsverschiedener Wörter (z.B. *ihre* und *Ire*). Die Prozesse bei der
Verarbeitung solcher lexikalischer Ambiguitäten sind bereits gut untersucht. Die beiden
folgenden Modellvorstellungen sind dazu entwickelt worden:

- Der *Interaktionsansatz* beschreibt das Auffinden der passenden Bedeutung als einen
  von Anfang an kontextabhängigen Vorgang (Schvaneveldt, Meyer & Becker, 1976;
  Simpson, 1981).

- Der *Autonomieansatz* beschreibt das Auffinden der passenden Bedeutung als einen
  zunächst kontextunabhängig verlaufenden Vorgang, bei dem alle Bedeutungen des
  mehrdeutigen Wortes aktiviert werden; in einem anschließenden Schritt erfolgt dann
  eine dem Kontext entsprechende Auswahl (Swinney, 1979; Seidenberg, Tanenhaus,
  Leiman & Bienkowski, 1982).

Nach einer ausführlichen Literaturübersicht kam Simpson (1984) zu dem Schluss, dass die
vorliegenden Daten am besten durch ein hybrides Modell erklärt werden könnten, in dem
sowohl die Stärke des Kontexts als auch die relative Dominanz der einzelnen Wortbedeutungen berücksichtigt wird. In jüngster Zeit konnte diese Sichtweise auch auf der phonologischen Ebene in weiteren Experimenten bestätigt werden (z.B. Samuel, 2001).

7.1.2 Lesen

Besonders gut erforscht ist das, was beim Lesen geschieht. Untersuchungen der Augenbewegungen beim Lesen haben gezeigt, dass der Blick des Lesers nicht kontinuierlich über
den Text gleitet, sondern von einem Ruhepunkt zum nächsten springt. Die Sprünge heißen
Sakkaden, die Ruhepunkte Fixationspunkte und die (durchschnittlich etwa 250 ms dauernden) Ruhepausen Fixationen. Nur während der Fixationen wird Information aufgenommen; man nimmt etwa je vier Zeichen links und rechts vom Fixationspunkt deutlich wahr.
Eine Sakkade umfasst etwa acht Zeichen nach rechts, doch kommen auch kürzere oder
längere Sprünge vor; sogar Rücksprünge sind möglich. Leserinnen und Leser arbeiten eine
Textzeile (im Deutschen) typischerweise von links nach rechts ab, wobei sie die wichtigen
Wörter fixieren. Ob und wie lange ein Wort fixiert wird, hängt auch vom Kontext ab. Fixiert werden vor allen Dingen längere, schlecht vorhersagbare und inhaltlich wichtige
Wörter (z.B. Substantive). Kürzere, weniger wichtige Wörter (z.B. Artikel) werden dagegen gerne übersprungen, obwohl man sie wahrnimmt und auch verarbeitet. So legt die

Systematik von Blickbewegungen den Schluss nahe, dass beim Lesen solche kognitiven Strategien zum Tragen kommen, die auf ein schnelles und präzises Erfassen des Inhalts zielen (z.B. Rayner & Sereno, 1994; Rayner, 1997; Perfetti, 1999).

Rückschlüsse von Blickbewegungen auf zugrunde liegende kognitive Prozesse sind unter zwei Annahmen möglich (Just & Carpenter, 1987): Unter der Annahme, dass mit dem Erkennen eines Wortes Prozesse auf allen höheren Ebenen – von der syntaktischen bis zur pragmatischen – initiiert werden (die so genannte Unmittelbarkeits-Annahme), und unter der Annahme, dass die auf ein bestimmtes Wort entfallende Betrachtungsdauer ein valides Maß für den zu seiner Verarbeitung erforderlichen kognitiven Aufwand ist (die so genannte ‚eye-mind‘-Annahme).

Ein überaus wichtiger Teilprozess des Lesens ist die *Worterkennung*. Wegen der überschaubaren Komplexität ist hier zum einen eine hochgradige Kontrolle bei der experimentellen Untersuchung und zum anderen eine präzise Modellierung möglich (Balota, 1994).

Eines der ersten Modelle der Worterkennung war das so genannte *Logogen-Modell* von John Morton (1970). Ein Logogen ist eine angenommene Wisseneinheit, eine Art ‚Experte‘ für die Form eines bestimmten Wortes. Wenn beim Lesen die Evidenz für das fragliche Wort einen gewissen Schwellenwert übersteigt, tritt der Experte in Aktion – die Bedeutung des betreffenden Wortes wird aktiviert. In späteren Jahren wurde das Logogen-Modell weiter ausgebaut; unter anderem wurde es auf zwei Kanäle (einen für die auditive und einen für die visuelle Worterkennung) und um ein Output-System erweitert. Berücksichtigt man zudem gewisse Möglichkeiten einer direkten Umwandlung des auditiven oder visuellen Inputs in mündlichen oder schriftlichen Output, so ergibt sich das von Morton (1980) vorgeschlagene erweiterte Logogen-Modell (s. Abbildung 13).

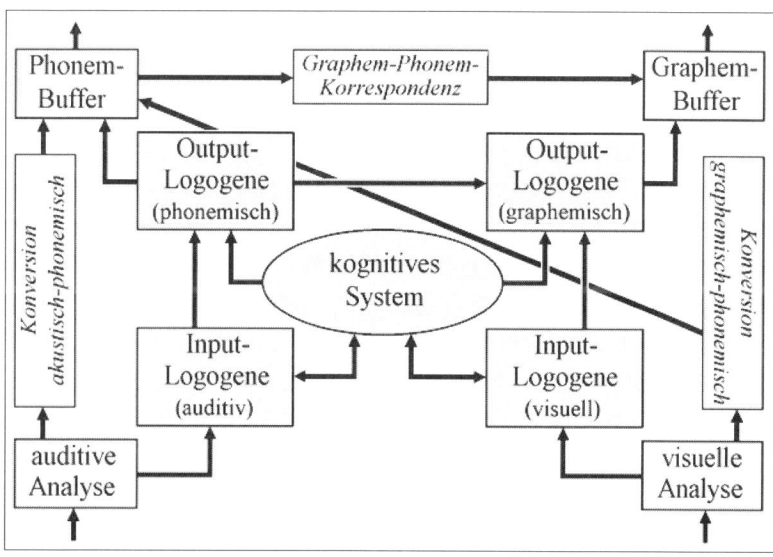

Abbildung 13

Das Logogen-Modell hat zahlreiche Untersuchungen zum Lesen und zur Worterkennung inspiriert und ist Grundlage ebenso vieler Modellvorstellungen. Dennoch ist in jüngster Zeit immer wieder auch Kritik an diesem Modell geäußert worden. Diese Kritik setzt unter anderem an seinen dynamischen Spezifika an, vor allem an der Verwendung von Schwellenwerten für die Aktivierung der Logogene. Eine Alternative dazu ist die Verarbeitung in Kaskaden: Sobald eine kognitive Einheit eine gewisse Aktivierung aufnimmt, gibt sie diese auch an die benachbarten Einheiten weiter. Ein Beispiel für ein solches Modell ist das ‚Dual-Route-Cascaded‘-Modell von Max Coltheart (Coltheart, Rastle, Perry, Langdon & Ziegler, 2001), das sich auf ein solides empirisches Fundament stützen kann.

7.2   Sätze parsen: Syntaktische Rezeption

Mehrdeutigkeiten der sprachlichen Formulierung auf der syntaktischen Ebene führen häufig zu Verarbeitungsproblemen. Steven Pinker (1996) hat eine Reihe solcher schwieriger Formulierungen zusammengestellt, darunter den Satz: *The problem is that fat people eat accumulates.* Leser neigen dazu, *fat* zunächst als Adjektiv zu dem Nomen *people* zu interpretieren; erst durch das Verb *accumulate* wird klar, dass *fat* in Wirklichkeit ein Nomen und *people eat* ein Relativsatz ist. Solche Sätze, die den Rezipienten zunächst auf den sprichwörtlichen Holzweg führen, heißen ‚garden path‘-Sätze. Es gibt sie übrigens auch im Deutschen: *Annette besuchte ihren Onkel und ihre Tante einen Spanischkurs.*

So unschön derartige irreführende oder missverständliche Formulierungen in der Praxis sind, so aufschlussreich sind sie für die psycholinguistische Forschung. Denn die Art und Weise, wie Rezipienten mit Verarbeitungsschwierigkeiten umgehen, verrät einiges über die dabei ablaufenden kognitiven Prozesse. Welche Strategien Leser zur Überwindung syntaktischer Verstehensprobleme einsetzen, kann man unter anderem durch die Messung der Lesegeschwindigkeit erschließen. Lyn Frazier und Keith Rayner (1982) untersuchten so, ob und an welchen Stellen Leser von ‚garden path‘-Sätzen Reanalysen vornehmen. Dazu lasen die Versuchsteilnehmer Sätze wie *Since Jay always jogs a mile and a half seems like a very short distance to him.* Erst auf den zweiten Blick wird hier klar, dass *a mile and a half* nicht Objekt des ersten, sondern Subjekt des zweiten Teilsatzes ist. Frazier und Rayner stellten fest, dass der Satzanfang (*Since Jay always jogs*) und die kritische Passage (*a mile and a half*) relativ schnell gelesen wurden, der anschließende Rest des Satzes (*seems like a very short distance to him*) dagegen langsamer. Hieraus folgerten sie, dass die Leser die kritische Phrase zunächst an den ersten Teilsatz koppelten, aufgrund des zweiten Verbs (*seems*) jedoch feststellten, dass diese Zuordnung falsch ist, und daraufhin die kritische Phrase im Nachhinein an den zweiten Teilsatz koppelten – eine Umstrukturierung der mentalen Repräsentation, die Verarbeitungszeit kostet.

Diese Studie sowie viele weitere zeigen, dass die syntaktische Form einer Äußerung bei der Sprachverarbeitung eine große Rolle spielt. Die Syntax scheint – zumindest bei Sätzen ohne Kontext – relativ unabhängig verarbeitet zu werden. Trotzdem wirkt die Semantik aber bei der Bildung der repräsentationalen Einheiten mit. Wie dies allerdings genau geschieht, darüber gibt es in der Psycholinguistik Meinungsverschiedenheiten. Diese äußern sich insbesondere in der Architektur von Computersimulationen syntaktischer Rezeption – so genannten Parsern (wörtlich: Zerteilern). Einige Modelle gehen von einem Primat der syntaktischen Form aus, während bei anderen die Bedeutung eine ebenso große Rolle spielt. Die erstgenannten Ansätze bezeichnen wir als autonom, die zweiten als interaktiv.

- Die *autonomen Theorien* gehen auf die strukturalistisch-linguistische Überzeugung zurück, die sprachliche Kompetenz des ‚idealen Sprecher-Hörers‘ bestehe wesentlich aus dem Wissen über syntaktische Regeln. Entsprechende Parser sehen zunächst eine rein syntaktische Analyse vor; erst in einem zweiten Analysedurchlauf wird die aus dem ersten Durchlauf resultierende syntaktische Struktur semantisch interpretiert. Eine solche, dem Prinzip ‚Syntax zuerst‘ verhaftete Auffassung liegt auch einigen modernen Modellierungsansätzen zugrunde (z.B. Clifton & Duffy, 2001).

- Die *interaktiven Theorien* der Syntaxverarbeitung gehen davon aus, dass von vornherein eine – mindestens grobe – semantische Analyse stattfindet, und zwar entweder vor der syntaktischen oder aber gleichzeitig mit ihr. So steht bei jedem Wort sowohl syntaktisches als auch semantisches Wissen zur Verfügung. In entsprechenden Parsern tauschen die beteiligten Komponenten die verfügbaren Informationen aus, was zu einer wortweisen Inkrementalität und in den meisten Fällen zu einer problemlosen Auflösung lokaler syntaktischer Ambiguitäten führt (z.B. Taraban & McClelland, 1990; Bever, Sanz & Townsend, 1998). Wegen ihrer prinzipiellen Offenheit für verschiedene Einflussfaktoren werden interaktive Modelle auch als ‚constraint-basierte‘ Modelle bezeichnet (z.B. Trueswell & Tanenhaus, 1994; Tanenhaus, Spivey-Knowlton & Hanna, 2000).

In der Psycholinguistik waren autonome Positionen zur syntaktischen Rezeption lange Zeit vorherrschend. Bisweilen ist eine solche Ausrichtung auch in aktuellen Darstellungen noch festzustellen (z.B. Dietrich, 2002). Das hängt zum Teil mit der nahezu ideologischen Fixiertheit vieler linguistischer Sprachverarbeitungstheorien auf die Syntax zusammen, aber auch damit, dass erst seit wenigen Jahren die Mikroprozesse der Syntaxverarbeitung auf der Grundlage neurolinguistischer Untersuchungen erschlossen werden können (z.B. Friederici, 1998; Hagoort, Brown & Osterhout, 1999). Bei Einsatz moderner, feinkörniger Untersuchungsmethoden wird deutlich, dass zum einen verschiedene syntaktische Prozesstypen anzunehmen sind und zum anderen im Parsing-Prozess eine große Interaktivität zwischen dem syntaktischen und dem semantischen Wissen möglich ist (z.B. van Berkum, Brown & Hagoort, 1999a,b; Crocker & Brants, 2000; Gunter, Friederici & Schriefers,

2000; Friederici, Hahne & Saddy, 2002). Gleichzeitig wird aber auch immer deutlicher, dass der Parsing-Prozess verschiedene Phasen sogar innerhalb der Verarbeitung eines einzelnen Wortes umfasst, die möglicherweise am besten auf der Grundlage hybrider Modelle beschrieben werden können (z.B. Townsend & Bever, 2001).

In Bezug auf die Frage des Stellenwerts von Syntax und Semantik bei der Sprachverarbeitung hat Fernanda Ferreira kürzlich ein ‚good enough'-Prinzip zur Diskussion gestellt. Demnach müssen Rezipienten in vielen Fällen weder die Syntax noch die Semantik eines Satzes bis in die letzten Feinheiten analysieren, um den aktuellen kommunikativen Anforderungen Genüge zu leisten (Ferreira, Bailey & Ferraro, 2002: 15): „The goal of the comprehension system might be to deliver an interpretation that is just good enough to allow the production system to generate an appropriate response; after all, it is the response that is overt and that determines the success of the participants' joint activity. An adequate theory of how language is understood, then, will ultimately have to take into account the dynamic demands of real-time conversation."

Dem ‚good enough'-Prinzip zufolge stehen die syntaktische wie auch die semantische Rezeption im Dienste zwischenmenschlicher Kommunikation. Diese funktionale Sichtweise ist ein Teil der sich gegenwärtig etablierenden kommunikativen Perspektive in der modernen Psycholinguistik (z.B. Garrod, 1999). Besonders im Bereich der Syntax wird bei einer weiteren Umsetzung dieser Perspektive die strukturalistische Position einer funktionalen Theorie der Sprachverarbeitung weichen müssen

7.3   Wissen schaffen: Semantische Rezeption

Wie wir bereits bei der Darstellung der semantischen Repräsentation in Kapitel 6 hervorgehoben haben, umfasst die semantische Sprachverarbeitung mindestens drei Aspekte – einen konzeptuellen, einen referenziellen und einen kompositionalen. Hinzu kommt das Moment des Kreativ-Konstruktiven, des Hinausdenkens über das Gesagte – nach unserer Auffassung ein fundamentales Merkmal menschlicher Kognition.

7.3.1 Konzeptuelle Rezeption

Ganz im Sinne des oben im Zusammenhang mit syntaktischer Rezeption erwähnten ‚good enough'-Prinzips ist es durchaus denkbar, dass im Verstehensprozess Wortbedeutungen nur soweit wie nötig aktiviert werden. Ein Beispiel für eine unvollständige, aber zum Verstehen genügende Aktivierung von Konzepten liefert die so genannte ‚Moses-Illusion': Auf die Frage *Wieviele Tiere von jeder Art nahm Moses mit auf die Arche?* antworten viele Hörer spontan *zwei*, ohne zu bemerken, dass es nicht Moses, sondern Noah war, der die Tiere mit auf die Arche nahm (Erickson & Mattson, 1981; Sanford & Garrod, 1994).

Für das Zustandekommen dieses Phänomens sind verschiedene Erklärungen im Sinne des 'good enough'-Prinzips vorgelegt worden.

■ Eine Erklärung bezieht sich auf die Genauigkeit der konzeptuellen Analyse: Für jedes Wort (*Moses, Arche ...*) wird eine gewisse Menge von Bedeutungskomponenten aktiviert; anschließend wird überprüft, ob wenigstens einige dieser Bedeutungskomponenten zu denen der anderen Wörter passen (*Moses: biblische Gestalt; Arche: biblisches Objekt ...*). Wenn das der Fall ist, gilt die Verarbeitung als erfolgreich abgeschlossen.

■ Eine andere Erklärung bezieht sich auf den Einfluss schematischen Wissens: Aufgrund bestimmter Wörter (*Moses, Arche ...*) wird ein allgemeines Schema der betreffenden Begebenheit aktiviert (*biblische Gestalt nimmt Tiere auf sagenhaftes Wasserfahrzeug*), das hinsichtlich des mit der Frage angesprochenen Details spezifiziert wird, während die anderen Einzelheiten vage bleiben.

■ Eine dritte Erklärung schließlich bezieht sich auf die Kommunikationssituation: Aufgrund der Annahme, der Fragende habe es wohl richtig gemeint, kompensieren die Hörer bewusst oder unbewusst den vermeintlichen Fehler (nehmen also *Noah* statt *Moses* wahr); sie versuchen in erster Linie, sich gegenüber dem Fragenden kooperativ zu verhalten.

Für die beiden erstgenannten Erklärungen sprechen die Beobachtungen, dass sowohl die Ähnlichkeit der kritischen Konzepte als auch deren Prominenz im mentalen Schema einen Einfluss darauf haben, wie wahrscheinlich die Anomalie entdeckt wird.

Dass es so etwas gibt wie eine kontextspezifische selektive Interpretation von Wörtern, hat sich bereits in einigen frühen Gedächtnisexperimenten gezeigt. So wurde der Satz *The container held the cola* aufgrund der Erinnerungshilfe *bottle* besser reproduziert als aufgrund der Erinnerungshilfe *basket*; bei dem Satz *The container held the apples* hingegen war *basket* die im Vergleich zu *bottle* wirksamere Erinnerungshilfe (Anderson & Ortony, 1975).

Gedächtnisexperimente dieser Art können jedoch nur in sehr begrenztem Maße Auskunft darüber geben, welche Prozesse den beobachteten Phänomenen zugrunde liegen. Unklar ist vor allem, ob diese Phänomene wirklich der Rezeptionsphase zuzuordnen sind oder vielleicht erst durch die Prüfaufgabe hervorgerufen werden. Jedoch hat sich auch bei Anwendung sensiblerer Methoden die Hypothese der kontextsensitiven Aktivierung von Konzepten bestätigt (z.B. Zwaan, Stanfield & Yaxley, 2002).

7.3.2 Referenzprozesse

Bereits zu einem sehr frühen Zeitpunkt im Verarbeitungsverlauf stellen Sprachbenutzer einen Bezug zwischen sprachlichen Ausdrücken und Objekten der umgebenden Welt her.

Das konnte Michael K. Tanenhaus in einer Reihe von Experimenten anhand von Blickbewegungen nachweisen (z.B. Tanenhaus, Spivey-Knowlton, Eberhard & Sedivy, 1996; Tanenhaus, Magnuson, Dahan & Chambers, 2000). Der Versuchsaufbau war dabei im Prinzip immer gleich: Die Rezipienten hörten einen sprachlichen Ausdruck, aufgrund dessen
sie bestimmte Handlungen mit Szenenobjekten vornehmen mussten (z.B. *lege die Karo-
Acht auf den Kreuz-Buben*); dabei wurden ihre Blickbewegungen aufgezeichnet. Als ein
allgemeines Ergebnis dieser „visual world"-Studien ist festzuhalten, dass Augenbewegungen eng an die Verarbeitung referierender Ausdrücke gekoppelt sind. Der folgende Befund
ist in Bezug auf Objektreferenz besonders aufschlussreich: Die Rezipienten hatten beim
Betrachten einer Szene die Aufgabe, dasjenige Objekt zu identifizieren, das mit einer gesprochenen Nominalphrase wie *small blue circle* gemeint war, wobei in der Szene je nach
Bedingung mehrere kleine, blaue oder runde Objekte vorhanden waren. Die Blickbewegungen hingen von der referenziellen Eindeutigkeit ab: Zu zielgerichteten Sakkaden kam
es regelmäßig unmittelbar nach dem Hören des vereindeutigenden Wortes, wobei kontra-
stive Betonung zu kürzeren Reaktionszeiten führte. Ein ähnliches Befundmuster zeigte
sich auch bei einfachen Handlungsaufforderungen: Beim Hören von Sätzen wie *Pick up
the blue comb* erfolgten Blickbewegungen auf das Referenzobjekt dann schneller, wenn in
der Szene ein mit dem Referenzobjekt kontrastierendes Objekt (z.B. ein roter Kamm) vorhanden war. Offenbar bewirken sprachliche Äußerungen eine schnelle Fokussierung auf
bestimmte Referenzobjekte (Sedivy, Carlson, Tanenhaus, Spivey-Knowlton & Eberhard,
1994; Sedivy, Tanenhaus, Chambers & Carlson, 1999).

Anthony J. Sanford und Simon C. Garrod vom Human Communication Research Center in
Glasgow gehen davon aus, dass zu einem bestimmten Zeitpunkt bei der Sprachverarbeitung nicht alle Teile des Wissens in gleicher Weise aktiv sind. Sie unterscheiden daher
zum einen zwischen dynamischen und statischen Teilen des Wissens und zum anderen
zwischen textbasiertem Wissen und Allgemeinwissen. In Kombination entsteht folgende
Struktur (s. Abbildung 14).

| | | Grad der Aktivität | |
		dynamisch	statisch
Herkunft	Text	expliziter Fokus	Textgedächtnis
des Wissens	Welt	impliziter Fokus	Weltwissen

Abbildung 14

Der explizite Fokus umfasst jenen zu einem bestimmten Zeitpunkt bei der Sprachverarbeitung aktivierten Teil des Wissens, auf das sich der Text bezieht. Der implizite Fokus umfasst jenen Teil des Wissens, der zu einem bestimmten Zeitpunkt auf der Grundlage des
expliziten Fokus, des Textgedächtnisses und des Weltwissens aktiviert ist.

Sanford und Garrod (1981, 1994) berichten eine ganze Reihe von anschaulichen Experimenten, die Einblick in die Interaktion dieser vier Teile des Wissens beim Verstehen ein-

facher Texte geben. In einem dieser Experimente wurde in einem Kurztext zunächst ein schematisches Szenario mit einer handlungstragenden Hauptfigur und diversen szenariospezifischen Nebenfiguren erwähnt (z.B. eine Gerichtsverhandlung mit Richter, Staatsanwalt, Verteidiger ...). Anschließend leitete der Text mit einer Zeitangabe (z.B. *Fünf Stunden später ...*) zu einem zweiten Szenario über (z.B. einer Vorlesung). Wie sich zeigte, fällt der Bezug auf Nebenfiguren aus dem Ursprungsszenario dann schwerer, wenn diese unter Berücksichtigung der verflossenen Zeit sich nicht mehr im impliziten Fokus befinden (wenn also z.B. im Zusammenhang mit der Vorlesung plötzlich von dem *Richter* die Rede ist). Die Verfügbarkeit bestimmter Objekte für Referenzen hängt damit nachweislich vom jeweils aktuellen Schema ab: Ein sprachlich angedeuteter Wechsel der Zeit geht mit einem Wechsel des Schemas einher.

Eine ähnliche Logik wie der beschriebenen Zeitwechselstudie liegt einem Experiment von Arthur M. Glenberg zugrunde (Glenberg, Meyer & Lindem, 1987). Versuchspersonen lasen dabei kurze Texte wie den folgenden. *John was preparing for a Marathon in August. After a few exercises, he put on/took off his sweatshirt and went jogging. He jogged halfway around the lake ...* Verschiedene Gruppen von Lesern wurden zu verschiedenen Zeitpunkten während des Lesens unterbrochen und gefragt, ob ein bestimmtes Testwort (hier: *sweatshirt*) im Text vorgekommen war. Die Schnelligkeit, mit der die Versuchspersonen dies bejahten, galt als Maß für die Verfügbarkeit des betreffenden Konzepts. In den Reaktionszeiten wurde deutlich, dass bei Lesern der „*put on*"-Version das kritische Konzept *sweatshirt* nur allmählich aus dem Fokus verschwindet, also lange in der mentalen Repräsentation verfügbar bleibt, während bei Lesern der „*took off*"-Version das kritische Konzept schon sehr bald nach dem Lesen aus dem Fokus getilgt wird.

Ebenfalls vom Kontext und von der Kommunikationssituation hängt die Leichtigkeit der Verarbeitung linguistisch komplexer Referenzkonstruktionen wie Metaphern oder Metonymien ab (z.B. Wolff & Gentner, 2000; Meyer-Fujara & Rieser, 2001).

7.3.3 Kohärenzprozesse

Als erste haben der Psychologe Walter Kintsch und der Textlinguist Teun A. van Dijk (1978) ein einheitliches Modell der Rezeption von Texten vorgelegt. Das Modell beruht auf dem propositionalen Ansatz zur Beschreibung mentaler Strukturen (s. Kapitel 5), der nun zu einer prozeduralen Theorie des Aufbaus von Diskursrepräsentationen ausgebaut worden ist.

Kintsch und van Dijk beschreiben Textrezeption als einen zyklischen, inkrementellen Prozess des Aufbaus einer kohärenten Textbasis, dessen Ablauf durch die propositionale Struktur des Textes und durch die Verarbeitungskapazität des menschlichen Arbeitsgedächtnisses bestimmt ist.

Nach Auffassung von Kintsch und van Dijk (1978) sind drei Gedächtniskomponenten an der Verarbeitung beteiligt:

- das *Langzeitgedächtnis* mit zeitlich und mengenmäßig praktisch unbegrenzter Speicherkapazität;

- das *Arbeitsgedächtnis* mit einer zeitlich auf wenige Sekunden und mengenmäßig auf ein paar Propositionen begrenzten Kapazität;

- der *Cache* – ein Teil des Arbeitsgedächtnisses, der für die Speicherung von Zwischenergebnissen der Verarbeitung reserviert ist.

Die Verarbeitung verläuft, dem Modell entsprechend, in Zyklen; man spricht deshalb auch von *zyklischer Verarbeitungstheorie*. Zyklische Verarbeitung bedeutet, dass der Text portionsweise abgearbeitet wird, wobei zu jedem Zeitpunkt nur einige wenige Propositionen zur Verfügung stehen. In jedem Verarbeitungszyklus geschieht dreierlei:

- Erstens werden die nächsten paar Propositionen aus dem Text in das Arbeitsgedächtnis eingelesen. Die genaue Anzahl richtet sich nach der individuellen Kapazität des Arbeitsgedächtnisses und der Satzstruktur des Textes.

- Zweitens werden die eingelesenen Propositionen im Arbeitsgedächtnis miteinander und mit dem aktuellen Inhalt des Cache verknüpft. Im Cache werden die wichtigsten Propositionen aus früheren Verarbeitungszyklen bereitgehalten.

- Drittens werden die so verknüpften Propositionen in Bezug auf ihre Wichtigkeit evaluiert. Als wichtig gelten nach dem so genannten „leading edge"-Algorithmus die zuletzt eingelesenen Propositionen der einzelnen Hierarchieebenen, beginnend mit der obersten. Wichtige Propositionen werden im Cache zwischengelagert; weniger wichtige werden im Langzeitgedächtnis abgelegt.

Wenn auf diese Weise der ganze Text durchlaufen wird, dann liegt am Ende eine komplette propositionale Textbasis vor.

Exemplarisch wollen wir einmal die zyklische Verarbeitung des Beispiels aus Abschnitt 5.2.2 bei einer angenommenen Arbeitsgedächtnis-Kapazität von 3 und einer Cache-Kapazität von 2 Propositionen betrachten. In Abbildung 15 sind für jeden Zyklus der aktuelle Inhalt des Cache, die ins Arbeitsgedächtnis eingelesenen Propositionen und der neue Inhalt des Cache (nach der Evaluation) aufgeführt.

Zyklus	Cache alt	Arbeitsgedächtnis einlesen	Cache neu
1	-	1, 2	1, 2
2	1, 2	3, 4, 5	1, 5
3	1, 5	6, 7, 8	1, 8

Abbildung 15

Anhand des Modells lassen sich auch die Textstellen identifizieren, an denen Kohärenzprobleme auftreten, weil die Anknüpfung der neu in das Arbeitsgedächtnis eingelesenen Propositionen an die im Cache bereitstehenden misslingt. Kintsch und van Dijk schlagen für diesen Fall eine zweistufige Problembehandlung vor:

- *Reinstatement:* Misslingt die Verknüpfung, so sucht man im Langzeitgedächtnis nach einer geeigneten ‚älteren' Proposition und rücküberträgt diese in den Cache.

- *Inferenz:* Misslingt das ‚reinstatement', so sucht man im Langzeitgedächtnis nach einem geeigneten Allgemeinwissens-Bestandteil und überträgt diesen in den Cache.

Damit betrachten Kintsch und van Dijk Inferenzen lediglich als den letzten Ausweg im Fall von Verarbeitungsproblemen. Die Vernachlässigung konstruktiver Momente gehört ebenso wie der mechanistische Ablauf sicherlich zu den Schwächen der zyklischen Verarbeitungstheorie; Stärken liegen hingegen im Einbezug von Text- und Rezipientenmerkmalen und in der – wegen der wenigen Parameter – leichten Simulierbarkeit.

Während gemäß dem oben erwähnten „leading edge"-Algorithmus die zuletzt eingelesenen Propositionen der jeweiligen Hierarchieebenen besonders verarbeitungsrelevant sind, gibt es empirische Hinweise darauf, dass es primär die zuerst verarbeiteten Propositionen sind, welche den Aufbau der Textbasis bestimmen. Das scheint auch dann der Fall zu sein, wenn eine Proposition sich nicht unmittelbar mit einer vorausgegangenen verknüpfen lässt (Gernsbacher & Hargreaves, 1988; Gernsbacher, Hargreaves & Beeman, 1989). Auf der Grundlage dieser Befunde formulierte Morton Ann Gernsbacher (1990, 1991) ihre *Structure-Building-Theorie,* nach der die Kohärenz zwischen den Propositionen maßgeblich durch deren Reihenfolge bestimmt wird. Eine weitere Besonderheit dieser Theorie besteht in der Annahme, dass beim Aufbau der Textbasis nicht nur die Aktivierung zueinander passender, sondern auch die gegenseitige Hemmung nicht zueinander passender Propositionen eine Rolle spielt (Gernsbacher & Faust, 1991).

7.3.4 Inferenzprozesse

Die Rolle von Inferenzen bei der Rezeption sprachlicher Äußerungen ist zweifellos eines der wichtigsten Themen der Psycholinguistik. Wie bereits erwähnt (s. Kapitel 5), gibt es Meinungsverschiedenheiten in der Frage, in welchem Umfang wann welche Inferenzen gezogen werden. Die zahlreichen zu Inferenzen vorliegenden Forschungsergebnisse sind in dieser Frage nicht eindeutig; sie zeigen in erster Linie, dass Hörer und Leser überhaupt Inferenzen ziehen können.

Beispiele für einen klassischen experimentellen Zugang zu Inferenz bieten etwa Studien von Murray Singer (1979, 1980) zu der Frage, ob man beim Lesen Inferenzen über unausgesprochene Kasusrollen wie Agens, Patiens und Instrumental zieht, also beispielsweise aufgrund des Satzes *The tooth was drilled* einen Zahnarzt inferiert. Singer konnte unter anderem zeigen, dass Versuchspersonen mehr Zeit zur Verifikation von Testsätzen benötigten, die die Implikationen des vorangehenden Materials ausdrückten, als von denselben Sätzen unter einer Kontrollbedingung. Das spricht dafür, dass solche Inferenzen normalerweise nicht gezogen werden, allenfalls dann, wenn es zur Überwindung von Kohärenzlücken erforderlich ist. Ähnliche Ergebnisse liegen zu der Frage vor, ob Leser die Konsequenzen von Ereignissen in einer Geschichte inferieren (Singer & Ferreira, 1983).

Einen umfassenden Überblick über den Stand der psycholinguistischen Inferenzforschung geben Murray Singer (1994) und Paul van den Broek (1994). Zu den am besten untersuchten Inferenztypen gehören Inferenzen über räumliche Zusammenhänge, Inferenzen über Handlungsmotive und Ereignisfolgen, über Kausalzusammenhänge, über Kasusrollen (vor allen Dingen Instrumental) und über globale Situationen (modellbasierte Inferenzen).

Zieht man weitere Inferenztypologien hinzu (z.B. Rickheit, Schnotz & Strohner, 1985; Garnham, 1989; Magliano, Baggett & Graesser, 1996), so werden einige Punkte deutlich, in denen in der psycholinguistischen Inferenzforschung weitgehend Konsens herrscht. Zum einen werden Inferenzen allgemein als ein ganz normales kognitives Phänomen bei der Verarbeitung sprachlicher und außersprachlicher Information aufgefasst. Zum anderen erfordert die Untersuchung von Inferenzen eine Theorie über die Struktur mentaler Repräsentationen, eine Theorie über die Prozesse des Zugriffs auf Gedächtnisinhalte und eine Methode, die zuverlässige Aussagen über den Zugriff auf bestimmte Strukturelemente erlaubt. Und schließlich hat sich eine grundlegende Unterscheidung von zwei Arten von Inferenzprozessen als nützlich, wenngleich auch nicht unproblematisch erwiesen. Wir möchten diese zwei Arten obligatorische Inferenzen und optionale Inferenzen nennen:

- *Obligatorische Inferenzen* (in der Literatur auch ‚bridging inferences' oder Rückwärtsinferenzen genannt) sind solche, die anlässlich einer lokalen Kohärenzlücke gezogen werden; sie kommen häufig vor und werden nahezu automatisch gezogen.

- *Optionale Inferenzen* (auch ‚elaborative inferences' oder Vorwärtsinferenzen genannt) sind solche, die aufgrund von schemabasierten Erwartungen gezogen werden; sie kommen seltener vor und sind anscheinend verarbeitungsaufwändiger.

Strittig ist hingegen nach wie vor, unter welchen Bedingungen, zu welchem Zeitpunkt, mit welchen kognitiven Prozessen und in welchem Umfang welche Inferenzen gezogen werden.

Die so genannte *Minimalismus-Debatte* hat eine Zuspitzung der Diskussion auf die letztere Frage bewirkt. Die minimalistische Position (McKoon & Ratcliff, 1992) besagt, dass nur obligatorische Inferenzen und naheliegende optionale Inferenzen automatisch gezogen werden; alle anderen optionalen Inferenzen erfordern entsprechende Strategien. Kritik an dieser Auffassung (Garnham, 1992; Glenberg & Mathew, 1992) entzündete sich an der unpräzisen Verwendung des Terminus „automatisch" sowie an der verzerrend-falschen Darstellung konstruktivistischer Verstehenstheorien. In der Debatte haben die Gegner der Minimalisten zwar einen Punktsieg davongetragen, doch haben sich die im Verlauf der Debatte vorgebrachten, zum Teil sehr diskutierenswerten Argumente nicht unmittelbar in der Inferenzforschung niedergeschlagen. Immerhin sind die in jüngster Zeit vorgetragenen Überlegungen viel flexibler als frühere Vorschläge. So ist der von McKoon und Ratcliff (1998) vorgestellte Ansatz des *Memory-based Language Processing* eine Konzeption, die viele empirische Befunde zu integrieren vermag.

Die Inferenzforschung im Anschluss an die Minimalismus-Debatte hat zwar deren Argumente nicht unmittelbar aufgegriffen, doch hat die intensive Auseinandersetzung mit der Inferenzproblematik indirekt dazu geführt, neue Wege zu beschreiten.

In methodischer Hinsicht sind die Standardverfahren zur Untersuchung von Inferenzprozessen (Wiedererkennen, Verifikation und Priming spezifischer Targets) erweitert worden durch neuere Verfahren wie die Lesegeschwindigkeitsmessung (z.B. Claus, Kindsmüller, Kaup & Kelter, 1999), die Augenbewegungsmessung (z.B. Calvo, 2001) und die Messung evozierter Potentiale (z.B. St. George, Mannes & Hoffman, 1997).

In theoretischer Hinsicht ist die vielleicht bemerkenswerteste Entwicklung die Überlegung, dass Inferenzen mehr oder weniger spezifisch ausfallen könnten (Mauner, Tanenhaus & Carlson, 1995). Die Annahme eines ‚Härtegradienten' von Inferenzen kann Diskrepanzen in den empirischen Befunden ebenso erklären, wie sie imstande ist, eine Brücke zwischen minimalistischer und maximalistischer Position zu schlagen. Am Beispiel von Instrument-Inferenzen besagt diese Überlegung: Aufgrund eines Satzes wie *Er schlug den Nagel in die Wand* wird ein allgemeines Instrument-Argument inferiert (als Kasusrolle im Sinne von ‚mit irgendeinem Werkzeug'); nur bei Vorliegen besonderer Bedingungen wird ein spezifisches Instrument inferiert (*Hammer*). Die Differenzierung zwischen Inferenzen verschiedener Härte lässt sich ohne weiteres auf andere Inferenztypen übertragen. Sie erklärt, warum manche plausiblen Testwörter in Experimenten nicht zuverlässig funktionieren – weil jemand, der liest *The actress fell from the 14th floor* vielleicht nur ‚weich' inferiert, da werde ihr wohl etwas zugestoßen sein, anstatt gleich die ‚harte' Inferenz zu ziehen, sie sei tot. Überdies liefert diese Idee auch eine Erklärung für die Moses-Illusion, und sie nimmt eine vermittelnde Position im Minimalismus-Streit ein.

Die von McKoon & Ratcliff (1998) vorgeschlagene stärkere Verbindung der Inferenzforschung mit der Gedächtnisforschung ist eine mögliche Antwort auf die Differenziertheit der empirischen Befundlage im Bereich der Inferenzbildung. Eine andere Möglichkeit der Integration könnte aber auch darin bestehen, stärker als bisher die kommunikative Einbettung der Sprachverarbeitung zu berücksichtigen und damit weitere Bedingungsfaktoren der Inferenzbildung in Betracht zu ziehen (z.B. Rickheit & Strohner, 1999; Kindt, 2001).

7.4   Andere verstehen: Pragmatische Rezeption

Der pragmatische Aspekt der Sprachrezeption wurde zunächst vor allem von handlungs-
und tätigkeitsorientierten Forschern (z.B. Schnotz, Ballstaedt & Mandl, 1981) und im
Rahmen von Überlegungen zur Kooperativität des Sprachverstehens (z.B. Clark, 1978)
berücksichtigt. Jedoch ist die Anbindung der Sprachverarbeitung an die kommunikative
Situation auch heute noch bloßes Programm und weder konzeptuell noch empirisch zu-
friedenstellend bearbeitet (z.B. Gibbs, 2001). Ein Grund dafür sind vielleicht methodische
Probleme bei der Untersuchung der kommunikativen Einbettung der Sprachverarbeitung.

7.4.1 Situationen

Eine wichtige Einflussgröße der Sprachverarbeitung ist die kommunikative Situation, in
die sie eingebettet ist. Textverstehen ist immer ein Teil eines umfassenderen Handlungszu-
sammenhangs, durch den Ziele und Perspektiven der Hörer oder Leser beeinflusst werden.

In einer viel zitierten Experimentreihe (Pichert & Anderson, 1977; Anderson & Pichert,
1978) wurden Versuchspersonen gebeten, eine Beschreibung eines Hauses unter der Perspektive eines Hauskäufers oder eines Einbrechers zu lesen. Es zeigte sich, dass die Reproduktionen unmittelbar nach der Textvorgabe – und sogar verstärkt eine Woche später –
von der jeweils eingenommenen Perspektive abhingen. Bei einem späteren Perspektiven-
wechsel wurden die für die neue Perspektive relevanten Textteile häufiger reproduziert als
bei der ersten Wiedergabe. Bei näherer Betrachtung der Lesezeiten stellte sich heraus
(Goetz, Schallert, Reynolds & Radin, 1983), dass die Lesezeiten für die jeweils perspekti-
venrelevante Information besonders lang waren – eine Bestätigung dafür, dass die experimentell eingeführten Perspektiven bereits in der Rezeptionsphase und nicht erst in der Re-
produktionsphase des Experiments wirksam waren.

Kultur und Sprache und die damit verbundenen Konventionen der Kommunikation sind
wichtige Rahmenbedingungen der Textverarbeitung (Clark & Carlson, 1981). Die kulturellen Konventionen beeinflussen alle Bereiche der Textverarbeitung – das Wissen im
Rahmen der verschiedenen repräsentationalen Einheiten ebenso wie die Inferenzen, die
entsprechend den Konventionen mit Hilfe dieser Einheiten gebildet werden sollen (Dore &
McDermott, 1982). Werden diese Konventionen nicht berücksichtigt, so kann es zu Missverständnissen kommen.

In einer Untersuchung zu Auswirkungen kulturell bedingten Wissens bei schwarzen und
weißen Amerikanern (Reynolds, Taylor, Steffensen, Shirey & Anderson, 1982) kam es zu
derartigen Missverständnissen: Schülern der beiden ethnischen Gruppen wurde ein Text
geboten, der eine Begebenheit in einer Schule schilderte, bei der es zu einer Auseinandersetzung zwischen zwei Jugendlichen kommt. Die Beschreibung dieser Auseinanderset-

zung war allerdings so vage, dass sie entweder als eine Schlägerei oder als ein Wortgefecht interpretiert werden konnte. Alle schwarzen Schüler interpretierten den beschriebenen Streit als ein rituelles Wortgefecht – einen so genannten „woof". Als die Forscher einen ihrer schwarzen Versuchsteilnehmer darauf hinwiesen, dass weiße Schüler den Text
häufig im Sinne einer Schlägerei verstünden, war er sichtlich erstaunt und rief aus:
„What's the matter? Can't they read?" (Reynolds, Taylor, Steffensen, Shirey & Anderson,
1982: 365).

7.4.2   Individuelle Faktoren

Neben situativen und kulturellen Einflussgrößen gibt es auch wichtige *individuelle* Bedingungen der Sprachverarbeitung. Beispielsweise hängt das Textverstehen vom Wissen der
Hörer oder Leser über die durch den Text angesprochenen Sachverhalte ab. Viele Untersuchungen haben gezeigt, dass durch das größere Wissen von Experten eine stärkere Inferenzbildung angeregt wird und dass Experten auch viel stärker auf Einzelheiten des Textes
achten als Laien. Clifton und Slowiaczek (1981) sind der Meinung, dass neu aufgenom-
mene Informationen nur dann sinnvoll verarbeitet werden können, wenn sie mit dem bereits vorhandenen Wissen in irgendeiner Weise integriert werden.

In einer Untersuchung der Auswirkungen von Einstellung und Wissen auf das Textverstehen (Tyler & Voss, 1982) hörten amerikanische Studierende Texte über verschiedene
Staaten der Welt. In je einer Textversion kam eine positive Haltung, in der anderen eine
negative Haltung zu diesen Staaten zum Ausdruck. Die Studierenden beurteilten die Texte
in Bezug auf die darin ausgedrückte Haltung und mussten sie anschließend reproduzieren.
Es zeigte sich, dass die Urteile und Reproduktionsleistungen mit den Einstellungen und
dem Wissen der Versuchspersonen zusammenhingen: Entsprach der Tenor des Textes der
Einstellung des Rezipienten, so führte eine positive Einstellung zu besseren Wiedergabe-
resultaten; bei nicht übereinstimmendem Tenor jedoch war es eher das höhere Faktenwis-
sen, das zu besserer Erinnerungsleistung führte. Außerdem gab es eine positive Korrelati-
on zwischen Wissen und Einstellung: Je mehr die Studierenden über die betreffenden
Staaten wussten, desto positiver waren sie ihnen gegenüber eingestellt. Nach Ansicht von
Tyler und Voss wird das Wissen über die im Text abgehandelten Themen erst dann wirklich genutzt, wenn Konflikte zwischen Einstellung und Text eine genaue Analyse durch
den Hörer oder Leser erforderlich machen.

Auch das Geschlecht und die – an der Wahl des Studienfachs erkennbaren – persönlichen
Interessen von Rezipienten sind nachweislich relevant für die Art und Weise, wie ein Text
verstanden wird. An mehrdeutigen Texten (die z.B. als Beschreibung eines Kartenspiels
oder – ungewöhnlicher – eines Rockgruppen-Gigs interpretiert werden konnten) zeigte
sich eine stärkere Tendenz zur Bevorzugung der ungewöhnlicheren Interpretation sowohl

bei den weiblichen Studierenden als auch bei den Studierenden der zu der ungewöhnlichen Interpretation passenden Studienfächer. Daran änderten auch vereindeutigende Überschriften nicht viel (Sjogren & Timpson, 1979).

Doch nicht nur kognitive, sondern auch emotionale Faktoren der Hörer oder Leser wirken sich aus. Sprachverarbeitung ist kein ausschließlich auf ein kognitives Resultat abzielender Vorgang; er schließt auch konnotative Aspekte ein. Entsprechend dienen Texte nicht nur der Übermittlung von Informationen, sondern auch der Mitteilung von Meinungen, Attitüden, Bewertungen und Gefühlen (Hielscher-Fastabend, 2001).

7.5   Theorien der Sprachrezeption

Die psycholinguistischen Theorien des Verstehens sprachlicher Äußerungen lassen sich in zwei Gruppen von Ansätzen untergliedern.

■   *Bottom-up*-Ansätze betonen den analytischen Charakter der Rezeption und stellen datengetriebene (aufsteigende) Verarbeitungsabläufe in den Vordergrund. Verstehen wird beschrieben als schrittweise Extraktion der Bedeutung einer Äußerung.

■   *Top-down*-Ansätze betonen den synthetischen Charakter der Rezeption und stellen schemagetriebene (absteigende) Verarbeitungsabläufe in den Vordergrund. Verstehen wird beschrieben als Konstruktion einer umfassenden mentalen Repräsentation des in der Äußerung angesprochenen Sachverhalts.

Im Folgenden stellen wir aus beiden Gruppen exemplarisch je eine wichtige Theorie vor.

7.5.1   Die Konstruktions-Integrations-Theorie

Das bekannteste Beispiel eines Bottom-up-Ansatzes ist die Konstruktions-Integrations-Theorie, die von Walter Kintsch (1988, 1998) in Erweiterung der Theorie der zyklischen Verarbeitung ausgearbeitet wurde. Die Konstruktions-Integrations-Theorie betrachtet das Wissen als ein semantisches Netz, dessen Knoten Konzepte und dessen Kanten Assoziationen sind. Verstehen wird als zyklisch ablaufende iterative Aktivierung bestimmter Wissensbestände nach Maßgabe des Wortlauts der jeweiligen Äußerung beschrieben. Im Verstehensprozess wird der Text Schritt für Schritt abgearbeitet, wobei in jedem Verarbeitungszyklus zweierlei geschieht (s. Abbildung 16):

■   *Konstruktion:* Zunächst werden die im Text explizit erwähnten Konzepte und Propositionen aktiviert, sodann die damit assoziierten und schließlich einige daraus inferierte. Dann werden Verbindungsstärken zwischen allen aktivierten Repräsentationseinheiten bestimmt. Das Konstruktionsergebnis kann als eine Konnektionsmatrix beschrieben werden.

■ *Integration*: Anschließend wird diese Konnektionsmatrix so lange mit einem Aktivierungsvektor multipliziert und anschließend normalisiert, bis ein einigermaßen stabiler Zustand erreicht ist. Dadurch erhalten nur wichtige Konzepte hohe Aktivierungswerte. Das Integrationsergebnis entspricht einer aktuellen Diskursrepräsentation, die, bildlich gesprochen, als ‚Aktivationslandschaft‘ im semantischen Netz beschreibbar ist.

Das Modell kommt mit vergleichsweise wenigen Parametern aus – zur Simulation genügen neben den angenommenen Konnektionen und Ausgangs-Aktivationsstärken Annahmen über die Höchstzahl der in jedem Verarbeitungsschritt aktiven bzw. zu aktivierenden Elemente.

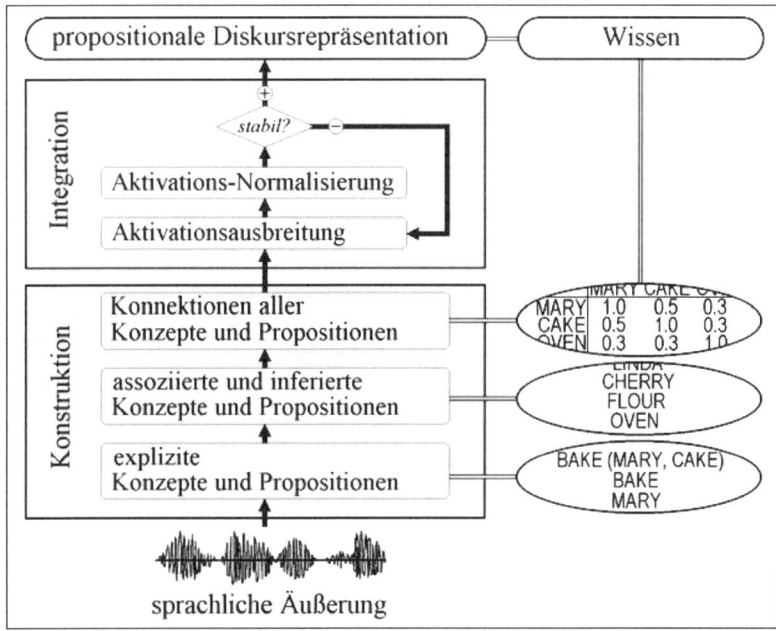

Abbildung 16

Als ein Fortschritt der Konstruktions-Integrations-Theorie gegenüber der Theorie zyklischer Verarbeitung ist der Einbezug von Inferenzen anzusehen, die hier von vornherein als integrale Bestandteile des Modells erscheinen. Positiv ist sicher auch die dynamische Konzeption der Diskursrepräsentation. Als einen gewissen Nachteil wird man dagegen das Fehlen jeglicher übergeordneter Repräsentationen und damit die mangelnde Berücksichtigung strategischer, kommunikativer und handlungsbezogener Aspekte anzusehen haben (vgl. auch Foltz, Kintsch & Landauer, 1998; Deppert, 2001). In dieser Hinsicht bleibt die Konstruktions-Integrations-Theorie hinter früheren programmatischen Entwürfen zurück: In ihrer Strategie-Theorie hatten van Dijk und Kintsch (1983) konstruktivistischen, funktionalistischen, strategischen und interaktiven Überlegungen hohen Stellenwert zuerkannt – ganz im Sinne der von uns favorisierten kommunikativen Ausrichtung der Psycholinguistik.

7.5.2 Die Theorie der mentalen Modelle

Ein Beispiel für einen Top-down-Ansatz zur Beschreibung von Sprachverstehen ist die Theorie der mentalen Modelle, als deren prominentester Vertreter Philip N. Johnson-Laird (1989) gilt. Grundlage dieser Theorie ist die Überzeugung, dass es beim Verstehen letzten Endes darum geht, eine möglichst zutreffende Vorstellung davon aufzubauen, was der Sprecher mit seiner Äußerung gemeint hat. Eine solche Repräsentation des Gemeinten kann weit über das Gesagte hinausgehen. Die Theorie der mentalen Modelle beruht auf drei Annahmen:

- Bereits in einem sehr frühen Verarbeitungsstadium werden bestimmte Schemata aktiviert, die den weiteren Verlauf der Verarbeitung bestimmen können.

- Während der Verarbeitung werden textbasierte und wissensbasierte Informationen zu einer ganzheitlichen Repräsentation des betreffenden Sachverhalts verschmolzen.

- Die Struktur dieses so genannten mentalen Modells entspricht idealerweise in gewisser Hinsicht der Struktur des repräsentierten Sachverhalts.

Für eine solche Auffassung spricht, dass Leser oder Hörer normalerweise dazu neigen, bereits aufgrund weniger Begriffe ein konkretes mentales Szenario mit ganz bestimmten Rollen und ganz bestimmten Details zu entwickeln. Selbst ein Satzfragment wie ... *beim Autofahren in den Innen-Rückspiegel schauen*, das einen ganz banalen Vorgang beschreibt, kann eine reichhaltige mentale Repräsentation hervorrufen: Deutsche Leser dürften wie selbstverständlich davon ausgehen, dass der Fahrer dazu nach rechts oben blickt; britische Leser dagegen, die mit Fahrzeugen mit Rechtslenkung vertraut sind, dürften ebenso selbstverständlich annehmen, der Fahrer blicke nach links oben.

Im Allgemeinen wird durch den frühen Einbezug von Weltwissen die weitere Verarbeitung einer sprachlichen Äußerung sehr erleichtert. Ein Wort wie *Stummfilm* beschwört einen ganz spezifischen Wissensausschnitt zu Filmgeschichte, Filmtechnik, Thematik, Dramaturgie und Schauspielweise herauf – und der Rezipient kann auf diesen Wissensauschnitt aufbauen. Und wenn wir einmal die Sätze *Laura und Karim küssten sich* und *Laura und Karim kämmten sich* betrachten, so ist es nur das Wissen um die übliche Situationskonstellation, welches uns verrät, dass das Reflexivpronomen *sich* bei *kämmen* reflexiv (Laura kämmt Laura und Karim kämmt Karim), bei *küssen* aber reziprok zu interpretieren ist (Laura küsst Karim und Karim küsst Laura).

Unter Umständen kann sich eine Sachverhaltsrepräsentation aber auch als vorschnell erweisen – wie im folgenden Beispiel, das eine Art semantisches Gegenstück zu ‚garden path'-Sätzen darstellt: *Frank M. war auf dem Weg zur Schule. Er machte sich Sorgen wegen der Mathematikstunde. Er fürchtete, er würde die Klasse nicht unter Kontrolle halten können.* Während die ersten beiden Sätze nahelegen, Frank M. als Schüler zu betrachten, stellt sich im dritten Satz heraus, dass diese Rollenzuschreibung falsch ist – bei Frank M. handelt es sich um einen Lehrer.

Insbesondere im Zusammenhang mit Beschreibungen räumlicher Konfigurationen hat sich die Theorie mentaler Modelle empirisch bewährt. In einer frühen Experimentalreihe (Mani & Johnson-Laird, 1982) hörten Versuchspersonen kurze Texte, die die relative Position einfacher Gegenstände beschrieben. Ein Beispiel: *The spoon is behind the knife. The knife is on the right of the plate. The fork is on the left of the plate/knife.* Die *plate*-Variante ist in Bezug auf die Topologie eindeutig, die *knife*-Variante dagegen in Bezug auf die Position eines der Objekte mehrdeutig (liegt die Gabel rechts oder links vom Teller?). In einem anschließenden Wiedererkennungstest mussten die Versuchspersonen anhand eines Diagramms die beschriebene topologische Struktur und anhand einer Multiple-choice-Aufgabe den Wortlaut der Beschreibung identifizieren. Die Ergebnisse liefen darauf hinaus, dass eindeutige Beschreibungen zu besserer Erinnerung an die Topologie führten, während bei mehrdeutigen Beschreibungen der Wortlaut besser erinnert wurde. Dieses Befundmuster, das sich auch in anderen Studien (z.B. Oakhill & Garnham, 1985) gezeigt hat, deutet darauf hin, dass die Hörer im Falle spezifischer Beschreibungen ein kohärentes mentales Modell der Situation entwickeln können, sich im Falle unspezifischer Texte aber mit einer propositionalen Repräsentation des Gehörten begnügen müssen. Erwähnt sei noch, dass Johnson-Laird (1988) ein Programm zur Interpretation solcher Texte vorgelegt hat.

Weitere Beispiele sowie ausführlichere Erörterungen der Möglichkeiten und Grenzen der Theorie mentaler Modelle finden sich bei Rickheit und Sichelschmidt (1999), Garnham (1999), Sanford und Moxey (1999) sowie bei Glenberg (1999).

7.5.3 Verstehen

In jüngster Zeit ist in der Psycholinguistik eine Annäherung der beiden beschriebenen Gruppen von Ansätzen zu verzeichnen. Man geht davon aus, dass es zwei qualitativ unterschiedliche Ebenen der mentalen Repräsentation gibt, die nebeneinander existieren können. Die propositionale Ebene kann als textbasierte, elementaristische Repräsentation des in der Äußerung Gesagten, die Ebene der mentalen Modelle als eine durch wissensbasierte Inferenzen angereicherte ganzheitliche Repräsentation des mit der Äußerung Gemeinten angesehen werden (s. Abbildung 17). Welche dieser beiden Ebenen bei einer bestimmten Art der Sprachrezeption die vorherrschende ist und welche spezifischen Verarbeitungsprozesse dabei auftreten, wird stark von ihrer kommunikativen Einbettung und von Gegebenheiten der jeweiligen Situation bestimmt (Rickheit & Sichelschmidt, 1999; Rickheit & Strohner, 1999; Prestin, 2003).

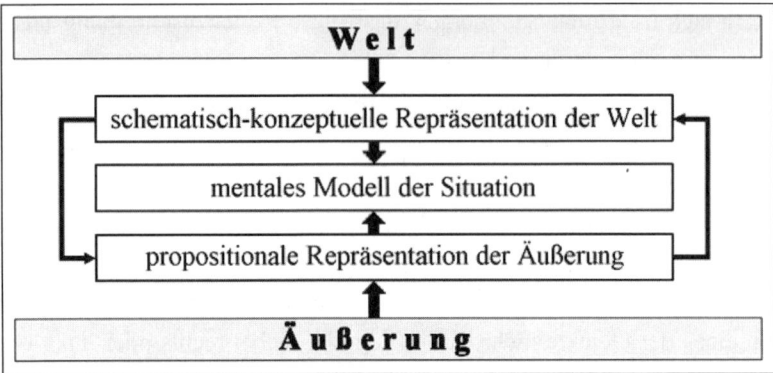

Abbildung 17

Sprachverstehen stellt sich nach alledem als ein hoch komplexer kognitiver Prozess dar, in dem sowohl *Bottom-up-* als auch *Top-down*-Komponenten ihren Platz haben, der sowohl durch die zu verarbeitende Äußerung als auch durch das verarbeitende Individuum gesteuert wird und der nur dann adäquat beschrieben werden kann, wenn man sowohl linguistische als auch psychologische Aspekte des Umgangs mit Sprache in Betracht zieht – und dabei den kommunikativen Gesamtzusammenhang nicht außer Acht lässt.

Kapitel 7 zusammengefasst

▶ Die Grundlage der Sprachrezeption ist die Worterkennung.

▶ Im Bereich der syntaktischen Rezeptionsprozesse können autonome und interaktive Theorien unterschieden werden.

▶ Die semantische Rezeption umfasst konzeptuelle, referenzielle sowie Kohärenz- und Inferenzprozesse.

▶ Die so genannte Minimalismus-Debatte in der Inferenzforschung hat zu einer größeren Flexibilität der theoretischen Positionen geführt.

▶ Der pragmatische Aspekt der Sprachrezeption bezieht sich auf situationale und individuelle Einflussfaktoren.

▶ Wichtige Theorien der Sprachrezeption sind die Konstruktions-Integrations-Theorie und die Theorie der mentalen Modelle.

Weiterführende Literatur zu Kapitel 7: Rayner (1997); Graesser, Millis & Zwaan (1997); McKoon & Ratcliff (1998); Friederici (1999); Garrod (1999).

Spracherwerb

Kapitel 8
Meine Wörter: Erstspracherwerb

Wie schnell und scheinbar mühelos Kinder ihre Muttersprache erwerben, hat schon immer die Bewunderung ihrer erwachsenen Mitmenschen hervorgerufen. Die Aneignung der Sprache funktioniert meist so problemlos, dass die ersten Überlegungen von der Sprache als einer angeborenen Eigenschaft von Menschen ausgingen. Die Frage war dann, mit Hilfe welcher Prozesse diese angeborene Kompetenz den Spracherwerb steuert. In den letzten Jahrzehnten wurden bei der Beantwortung dieser Frage zweierlei Fortschritte erzielt:

- Zum einen wurde immer deutlicher, dass die angeborenen Aspekte der Sprache sehr *allgemeiner* Natur sind und sich vor allem auf die kognitiven, sensorischen und motorischen Grundlagen menschlichen Verhaltens beziehen.

- Zum anderen wurden immer mehr *Lernprozesse* entdeckt, mit Hilfe derer das Kind sich seine Muttersprache aneignet, so dass wir heute eine recht gute Vorstellung davon haben, wie der Spracherwerb funktioniert.

Einige wichtige dieser Prozesse und ihre theoretischen Erklärungen werden in diesem Kapitel thematisiert. Zunächst stellen wir einige Entwicklungsschritte vor und behandeln anschließend die für den Spracherwerb relevanten Bedingungen. Zum Abschluss des Kapitels diskutieren wir die wichtigsten theoretischen Positionen.

8.1 Phasen des Erstspracherwerbs

Die Ebenen des Spracherwerbs ergeben sich aus der Analyse des Sprachsystems, wie sie in Teil 2 des vorliegenden Bandes vorgestellt werden, allerdings in einer veränderten Reihenfolge. Zunächst ist die phonologische Ebene für Sprachrezeption und -produktion und die pragmatische Ebene zu beachten, auf der die Verständigung mit den Kommunikationspartnern geregelt wird, dann die semantische Ebene, die die Sprache bedeutungsvoll macht, und schließlich die syntaktische Ebene für die Bildung komplexer Äußerungen.

Das erste Wort, das der Säugling produziert, ist einer der markantesten Meilensteine des Erstspracherwerbs. Bei unserer Darstellung der einzelnen Phasen gehen wir deshalb so vor, dass wir zunächst die Zeit *vor dem ersten Wort*, dann die Leistung *des ersten Wortes* und anschließend die Zeit *nach dem ersten Wort* betrachten. Ein kurzer Blick auf die *weiteren Entwicklungen* soll diesen Überblick abrunden.

8.1.1 Vor dem ersten Wort

Bereits im Mutterleib sind die Gehörorgane des Fötus – etwa ab dem sechsten Monat seiner Entwicklung – so weit ausgebildet, dass akustische Informationen wahrgenommen
werden können. Ab dieser Zeit beginnt das menschliche Individuum seinen Weg als
sprachliches Wesen. Neben dem Herzschlag der Mutter ist ihre Stimme das vom Fötus am
intensivsten wahrnehmbare Lautereignis. Bei der Geburt verfügt das Baby deshalb bereits
über weit reichende Fähigkeiten zur *auditiven Diskriminierung*, die es ihm bereits nach
wenigen Tagen ermöglichen, die Muttersprache von anders klingenden Sprachen zu unterscheiden (Jusczyk, 1997).

Die Methode, mit der die auditive Diskriminierungsfähigkeit des Säuglings untersucht
werden kann, ist die so genannte *Habituationstechnik*: Zunächst wird dem Säugling ein
bestimmter Lautstimulus dargeboten und dabei mit Hilfe eines mit einem Messgerät verbundenen Schnullers die Saugrate registriert. Hat sich der Säugling an das Reizmuster ge-
wöhnt, geht seine Saugrate auf das Normalniveau zurück. Wird nun ein neuer Laut präsentiert, den der Säugling vom vorausgegangenen zu unterscheiden vermag, so steigt die
Saugrate wieder an. Durch eine gezielte Kontrolle der einzelnen Sprachmerkmale konnte
festgestellt werden, dass das für die Diskrimination entscheidende Merkmal die *Prosodie*
ist. Über die Prosodie verläuft der Einstieg des Kleinkindes in die Sprache. Es benutzt die
prosodischen Merkmale der Muttersprache, um schrittweise auch die mit der Prosodie
verknüpften phonologischen sowie pragmatischen, semantischen und syntaktischen Merkmale zu erkunden. Aufbauend auf seinen prosodischen Kenntnissen, übt das Kind in seinem ersten Lebensjahr, *Laute* und *Lautverbindungen* zu artikulieren, die der Muttersprache immer ähnlicher werden.

Neben dieser phonologischen Kompetenz ist die zweite wichtige Vorbereitung des Kindes
für den Spracherwerb die *Objektkognition*. Wörter beziehen sich auf bestimmte Aspekte
der außersprachlichen Welt. Diese Aspekte muss das Kind erkennen und von irrelevanten
Informationen unterscheiden können, um sich mit Wörtern auf sie zu beziehen. Eine wichtige kognitive Voraussetzung hierfür ist die so genannte *Objektpermanenz*, also das Wissen, dass die meisten Objekte erhalten bleiben, auch wenn sie z.B. hinter dem Rücken ver-
steckt sind.

Die *pragmatische* Entwicklung liefert neben der phonologischen und objektbezogenen
Entwicklung den dritten Pfeiler des Spracherwerbs. Vom ersten Tag an ist der Säugling
ein soziales Wesen, das die Nähe zur Mutter sucht und auf sie reagiert. In der durch Mutter
und Kind gebildeten Einheit, der sogenannten *Mutter-Kind-Dyade*, macht das Kind die
ersten und für den Spracherwerb wichtigen sozialen Erfahrungen. Hierzu gehören an erster
Stelle die Versuche der *Verständigung* über die Bedürfnisse des Kindes und die Möglichkeiten der Bedürfnisbefriedigung. Dieses Streben nach Verständigung wird von Beginn an

nonverbal mit Hilfe der Körpermotorik, aber auch *paraverbal* mit Lauten und Schreien umgesetzt. Später treten an die Stelle dieser einfachen Äußerungen komplexe Handlungen, doch die Intention, Verständigung herzustellen, bleibt (Messer, 1994).

Wie schafft es nun das Kind, im Laufe der zweiten Hälfte des ersten Lebensjahrs bestimmte Lautkombinationen auf bestimmte Objekte zu beziehen und damit den Boden zu bereiten für das erste Wort? Die Brücke zwischen Sprache und Welt wird mit Hilfe der *sozialen Interaktion* zwischen Mutter und Kind errichtet. Indem sie Laute artikuliert, verweist die Mutter mit ihrem nonverbalen Verhalten, also mit Körperhaltung, Gestik, Mimik und Blickbewegungen auf die gemeinten Objekte. Sie unterstützt dadurch das Kind in seinem Bemühen, diese Verbindung zu erkennen und von anderen möglichen Verbindungen zu unterscheiden (Mayberry & Nicolaidis, 2000).

Eine bestimmte Fähigkeit im Rahmen der sozialen Interaktion ist für den Spracherwerb besonders wichtig: die Fähigkeit zum Erkennen *kommunikativer Intentionen*. Wie Michael Tomasello (1999) vermutet, gehört diese Fähigkeit zu den Auszeichnungen des Menschen vor anderen Primaten, auch wenn bei diesen eine Vielzahl ähnlicher sozialer Fähigkeiten zu beobachten ist. Das Verstehen kommunikativer Intentionen wird im Anschluss an Bruner (1983) als eine notwendige Voraussetzung für das Verstehen sprachlicher Äußerungen angesehen (Baldwin, 2000; Tomasello, 2001). „Children come to understand utterances as they understand the intentional actions, including communicative actions, of others", erläutert Tomasello (2000: 65). „They do this within the context of intersubjectively shared forms of life – joint attentional formats – which constitute the medium within which skills of linguistic communication function and grow."

Ein äußerst wichtiger Teil der sozialen Interaktion zwischen Mutter und Kind ist ihre gegenseitige *Imitation*. Die Mutter führt dem Kind dabei vor, wieviel Spaß diese Imitation machen kann und wie man sie in die Interaktion integriert. Imitation in diesem interaktiven Kontext ist weit umfassender als eine haargenaue Replikation des modellierten Verhaltens. Vielmehr wird von den Kindern oft nur die Intention einer Äußerung, aber nicht ihre wörtliche Formulierung reproduziert. Hinzu kommen vielerlei Beschränkungen und Abwandlungen, die durch die raumzeitliche Differenz zwischen Modellverhalten und Imitation und die unterschiedlichen situativen Rahmenbedingungen gegeben sind.

Zusammenfassend können wir feststellen, dass die Entwicklung von drei Fähigkeiten während des ersten Lebensjahres das erste Wort vorbereiten:

- die phonologische Kompetenz,

- die Objektkognition,

- die soziale Interaktion.

Erst das Zusammenspiel dieser drei Kompetenzen ermöglicht den Eintritt des Kindes in die verbale Welt. Wenn in einer dieser Grundfähigkeiten Störungen auftreten, so kann mit großer Wahrscheinlichkeit auch eine Störung des Spracherwerbs vorhergesagt werden (Grimm, 1999).

8.1.2   Das erste Wort

Das erste Wort des etwa ein Jahr alten Kindes ist ein hoch komplexes Produkt, zustande gekommen aufgrund des Zusammenwirkens der phonologischen Kompetenz, der Objekt-kognition und der sozialen Interaktionsfähigkeit. Es ist deshalb nicht weiter verwunderlich, dass sich die ersten Wörter auf vertraute und wichtige Aspekte der physischen oder sozialen Umwelt des Kindes richten. Da diese ersten Wörter meist den Charakter ganzer Äuße-rungen mit ganz unterschiedlichen intentionalen Ausprägungen haben, werden sie oft auch als *Holophrasen* bezeichnet.

Überraschend, amüsant und vielleicht auch ein bisschen bedenkenswert ist der Befund in einer Untersuchung, dass das Wort *nein* das dritthäufigste Wort nach *Mama* und *Papa* war (Grimm & Wilde, 1998). In Abbildung 18 geben wir die ‚top ten‘ der Wörte wieder, die die 12 Monate alten Kinder entsprechend dieser Befragung von 91 Müttern am häufigsten produzierten.

Abbildung 18

> Hitliste der zehn häufigsten Wörter deutschsprachiger Kinder:
> 10. *bitte*   9. *Auto*   8. *Puppe*   7. *Baby*   6. *danke*
> 5. *Ball*   4. *Hund*   3. *nein*   2. *Papa*   1. *Mama*

Die ersten Wörter des Kindes sind gewöhnlich noch ziemlich weit von einer korrekten Aussprache entfernt. Sie stellen Versuche des Kindes dar, die gehörten phonologischen Charakteristika zu imitieren. Häufig lassen sich die folgenden Artikulationsstrategien des Kindes beobachten (Grimm, 1999: 33):

- schwierige Konsonanten werden weggelassen: *Bunnen* statt *Brunnen*,

- betonte Silben werden wiederholt: *Baba* statt *Baby*,

- unbetonte Silben werden weggelassen: *Aff* statt *Affe*.

Auch noch im zweiten und dritten Lebensjahr bereiten vor allem komplexe Konsonanten-verbindungen manchen Kindern große Schwierigkeiten.

8.1.3   Nach dem ersten Wort

Nach dem ersten Wort wird die sich darin ausdrückende kognitive und kommunikative Kompetenz zuerst langsam, dann immer schneller auf viele andere Wörter übertragen. Ge-gen Ende des zweiten Lebensjahres kommt es bei vielen Kindern, nachdem sie etwa 50

Wörter beherrschen, zur so genannten *Wortexplosion*. Diese Wortexplosion wird dadurch ermöglicht, dass das Kind mit den bereits erlernten Wörtern inzwischen ein differenziertes konzeptuelles Wissen aufgebaut hat. Es kann nun diese einzelnen Konzeptkomponenten sehr viel flexibler als früher zu neuen Konzepten zusammentragen und den neuen Konzeptstrukturen neue Wörter zuordnen. Ausgestattet mit diesem lexikalischen Handwerkszeug, kann es schrittweise in die einzelnen Repräsentationsebenen der Sprache vordringen. Bei diesem Erwerbsprozess sind die semantische und die syntaktische Entwicklung sehr eng aufeinander bezogen.

Im Bereich der semantischen Entwicklung erfährt das Kind, dass mit Hilfe der Sprache auf die Gegenstände in der Umwelt referiert werden kann; es entwickelt Konzepte, mit denen sich die Umwelt in eine gewisse Ordnung bringen lässt, und es lernt, dass verschiedene Konzepte zu größeren semantischen Gebilden zusammengefügt werden können. Die drei Aspekte der Semantik, die wir als *Konzept, Referenz* und *Komposition* bezeichnet haben, unterstützen sich gegenseitig, um die gewaltige Differenziertheit und Komplexität des semantischen Gehalts der menschlichen Sprache verarbeiten zu können. Im Folgenden gehen wir auf die Entwicklung der drei semantischen Aspekte im Einzelnen ein.

Die *Konzepte* sind die grundlegenden kognitiven Einheiten, mit deren Hilfe das Kind seine Erfahrungen mit der Welt ordnet. Die allermeisten dieser Konzepte müssen in zum Teil langwierigen Lernprozessen erworben werden. Mit welchen Konzepten die Kinder in den Spracherwerb einsteigen, ist stark abhängig von den Interaktionsgewohnheiten ihrer Umwelt. In solchen Kulturen, in denen viel mit dem Kind direkt gesprochen wird, beziehen sich die ersten Konzepte, über die das Kind verfügt, gewöhnlich auf diejenigen Objekte oder Personen, über die gesprochen wird. In Kulturen dagegen, wo die Kinder vor allem Zuschauer von Erwachsenendiskussionen sind, sind es eher einzelne Handlungen, die die Kinder aufnehmen und nachzuahmen versuchen, um so Gehör zu finden (Hoff-Ginsberg, 2000).

Die Entwicklung in manchen *Referenzbereichen* ist besonders gut untersucht, so etwa die Beherrschung von Präpositionen und Personalpronomen. Die Präpositionen *auf* und *in* werden bereits um die Mitte des zweiten Lebensjahres erworben, die Präposition *unter* jedoch erst gegen Ende des zweiten Lebensjahres (z.B. Rohlfing, 2002a). Manche Kinder verwenden das Personalpronomen *du* zunächst wie einen Eigennamen für sich selbst, um es erst später auf den Kommunikationspartner zu beziehen (z.B. Strömqvist, 2002).

Da sprachliche Äußerungen in der Regel aus mehreren Konzepten bestehen, muss das Kind lernen, wie die einzelnen sprachlichen Konzepte zusammengesetzt werden können. In den ersten *Zweiwort-Sätzen* der Kinder werden meistens Orte, Eigenschaften oder Besitzrelationen von bestimmten Objekten oder Ereignissen beschrieben und diese dann schrittweise zu noch komplexeren Kompositionen zusammengefügt.

Schon bald im Verlauf des Spracherwerbs bemerkt das Kind, dass die sprachlichen Konzepte nicht wahllos aneinandergereiht, sondern zum einen wohlgeordnet und zum anderen in einer gewissen Reihenfolge produziert werden. Wir sprechen hier von *syntaktischen Kategorien* und von *syntaktischen Sequenzen*. Das Kind erfährt, dass die Berücksichtigung dieser beiden syntaktischen Qualitäten sowohl für die Rezeption als auch für die Produktion sprachlicher Äußerungen sehr hilfreich ist. Die Bildung syntaktischer Kategorien fängt mit dem ersten Zweiwortsatz ab der Mitte des zweiten Lebensjahrs an und wird von der Aneignung komplexer syntaktischer Strukturen bis zur und während der Grundschulzeit abgeschlossen. Da viele Sprachen über mehr oder weniger feste Reihenfolgen der sprachlichen Elemente in Äußerungen verfügen, können Kinder diese Information ausnutzen, um die intendierte Bedeutung ihrer Sprachproduktion und -rezeption zu klären. Je nach Sprachangebot und kulturell tradierter Form der Interaktion wählen Kinder unterschiedliche Strategien der syntaktischen Analyse (Hoff-Ginsberg, 2000):

■ Die Strategie „Analysiere zuerst – sprich später" wird von einer Umwelt unterstützt, die sich sprachlich vor allem an das Kind selbst richtet und dieses mit gut analysierbaren Sprachdaten konfrontiert.

■ Die Strategie „Sprich zuerst – analysiere später" wird dagegen vor allem von solchen Kindern gewählt, denen nicht so viel sprachliche Aufmerksamkeit geschenkt wird.

Von besonderer Bedeutung für die Theoriebildung zum Spracherwerb ist die von Tomasello (2000) berichtete Beobachtung, dass ein zwei Jahre altes Kind die allermeisten seiner Äußerungen nicht vollständig neu kreierte, sondern mit einem engen Bezug zu früheren Äußerungen produzierte:

■ Von den über sechs Wochen hinweg aufgenommenen 455 Äußerungen waren 78 % solche, die das Kind im Beobachtungszeitraum schon einmal produziert hatte (z.B. *thank you, there you go, where's Daddy?*)

■ Weitere 18 % umfassten Äußerungen, in denen neue Wörter in ein festgelegtes Äußerungsschema eingebaut wurden (z.B. das neue Wort *butter* in das Schema *where's X*).

■ Nur 4 % der Äußerungen des Kindes unterschieden sich in mehr als einem Wort von bereits gemachten Äußerungen (z.B. *I want tissue lounge*, was aus dem bereits über 50 mal gemachten Äußerungsschema *I want X*, dem bereits 9 mal geäußerten *tissue* und dem bereits 3 mal geäußerten *lounge* zusammengesetzt war.

Solche Beobachtungen der Wirkungsweise syntaktischer Äußerungsschemata erinnern an die Hinweise Skinners (1957), dass die syntaktischen Aspekte der Sprache in kleinen Schritten im Rahmen von Lernprozessen aufgebaut und kontinuierlich weiter elaboriert werden. Aus heutiger Sicht erscheint es deshalb umso wichtiger, die verschiedenen für den

Spracherwerb relevanten Bedingungen detailliert zu beachten und zu einer kohärenten theoretischen Konzeption zusammenzufügen (s. Abschnitt 8.4).

8.1.4 Weitere Entwicklungen

Etwa mit fünf Jahren meistert das Kind bereits viele phonologische, syntaktische, semantische und pragmatische Aspekte der Muttersprache, z.B. Passivsätze, komplexe Satzstrukturen und einfache Kohärenzrelationen (z.B. Boueke, Schülein, Büscher, Terhorst & Wolf, 1995). Mit dem Eintritt in die Schule ist es ein kompetenter Sprecher seiner Muttersprache, wozu weitreichende *metalinguistische* Fähigkeiten treten. Ein wichtiger Teil dieser Fähigkeit ist die so genannte *phonologische Bewusstheit*, die eine der Voraussetzungen für den nächsten Schritt des Spracherwerbs, nämlich den *Schriftspracherwerb*, ist (s. Kapitel 9).

Aber auch der Erstspracherwerb geht in der Schulzeit weiter, stark beeinflusst von der Schriftsprache und anderen medialen und sozialen Einflüssen. Zusätzlich tritt normalerweise in der Grundschule der Erwerb einer *Fremdsprache* im mündlichen und schriftlichen Medium hinzu und erweitert nicht nur die sprachlichen Fähigkeiten des Kindes, sondern auch seine kulturellen Einsichten und Kompetenzen (s. Kapitel 10). Wie heute in der Jugendsprache deutlich sichtbar wird, ist der Einfluss der Weltsprache Englisch allgegenwärtig und beschleunigt die Internationalisierung nicht nur der öffentlichen, sondern auch der interpersonalen Kommunikation.

Selbst im Seniorenalter macht die Entwicklung kommunikativer Fähigkeiten nicht Halt. In Abhängigkeit von Kognition und situativen Faktoren kann bis in das hohe Alter hinein ein Anstieg der Diskurs- und Interaktionsfähigkeit verzeichnet werden (z.B. Nussbaum, Hummert, Williams & Harwood, 1996; Fichler & Thimm, 1998).

8.2   Bedingungen des Erstspracherwerbs

Der Spracherwerb ist ein komplexer Prozess, der vielfältigen Bedingungen unterliegt. Ein Großteil vor allem der experimentellen Forschung der letzten Jahrzehnte war auf diese Bedingungen gerichtet. Im vorliegenden Abschnitt geben wir einen kurzen Überblick über die Forschungsresultate in diesem Bereich. Wir gehen dabei so vor, dass wir drei Variablenkomplexe unterscheiden: die *Sprache*, das *Kind* und die *kommunikative Situation*.

Der Gegenstand des Spracherwerbs ist die menschliche *Sprache*, deren kognitive Repräsentationsebenen wir in Teil 2 dieses Bands beschrieben haben. Diese zunächst sehr simpel klingende Formulierung muss jedoch präzisiert werden, wenn man bedenkt, dass für das Kleinkind ein einigermaßen klar zu fassender Sprachbegriff gar nicht existiert und auch tatsächlich für die meisten Mitmenschen in ihrer alltäglichen Kommunikation kaum eine Rolle spielt. Was jedoch von Anfang an für den Säugling wichtig ist, ist die *Kommu-*

nikation mit Hilfe zunächst sehr einfacher und dann immer komplexer werdenden sprach-lichen Äußerungen. Tomasello (2000: 65) hebt in seiner Analyse der Bedingungen des Spracherwerbs die Einheit der sprachlichen Äußerung besonders hervor: „Thus, in the cur-rent view, utterances are the primary units of linguistic communication since they are used to express complete and coherent communicative intentions, and other smaller units of language are communicatively significant only by the virtue of the role they play in utter-ances."

Je nachdem, um welche Einzelsprache es geht, können sich diese Äußerungen zum Teil stark unterscheiden. Eine zu frühe Verallgemeinerung von dem bereits relativ gut erforsch-ten Erwerb der englischen Sprache auf andere Sprachen muss deshalb vermieden werden. Das ‚Child Language Data Exchange System' (CHILDES) umfasst reichhaltige Korpora und anderes Material in vielerlei Sprachen, darunter auch in der deutschen (MacWhinney, 2000).

Das *Kind* mit seinen vielfältigen Fähigkeiten ist neben der Sprache der zweite wichtige Bedingungskomplex des Spracherwerbs. Wie sich in der jüngsten Forschung immer mehr herausgestellt hat, verfügt der Säugling vom ersten Tag an über eine ausgezeichnete Aus-stattung, um den Spracherwerb zu meistern. Die Gattung *Homo sapiens* unterscheidet sich in dieser Ausstattung in signifikanter Weise von anderen Primaten (Müller, 1987, 1990). Für den Spracherwerb sind nahezu alle Fähigkeiten, über die Menschen verfügen, von Be-deutung. Zu den wichtigsten gehören zweifellos die für die Interaktion zwischen Men-schen grundlegende Fähigkeit der Erkennung der kommunikativen Intention des Partners.

Allerdings ist es nicht immer ganz einfach zu entscheiden, ob bestimmte Fähigkeiten in der genetischen Ausstattung des Kindes angelegt sind oder erst von seiner Umwelt geför-dert worden sind. Zum Beispiel gibt es viele Hinweise, dass Mädchen einen gewissen Vorsprung im Spracherwerb besitzen, aber auch Befunde, dass Eltern mit Mädchen mehr und anders sprechen als mit Jungen (Klann-Delius, 1999).

Wie ein Kind den Spracherwerb im Detail meistert, wird in der jeweiligen aktuellen *Kom-munikationssituation* entschieden. Die für sprachliche Kommunikation relevanten Situati-onsprozesse besitzen *physische, soziale* und *mediale* Aspekte.

Bezüglich der *physischen* Situation ist es für den Spracherwerb von großer Bedeutung, ob die Objekte, über die mit oder vor dem Kind gesprochen wird, vom Kind wahrgenommen und kognitiv verarbeitet werden können. Ist dies nicht der Fall, konzentrieren sich viele Kinder mehr auf die *soziale* Situation und versuchen, über die Situation verbaler oder non-verbaler Handlungen die Kommunikation mit den Erwachsenen auf eine ihnen gemäße konkrete Ebene zu ziehen (Tomasello, 2001).

Der *mediale* Aspekt des Spracherwerbs wird nicht zuletzt heute von manchen Eltern ins Feld geführt, wenn sie das häufige Fernsehen ihrer Kinder damit entschuldigen, dass deren

Sprache und Bildung dadurch gefördert würden. In einer Längsschnittstudie von Kathrin Schiffer, Marco Ennemoser und Wolfgang Schneider (2002) mit Grundschulkindern zeigte sich jedoch, dass Vielseher schwächere sprachliche Leistungen als Wenigseher aufwiesen. Besonders gravierend ist dieser Befund dadurch, dass dieser Effekt bei den weniger intelligenten Kindern auftrat. Dies legt den Schluss nahe, dass ein starker Fernsehkonsum in dieser Gruppe nicht kompensierend, wie von einigen Eltern erhofft, sondern defizitverstärkend zu wirken scheint. Um endgültige Aussagen über die Auswirkung von Medienkonsum auf den Spracherwerb machen zu können, sind allerdings noch weitere Untersuchungen notwendig.

Abschließend möchten wir die sowohl theoretisch wie praktisch interessante Frage aufwerfen, ob es eine *optimale* Situation für den Spracherwerb gibt und wie diese aussehen könnte. Wie Michael Tomasello (2001) mit vielen Variationen von Versuchsanordnungen belegt, gibt es eine weit reichende Variabilität von Situationen, in denen Kinder fähig sind, sprachliche Kompetenzen zu erwerben. Darauf deutet auch die riesige Varianz der Mutter-Kind-Interaktionen in verschiedenen Kulturen. Dennoch könnte sich so etwas wie eine Grundstruktur einer optimalen Spracherwerbssituation herausarbeiten lassen, wie Hannelore Grimm (1999) durch das Beispiel der *Bilderbuch-Situation* veranschaulicht: In dieser Situation ist die Aufmerksamkeit des Kinds so sehr auf die Verbindung zwischen Sprache und Abbildung fokussiert und wird durch die Mutter-Kind-Interaktion so sehr unterstützt, dass der Lernprozess hier eine optimale situative Unterstützung findet. Auch Situationen beim Füttern, beim Anziehen oder bei der Körperpflege scheinen ähnliche Wirkungen ausüben zu können.

8.3   Störungen des Erstspracherwerbs

Die Sprache gehört mit zu denjenigen kognitiven Leistungen von Kindern und Jugendlichen, die besonders häufig Störungen aufweisen. Zudem wird immer wieder von Kinderärzten und Grundschullehrern von einer Zunahme dieser Störungen gesprochen. Drei Befunde treten dabei als besonders markant hervor (Grimm, 1999):

- Es können sowohl Beeinträchtigungen der sprachlichen Strukturen als auch Störungen des Sprechens wie Stammeln und Stottern beobachtet werden,

- viele der sprachlich auffälligen Kinder weisen auch emotionale und soziale Störungen auf,

- Jungen sind von sprachlichen Störungen häufiger betroffen als Mädchen.

Sprachliche Störungen bei Kindern und Jugendlichen treten demnach in vielen verschiedenen Formen auf und sind oft mit psychischen Störungen verbunden (Rickheit, Hedtmann, Hielscher-Fastabend & Strohner, 2002). Wir beschränken uns in diesem Abschnitt auf die so genannte *Spezifische Sprachentwicklungsstörung*, da die Analyse dieser Störung einen ergänzenden Einblick in die Prozesse und Bedingungen des ungestörten Spracherwerbs ermöglicht und überdies Hinweise auf ihre praktische Behandlung und Prävention liefert. Kinder mit einer spezifischen Sprachstörung gehören oft zu denjenigen, die in der Schule eine *Lese-Rechtschreib-Schwäche* zeigen (s. Kapitel 9).

Die Spezifische Sprachentwicklungsstörung lässt sich am besten mittels Aufzählung von Ausschlusskriterien in Verbindung mit wichtigen Krankheitssymptomen definieren:

■ Die Kinder sind weder seh- noch hörbehindert und verfügen über normal ausgebildete Artikulationswerkzeuge.

■ Es liegt keine mentale Retardierung vor, das heißt, die nonverbale Intelligenz liegt im Normalbereich.

■ Auch sonstige schwere neurologische oder psychiatrische Beeinträchtigungen können ausgeschlossen werden.

In der Regel können bei Kindern mit Spezifischer Sprachentwicklungsstörung folgende Krankheitssymptome beobachtet werden:

■ ein verspäteter Sprachbeginn und verlangsamter Spracherwerb;

■ das Sprachverständnis ist besser ausgebildet als die Sprachproduktion;

■ Morphologie und Syntax sind stärker gestört als Semantik und Pragmatik.

Vor allem die zuletzt genannte Symptomatik der gestörten Morphologie und Syntax ist für Kinder mit Spezifischer Sprachentwicklungsstörung typisch. Probleme in diesem Bereich sind mit Hilfe eines Satzimitationstests leicht zu demonstrieren, beispielsweise mit den in Abbildung 19 wiedergegebenen Reproduktionen eines 5;8 Jahre alten Mädchens (Grimm, 2000b: 611):

Satzvorgabe	Reproduktion
Der Ball rollt den Abhang hinunter.	*Der Ball de Abemine runter rollt.*
Die Katze leckt die ganze Schüssel aus.	*Die Katze die ganze Schüssel ausleck.*
Der Teppich wird von dem Vater ausgeklopft.	*Den Teppich n Vater aufgeklopft.*

Abbildung 19

Zu diesen sprachlichen Störungen kommen bei vielen Kindern Beeinträchtigungen der kognitiven Informationsverarbeitung hinzu, besonders in der auditiven Modalität. So sind beim Erkennen, Beurteilen und Produzieren von Rhythmen die Probleme der sprachgestörten Kinder besonders groß. Eine nahe liegende Folgerung aus diesen Beobachtungen ist, dass es sich bei der Spezifischen Sprachentwicklungsstörung eigentlich um eine allgemeine Störung vor allem der auditiven Informationsverarbeitung handelt, die sich lediglich am auffallendsten auf die Sprachentwicklung auswirkt: „Wir nehmen an, daß die durch die auditive Verarbeitungsschwäche begrenzte Merkspanne und die daraus suboptimalen Verarbeitungsprozesse bei SSES-Kindern (Kinder mit Spezifischer Sprachentwicklungsstörung) dazu führen, daß sie nicht genügend Informationen aus dem sprachlichen Input enkodieren können, um zu einen ähnlichen sprachlichen Können zu gelangen wie sprachunauffällige Kinder" (Schöler, Fromm & Kany, 1998: 292).

Für die *Diagnose* bedeutet diese Einsicht, dass sie möglichst früh durchgeführt und einen breiten Fächer kognitiver Prozesse erfassen sollte (Schöler, 1999; Grimm, 2000c). Für die *Therapie* bedeutet sie, dass eine möglichst frühe und breit angelegte Förderung der gefährdeten Kinder notwendig ist, um der Störungsverfestigung im sprachlichen Bereich entgegen wirken zu können. Leitlinien für spezifische Interventionsmaßnahmen sollten dabei aus dem reichen Erfahrungsschatz der empirisch gut fundierten *Verhaltenstherapie* gewonnen werden, um alle Möglichkeiten der Sprachtherapie auszuschöpfen (Strohner, 1994; Dannenbauer, 2001).

Eine fehlende Intervention zu einem möglichst frühen Zeitpunkt bewirkt möglicherweise, dass die Störungen zunächst vor allem im sprachlichen Bereich auftreten und andere Verhaltensbereiche in Mitleidenschaft ziehen und damit zu einer Verfestigung der Störungen beitragen. Deshalb ist ein wichtiges Ziel der Intervention die Vermeidung psychischer und sozialer Störungen der betroffenen Kinder, zu denen mangelndes Selbstbewusstsein, Aggressivität und Kontaktstörungen gehören. Eine für die weitere Entwicklung der Kinder und Jungendlichen besonders folgenreiche sekundäre Störung ist die Beeinträchtigung der Konzentration und Lernfähigkeit in der Schule (s. Kapitel 9).

8.4   Theorien des Erstspracherwerbs

Die Geschichte der Theoriebildung zum Spracherwerb ist so alt wie die Psycholinguistik selbst. Vor allem auch aus historischen Gründen sollen deshalb diese theoretischen Überlegungen hier kurz dargestellt werden. Der heutige Stand der Theoriebildung zum Spracherwerb hat ältere Überlegungen weitgehend integriert. Aus heutiger Sicht wird deutlich, dass es weniger auf einzelne Variablen und Bedingungen beim Spracherwerb ankommt, sondern mehr auf ihre Kombination und ihr Zusammenspiel.

8.4.1   Nativistische Theorien

Die nativistische Theorie des Erstspracherwerbs ist eng mit der grammatiktheoretischen Position des amerikanischen Linguisten Noam Chomsky verbunden (s. Kapitel 2). Nach dieser Anschauung sind alle Kinder mit einer angeborenen, universellen grammatischen Kompetenz ausgestattet, dem so genannten „Language Acquisition Device" (Chomsky, 1999: 43): „The initial state of the language faculty can be regarded, in essence, as a language acquisition device; in mathematical terms, it is a function that maps presented data into a steady state of knowledge attained." Die Universalgrammatik, so wird angenommen, setzt sich aus verschiedenen Parametern zusammen, mit Hilfe derer die Sprecher der Welt klassifiziert werden können. Ein solcher Parameter bezieht sich zum Beispiel darauf, in welcher Reihenfolge Subjekt, Objekt und Verb in einem Satz gewöhnlich stehen. Die nativistische Annahme besteht darin, dass das Kind eine implizite Kenntnis dieser Möglichkeiten mit auf die Welt bringt.

Die Rolle der Umwelt im Spracherwerb wird im Nativismus darauf beschränkt, durch die Präsentation sprachlicher Information dem Kind zu zeigen, durch welche Ausprägung der einzelnen Parameter diese Sprache charakterisiert ist. Kinder brauchen demnach die Grammatik ihrer Muttersprache nicht zu erlernen, sondern müssen nur deren Parameter-Werte aus ihrer universalgrammatischen Kompetenz selektieren (z.B. Pinker, 1996; Ritchie & Bhatia, 1999).

Die empirischen Argumente für die nativistische Theorie waren unter anderem folgende:

- Die Schnelligkeit des Spracherwerbs ist ohne die Zuhilfenahme von angeborenen Kompetenzen nicht zu erklären.

- Der Spracherwerb verläuft trotz unterschiedlicher sprachlicher, kultureller und interaktionaler Umgebungen auf der ganzen Welt in großer Gleichförmigkeit.

- Der sprachliche Input, mit dem die Kinder konfrontiert werden, ist so fragmentarisch, unsystematisch und zum Teil sogar mit Fehlern behaftet, dass die Kinder ohne ihre angeborene Kompetenz damit wenig anfangen können.

Alle diese Argumente sind in den letzten Jahrzehnten intensiv diskutiert und vor allem empirisch überprüft worden. Auf der Grundlage dieser Untersuchungen lässt sich aus heutiger Sicht feststellen, dass es zu jedem Argument zu viel Gegenevidenz gibt, um die nativistische Position weiter aufrecht halten zu können. Dies bedeutet jedoch nicht, dass das Kind nicht durch seine neuronale Ausstattung in vielfältiger Weise auf die Aufgabe des Spracherwerbs und anderer kognitiver Fähigkeiten genetisch vorbereitet ist (Elman, Bates, Johnson, Karmiloff-Smith, Parisi & Plunkett, 1996). Es scheint eine durch neuronale Reifung bedingte sensible Phase des Spracherwerbs zu geben, die allerdings auch über das Alter von fünf Jahren hinaus reichen kann und von kognitiven und kommunikativen Faktoren abhängig ist (Szagun, 2001).

8.4.2 Sozial-kognitive Theorien

Die sozial-kognitiven Theorien waren bereits zu Mitte des 20. Jahrhunderts eine von vielen Forschern vertretene Alternative zur nativistischen Position. Allerdings hatten sie damals das Handicap, die vielen mit dem Spracherwerb verbundenen Fragen bezüglich der einzelnen Lernprozesse und -bedingungen wegen der bis dahin noch sehr dürftigen empirischen Befundlage nur sehr unzureichend beantworten zu können. Heute hat sich diese Situation grundlegend gewandelt (z.B. Moerk, 1992; Haslett & Samter, 1997). Zwar lassen sich auch heute noch nicht alle Details der beim Spracherwerb ablaufenden Lernprozesse erklären, doch ist nicht zu bezweifeln, dass es sich auch beim Erwerb der Grammatik um Lernen handelt. Es handelt sich dabei um soziales Lernen, das sowohl den *kognitiven* Aspekt der Informationsverarbeitung des Kindes als auch den *interaktionalen* Aspekt der Kommunikation mit seinen Kontaktpersonen umfasst (z.B. Grimm, 1999; Klann-Delius, 1999; Ritterfeld, 2000; Tomasello, 2000).

Der *kognitive* Aspekt der Spracherwerbstheorie wurde bereits in der ersten Hälfte des 20. Jahrhunderts von dem Genfer Entwicklungspsychologen Jean Piaget hervorgehoben und später in vielerlei Hinsicht ausdifferenziert und empirisch fundiert (z.B. Piaget, 1923). Die Theorie Piagets ist von der Annahme geleitet, dass die Entwicklung des Denkens der Entwicklung der Sprache vorausgeht und dass die Denkentwicklung auf sensomotorischen Austauschprozessen des Kindes mit seiner Umwelt aufbaut. Diese Austauschprozesse stellt sich Piaget als eine Verbindung aus einer kognitiven Anpassung des Kindes an seine Umwelt (Akkommodation) und einer über kognitive Prozesse herbeigeführte Anpassung der Umweltwahrnehmung an das Wissen des Kindes (Assimilation) vor. Aus dieser kognitiven Interaktion mit der Umwelt entstehen kognitive Schemata, die je nach dem erreichten Entwicklungsstand unterschiedlich komplex und flexibel sein können. Die Sprache ist neben motorischen und bildlichen Repräsentationsmöglichkeiten ein weiteres sehr effektives Repräsentationsmedium der kognitiven Schemata, da sie zur Kommunikation der gedanklichen Inhalte eingesetzt werden kann. Heute wird der kognitive Aspekt des Spracherwerbs oft auf der Grundlage *dynamischer* und *konnektionistischer* Modellierungen weiterbearbeitet (z.B. MacWhinney & Bates, 1989; Plunkett, 1997; MacWhinney, 1999).

Der *interaktionale* Aspekt der Spracherwerbstheorie wurde – ebenso wie der kognitive Aspekt – bereits in der ersten Hälfte des 20. Jahrhunderts analysiert, und zwar von dem russischen Psychologen Lew S. Wygotski (1934). In Ergänzung zu Piaget ging Wygotski davon aus, dass die kognitiven Repräsentationen des Kindes vor allem im Prozess der Interaktion mit seinen Kommunikationspartnern herausgebildet werden. In der Regel achten die Kommunikationspartner darauf, dass die Handlungsangebote, die sie dem Kind machen, einem etwas höheren Niveau entsprechen, als es vom Kind aktuell beherrscht wird. Wygotski betonte die Zielrichtung dieses Interaktionsprinzips (es ist auf die *Zone der nächsten Entwicklung* gerichtet) und betrachtete die interaktive Dynamik als den wesentlichen Motor der kindlichen Entwicklung. Bei dem Austausch zwischen dem Kind und seinen Kommunikationspartnern würden viele der zunächst externen Handlungen allmählich in das kognitive Repertoire des Kindes aufgenommen, so dass über diese innere Sprache auch das Denken des Kindes geformt werde.

In den Siebzigerjahren des vergangenen Jahrhunderts hat unter anderem der englische Psychologe Jerome Bruner (1975, 1983) die interaktionistische Position zu einer äußerst fruchtbaren Basis für die weitere Forschung ausgebaut. Bruners Beitrag bestand unter anderem darin, dass er dem ominösen ‚Language Acquisition Device‘ ein *Language Acquisition Support System* entgegenstellte und damit die verschiedenen, den Spracherwerb des Kindes anregenden, stützenden und festlegenden Aktivitäten der Gesprächspartner des Kindes hervorhob. Diese Aktivitäten stellen für das Kind so genannte *Formate* des Sprachgebrauchs zur Verfügung, die das Kind auf allen sprachlichen Ebenen nutzen kann. Die *sozial-kognitive Lerntheorie* von Albert Bandura (1986, 1989) vermag zudem, einen umfassenden Rahmen auch für die weitere Forschung zu liefern.

Aus heutiger Perspektive kann festgestellt werden, dass der Erwerb der Sprache, ausgehend von den angeborenen Prädispositionen des Kindes, mit Hilfe kognitiver Lernprozesse, die interaktiv vermittelt sind, vonstatten geht (Clark, 2002). Dabei können die zwischen dem Kind und seiner Umweltsprache vermittelnden Interaktionen sehr unterschiedlich sein. Vor allem die kulturell bedingten Unterschiede des Umgangs mit Kindern sind in den letzten Jahren verstärkt von der Forschung beachtet worden (z.B. Hoff-Ginsberg, 2000). Diese Ergebnisse legen den Schluss nahe, dass bei den theoretisch relevanten Dimensionen einer umfassenden Lerntheorie des Spracherwerbs neben den Aspekten der Kognition und der Interaktion auch die verschiedenen Aspekte der *Situation*, in der sich Kognition und Interaktion ereignen, berücksichtigt werden müssen. Für die Modellierung dieser komplexen Dynamik sind in den letzten Jahren Vorschläge vor allem auf systemtheoretischer Basis unterbreitet worden (z.B. Thelen & Smith, 1994; van Geert, 2000).

Kapitel 8 zusammengefasst

▶ Die Entwicklung der phonologischen Kompetenz, der Objektkognition und der sozialen Interaktion im ersten Lebensjahr bilden die Basis des Spracherwerbs.

▶ Die Situationen, in denen sich Kinder sprachliche Fähigkeiten aneignen, können sehr variabel sein.

▶ Die Spezifische Sprachentwicklungsstörung beruht wahrscheinlich auf einer Beeinträchtigung der Informationsverarbeitung besonders in der auditiven Modalität.

▶ Die sozial-kognitiven Theorien des Spracherwerbs sind inzwischen empirisch gut bestätigt.

Weiterführende Literatur zu Kapitel 8: Moerk (1992); Grimm (1999); Klann-Delius (1999); Hoff-Ginsberg (2000); Tomasello (2000).

Kapitel 9
Schwarz auf weiß: Schriftspracherwerb

Während die psycholinguistischen Aspekte des Erstspracherwerbs bereits recht gut erforscht sind, lässt sich dies für den Schriftspracherwerb nicht in gleichem Maße behaupten. Ein Großteil der Forschung in diesem Bereich ist von der *Pädagogik* und der *Fachdidaktik* geleistet worden. Diese Beiträge zur Analyse des Schriftspracherwerbs sind überaus verdienstvoll, betrachten jedoch den Gegenstand aus einer speziellen Perspektive: Während Pädagogik und Fachdidaktik stärker Fragen der Unterrichtsdurchführung bearbeiten, ist die Psycholinguistik neben diesen Fragen vor allem auch an den für den Schriftspracherwerb notwendigen kognitiven Repräsentationen und Prozessen interessiert.

Auf einige dieser Repräsentationen und Prozesse gehen wir im vorliegenden Kapitel ein. Zunächst geben wir einen Überblick über die wichtigsten *Phasen* des Schriftspracherwerbs. Anschließend werfen wir die Frage auf, welche *Bedingungen* den Erwerbsprozess voranbringen und welche Störungen ihn behindern können. Zum Schluss des Kapitels stellen wir wichtige Theorieansätze zum gestörten oder verzögerten Schriftspracherwerb vor.

9.1   Phasen des Schriftspracherwerbs

Wie der Erstspracherwerb vollzieht sich der Schriftspracherwerb in einzelnen Phasen, die sich von Vorformen bis hin zu komplexen Formen der Textverarbeitung erstrecken. Und ähnlich wie im Erstspracherwerb ist auch im Schriftspracherwerb eine große Variabilität zu konstatieren, mit der die Kinder und natürlich auch Erwachsene, die die Schriftsprache erwerben, diese Phasen durchlaufen. Beim Einstieg in den Schriftspracherwerb in einem auf dem Alphabet aufbauenden Schriftsystem können mindestens die *logografische*, die *phonografische* und die *orthografische* Phase unterschieden werden. Als eine der ersten hat hierauf die amerikanische Forscherin Uta Frith (1985) hingewiesen. Eine Weiterentwicklung dieses Ansatzes, die in differenzierter Weise die Interdependenzen der Lese- und der Schreibkompetenzen berücksichtigt, ist von Günther (1995) formuliert worden. In den letzten Jahren hat es jedoch auch Versuche gegeben, Theorien zu entwerfen, die von einem kontinuierlich inkrementellen Prozess der Schriftsprachentwicklung ausgehen (z.B. Perfetti, 1992). Diese Einstiegsphasen münden in der Regel in eine als *Literalität* bezeichnete Fähigkeit der kognitiven Textverarbeitung.

Ähnlich wie sich die ersten Schriftsysteme der Menschheit größtenteils unabhängig von der Lautsprache entwickelt haben, erfolgen auch die ersten Schritte vieler Kinder in der Welt der Schrift ohne direkten Bezug zur Lautsprache. In der *logografischen* Phase wird die Schrift wie das Zeichnen oder Malen dazu verwendet, bestimmte Gegenstände der kindlichen Welt zu repräsentieren. Das Erkennen von Schriftzügen und das Lesen erster Wörter ist eine Form der ganzheitlichen Mustererkennung. In dieser Phase lernen Kinder häufig noch vor dem Eintritt in die Schule, ganze Wörter zu schreiben, die sich auf wichtige Gegenstände ihrer Erfahrung beziehen. Oft gehört der eigene Name zu diesen ersten schriftsprachlichen Produkten. Die einzelnen Buchstaben beziehen sich dabei nicht auf einzelne Laute und können deshalb auch nicht auf die Schreibung anderer Wörter übertragen werden.

Die Kompetenzen, die das Kind in der logografischen Phase erwirbt, beziehen sich besonders auf die visuellen und sensomotorischen Aspekte der Schrift. Es kann die Wörter, die es selbst schreiben kann, wiedererkennen und vollzieht damit komplexe analytische und synthetische Prozesse der visuellen Perzeption. Bei seinen Schreibversuchen erfährt es zudem, welche sensomotorischen Teilprozesse beherrscht werden müssen, um bestimmte Schriftzeichen produzieren zu können.

In der *phonografischen* Phase wird die Verbindung zwischen dem Lautsystem und dem Schriftsystem hergestellt. Ein Verharren in der logografischen Phase würde bedeuten, dass die Schreibung jedes neuen Wortes extra erlernt werden müsste. Diese sehr unökonomische Erwerbsstrategie wird deshalb im Rahmen alphabetischer Schriftsysteme spätestens mit dem Schuleintritt durch eine auf die phonologische Ebene der Sprache bezogene Strategie ergänzt: Die Schüler erfahren, dass die Schrift mit den Sprachlauten verbunden ist. Diese Verbindung gibt es im Deutschen auf der Ebene des *Phonems* und auf der Ebene der *Silbe*:

- Eines der wichtigsten Prinzipien alphabetischer Schriftsysteme ist die regelhafte Verbindung zwischen bestimmten Phonemen und Graphemen, die *Phonem-Graphem-Korrespondenz* (z.B. im Deutschen die Korrespondenz zwischen dem Phonem /ʃ/ und der Graphemfolge *sch*).

- Weitere schriftsprachliche Prinzipien beziehen sich auf die Silbenebene, so die Regel der deutschen Rechtschreibung, dass gedehnte Silben oft anders geschrieben werden als ungedehnte (z.B. *Ruhm* vs. *Rum*).

In einem alphabetischen Schriftsystem ist die Einsicht in die segmentalen und suprasegmentalen Korrespondenzen zwischen der phonologischen und der grafischen Ebene der Sprache die Basis für das Erlesen neuer Wörter und für die orthografische Kompetenz. Haben die Schüler diese Einsicht erreicht, können sie jedes neu gehörte Wort in Schriftzeichen umsetzen. Allerdings wird auch diese Fähigkeit schrittweise aufgebaut. Eine der

Zwischenphasen, die viele Schüler durchlaufen, ist die so genannte *Skelett-Schreibung*, die dadurch entsteht, dass gewisse Laute auditiv leichter wahrgenommen werden können als andere. Typisch für diese Zwischenphase ist, dass viele Schreibversuche eher die Konsonanten eines Wortes berücksichtigen als dessen Vokale, so etwa die Schreibung *ELFNT* für *Elefant*. Diese Schreibversuche können jedoch auch auf die phonologischen Kompetenzen zurückwirken (Blachman, 1997).

Die in der *orthografischen* Phase durch das Kind zu erwerbende Kompetenz bezieht sich auf die morphologischen und syntaktischen Regelhaftigkeiten der Sprache und ihre Auswirkungen auf die Schrift. Obwohl die Phonem-Graphem-Korrespondenz die Grundlage für alle alphabetischen Schriftsysteme darstellt, gibt es in den meisten dieser Schriftsysteme eine ganze Reihe zusätzlicher Prinzipien, die meistens mit *Morphologie* und *Syntax* zu tun haben:

- Eine *morphologisch* fundierte Regel im Deutschen ist die *Konstantschreibung*, z.B. die Auslautverhärtung bei *Hund* vor dem Hintergrund des Plurals *Hunde*.

- Eine *syntaktisch* fundierte Regel im Deutschen ist die Großschreibung von Nomina.

Mitbedingt durch die mehr oder weniger plausibel aufgebauten Orthografie-Regelwerke der einzelnen Sprachen erreicht die orthografische Kompetenz der einzelnen Schüler unterschiedliche Vollkommenheitsgrade. Für den Leseprozess ergibt sich in dieser Phase mit zunehmenden Übungs- und Vertraulichkeitsgrad neben der einzeleinheitlich lautierenden Strategie das ganzschriftliche Erkennen von Wörtern, das ein schnelleres und effizienteres Lesen ermöglicht. Auch die schriftsprachlichen Kompetenzen im *semantischen* und *pragmatischen* Bereich werden von den meisten Schülern bis zu einer höheren Fertigkeit entwickelt, so z.B. die produktiven und rezeptiven Fähigkeiten beim Umgang mit verschiedenen schriftlichen Textsorten und ihrer kommunikativ adäquaten Verwendung. Hinzu kommt bei vielen die Fähigkeit zur Berücksichtigung medialer Hilfen für die schriftliche Textverarbeitung.

Nach einigen Jahren des Schriftspracherwerbs entsteht in der Regel bei den meisten Kindern eine umfassende Fähigkeit zur kognitiven Verarbeitung von Texten, die heute als *Literalität* bezeichnet wird. Literalität ist in der heutigen Mediengesellschaft eine unverzichtbare Kompetenz; sie wird in einer Studie der Organisation for Economic Cooperation and Development (OECD) deshalb auch aus dieser gesellschaftlichen Perspektive definiert (Fellegi & Alexander, 1995: 14): „Using printed and written information to function in society, to achieve one's goals, and to develop one's knowledge and potential."

Literalität umfasst demnach eine große Bandbreite an Fähigkeiten zur Verarbeitung schriftlicher Information, die Menschen bei vielen unterschiedlichen Aufgaben einsetzen können. Gewöhnlich werden drei große Bereiche dieser Fähigkeiten unterschieden:

- *Umgang mit Texten:* Verstehen und Verwenden von Prosatexten (z.B. von Gebrauchs-anweisungen, Zeitungsartikeln und Romanen),

- *Umgang mit schematischen Darstellungen:* Verstehen und Verwenden von Tabellen und Diagrammen (z.B. von Grafiken, Fahrplänen und Gehaltsabrechnungen),

- *Umgang mit Zahlen:* Verstehen und Verwenden quantitativer Informationen (z.B. die Berechnung der Höhe von Zinsen auf einem Kredit).

Die in den letzten Jahren durchgeführten Vergleiche zwischen Schülern aus verschiedenen Ländern zeigen große Unterschiede in den Literalitäts-Kompetenzen (Deutsches PISA-Konsortium, 2001). Zudem wird in den letzten Jahren das Problem des *Analphabetismus* auch in den entwickelten Ländern stärker beachtet (z.B. Brügelmann, 1995).

Da viele schriftlich präsentierten Informationen gewöhnlich auch zum Thema mündlicher Gespräche werden, vermischen sich Oralität und Literalität im Sprachgebrauch immer mehr. Aus dieser Perspektive betrachtet, ist in einer literalen Gesellschaft Erstsprach- und Schriftspracherwerb nicht zu trennen (Ravid & Tolchinsky, 2002: 441): „We believe that an investigation of later language acquisition in children should take the factor of literacy into account, since it cannot be claimed that children have or have not acquired a given linguistic construction without having granted them the variety of contexts and circum-stances in which this construction would be appropriate."

Geübte Leser verwenden geplant eingesetzte Strategien des Textverstehens, des Monito-ring und der Evaluation des erweckten Verständnisses. Wie Peter Afflerbach (1998) auf-zeigt, können diese Strategien identifiziert und so in den schulischen Schriftspracherwerb eingebracht werden.

9.2   Lesen und schreiben lernen

9.2.1 Lesen lernen

Beim Lesenlernen sind mindestens zwei wichtige Teilprozesse beteiligt: Der Lerner muss die einzelnen Wörter *erkennen* und den ganzen Text *verstehen* können. Zunächst be-schreiben wir diese Teilprozesse, um anschließend auf die Frage einzugehen, wie sie zu-sammenwirken.

Noch in den siebziger Jahren des vergangenen Jahrhunderts wurde das Lesen als „psycho-linguistic guessing game" beschrieben (z.B. Goodman, 1970). Die moderne Forschung zeigt indes, dass das Lesen auf der Basis der visuellen Information des Textes funktioniert (z.B. Rayner, Foortman, Perfetti, Pesetzky & Seidenberg, 2001). Wie in Kapitel 3 darge-stellt, können Leseprozesse anhand von Augenbewegungen untersucht werden. Aus diesen

Beobachtungen wissen wir, dass sich die visuelle Informationsverarbeitung beim Leseanfänger stark von der beim geübten Leser unterscheidet: Während geübte Leser englischsprachiger Texte nur etwa zwei von drei Wörtern fixieren, wird von Anfängern in der Regel jedes Wort fixiert, und häufiger entfallen auf ein Wort sogar mehrere Fixationen. Die Sakkaden zwischen den einzelnen Fixationen umfassen nur etwa drei Buchstaben. Die meisten Fixationen dauern länger als bei geübten Lesern und werden viel häufiger als bei diesen rückwärts auf die bereits gelesenen Textteile gerichtet.

Wie der so genannte *Wort-Überlegenheits-Effekt* zeigt, werden von geübten Lesern Buchstaben in Wörtern besser erkannt als isolierte Buchstaben (s. Kapitel 4). Dies darf jedoch nicht so interpretiert werden, dass beim Lesen dem ganzen Wort eine größere Rolle zukommt als den einzelnen Buchstaben. Vielmehr zeigen experimentelle Untersuchungen, dass die Buchstaben auch bei kurzfristiger Darbietung in allen Positionen im Wort gleich gut erkannt werden (Rayner, Foortman, Perfetti, Pesetzky & Seidenberg, 2001). Bei der Worterkennung kommt es also nicht nur auf die Wortform oder einige markante Buchstaben an, sondern auf jeden einzelnen Buchstaben. Für das Lesenlernen bedeutet dies, dass der Wort-Überlegenheits-Effekt nicht dazu verleiten darf, einseitig auf die Ganzwort-Methode zu setzen. Erst bei hochgradiger Übung kommt es im Erkennungsprozess zu einer top-down wirkenden Erleichterung der Buchstabenerkennung durch die Aktivierung höherer Wortrepräsentationen.

Mit der Relevanz jedes Buchstabens hängt auch das Funktionieren der *phonologischen Rekodierung* beim Lesenlernen zusammen. Das Erlesen solcher Wörter, die das Kind zwar in ihrer phonologischen, nicht jedoch in ihrer schriftlichen Form kennt, kann nur über die Rekodierung der Buchstaben auf der Grundlage von Graphem-Phonem-Korrespondenzen und weiterer phonologischer Kenntnisse gelingen. Auch bei geübteren Lesern ist diese phonologische Rekodierung in der Regel noch nachweisbar (z.B. Frost, 1998; Taft, 2001). Aufschlussreich für die große Interaktivität der Prozesse beim Worterkennen ist zudem, dass hier auch die Phonem-Graphem-Zuordnung, die beim Schreiben die zentrale Rolle spielt, relevant ist. So scheint z.B. im Englischen das Lesen des Wortes *sneer* unter anderem deshalb relativ schwierig zu sein, weil die phonologische Silbenendung /iːr/ keine eindeutige Schreibung, sondern mindestens die folgenden Schreibmöglichkeiten eröffnet: *eer, ear, ier, ere* (Stone, Vanhoy & van Orden, 1997).

Neben der Erkennung der einzelnen Wörter eines Textes erfordert das Lesenlernen die Kombination der Bedeutungen dieser Wörter zu einer kohärenten Textbedeutung. Um dieses übergreifende Textverstehen erwecken zu können, muss das Arbeitsgedächtnis über eine ausreichende Kapazität verfügen. Da das Lesen bei Anfängern zunächst nur sehr langsam vonstatten geht, wird die Grenze des Arbeitsgedächtnisses leicht überschritten und die Kohärenzherstellung dadurch behindert (s. Kapitel 7).

Eine weitere mögliche Einschränkung des Textverstehens bei Leseanfängern ist ihr mangelhaftes *Monitoring*, also der kognitiven Selbstkontrolle ihrer Verstehensleistung. Um Widersprüche oder Lücken in einem Text erkennen zu können, ist oft die Einbeziehung weiteren Weltwissens nötig. Da Leseanfänger jedoch noch zu sehr mit den schriftlich dargebotenen Informationen beschäftigt sind, greifen sie zu wenig oder in inadäquater Weise auf dieses Weltwissen zu. Beide Defizite des Textverstehens von Leseanfängern, die Überforderung des Arbeitsgedächtnisses und das mangelhafte Monitoring, können durch häufiges Üben des Lesens behoben werden (Reitsma & Verhoeven, 1998).

Um eine vollständige Lesekompetenz zu schaffen, müssen die einzelnen Teilprozesse des Lesens, zu denen mindestens die Worterkennung und das Textverstehen gehören, zusammenwirken. Hierüber ist sich die Leseforschung weitgehend einig. Doch wie diese Prozesskombination genau aussieht, darüber gibt es noch große Meinungsverschiedenheiten. Auf der einen Seite gibt es einen einfachen und deshalb auch *Simple View of Reading* genannten Ansatz (Hoover & Gough, 1990), auf der anderen Seite wird versucht, komplexere Modelle des Lesens zu entwickeln (z.B. Bast & Reitsma, 1998):

- Die *Simple View of Reading* genannte Position von Hoover und Gough (1990) geht von der einfachen Annahme aus, dass die Lesekompetenz (L) das Produkt aus Worterkennung (W) und Textverstehen (T) ist: $L = W \cdot T$. Als empirische Evidenz für diese Annahme berichten Hoover und Gough, dass damit 72, 73, 78 und 85 % der Varianz der Leseleistung in den ersten vier Schulklassen erklärt werden kann. Die multiplikative Kombination der beiden Faktoren begründen sie damit, dass beide Faktoren zwar notwendig, aber nicht hinreichend für das Lesen sind.

- In einer Überprüfung des Modells durch Bast und Reitsma (1998) zeigte sich, dass Worterkennung und Textverstehen zwar wichtige Faktoren der Leseleistung sind, dass sie jedoch auch bei unterschiedlichen Modellbedingungen nicht den hohen Erklärungswert besitzen, wie von Hoover und Gough behauptet worden war. Bast und Reitsma vermuten, dass weitere Komponenten wie beispielsweise das Arbeitsgedächtnis berücksichtigt werden müssen, um die individuellen Schwankungen der Leseleistung abbilden zu können.

9.2.2 Schreiben lernen

Wie das Lesenlernen besteht auch das Schreibenlernen aus speziellen Prozessen auf der Wortebene und solchen auf der Ebene ganzer Texte (Weingarten, 2001). Ein spezielles Problem auf der Wortebene und in vielen Sprachen schwieriger als das Worterkennen ist das *Buchstabieren*. Ähnlich steht es auch mit der *Textproduktion*, die vielen Kindern schwerer fällt als das Textverstehen.

Das *Buchstabieren* ist wegen der in vielen Sprachen, wie z.B. dem Englischen und zum Teil auch dem Deutschen, unregelmäßigen *Phonem-Graphem-Korrespondenzen* für die meisten Schulanfänger ein großes Problem (Perfetti, Fayol & Rieben, 1997). Wie Rohwetter, Kessler und Hielscher-Fastabend (2001) in einer experimentellen Studie nachgewiesen haben, umfasst das Buchstabieren neben verbalen Fähigkeiten auch Prozesse des räumlichen Gedächtnisses, die mit den verbalen Prozessen integriert werden müssen. Hinzu kommen beim Wortschreiben auch noch sensomotorische Aspekte. Zusammengenommen bedeutet das für den Rechtschreibunterricht, dass in diesem Bereich eines der schwierigsten Probleme nicht nur in der Grundschule zu lösen ist.

Einige Hinweise hinsichtlich der dem Rechtschreiben zugrunde liegenden kognitiven Prozesse lassen sich einer Studie von van Leerdam, Bosman und van Orden (1998) entnehmen. Die Forscher verglichen verschiedene Instruktionsmethoden zum Rechtschreiben einzelner Wörter in einer niederländischen Anfängerklasse:

■ *Abschreiben:* Die Kinder schrieben die insgesamt zwölf zu lernenden Wörter in ihr Heft und wurden dabei angehalten, sich ganz auf die Wörter zu konzentrieren.

■ *Spezielle Beachtung des Problemgraphems:* In dieser Instruktionsgruppe lasen die Kinder zuerst ein Wort, worauf die Kinder aus dem in dem jeweiligen Wort problematischen Graphem und einer Alternative das korrekte Graphem auswählen sollten. Schließlich wurde das Wort ohne das Problemgraphem nochmals dargeboten, und die Kinder sollten das fehlende Graphem eintragen.

■ *Mündliches Buchstabieren:* Zunächst lasen die Kinder ein Wort aus der Liste und buchstabierten es dann aus dem Gedächtnis mündlich.

■ *Visuelles Diktat:* Jedes Wort wurde dem Kind für vier Sekunden auf einem Kärtchen gezeigt, und anschließend schrieben die Kinder das Wort in ihr Heft.

Die Resultate zeigten zumindest kurzfristig einen deutlichen Vorteil des visuellen Diktats vor den anderen Methoden, und zwar sowohl bei guten als auch bei schlechten Rechtschreibern; langfristige Erfolgsmaße werden nicht berücksichtigt. Diese Methode kombiniert viele für das Buchstabieren positive Teilprozesse: Reproduktion des Wortes aus den Gedächtnis, unmittelbares Feedback und sensomotorische Unterstützung des Lernprozesses. Das bloße Abschreiben der Wörter erwies sich dagegen vor allem für schwache Rechtschreiber als wenig hilfreich.

Ähnlich wie beim Textverstehen geht es bei der *Textproduktion* um die Fähigkeit, Monitoring, Evaluations- und Überarbeitungsprozesse zielorientiert einzusetzen (s. Kapitel 6).

9.3   Bedingungen des Schriftspracherwerbs

Wie die Schüler die verschiedenen Phasen des Schriftspracherwerbs durchlaufen, hängt zum Teil von den Bedingungen ab, denen sie vor und während dieser Lernprozesse ausgesetzt sind. Hierzu gehören der Erwerb der *Lautsprache* und anderer kognitiver Kompetenzen vor dem Schriftspracherwerb sowie die *didaktische Orientierung* des Unterrichts.

Wie im ersten Abschnitt dieses Kapitels dargelegt wurde, beruht der Erwerb eines phonographischen Schriftsystems auf der Einsicht, dass die Laute der Sprache in einer gewissen Beziehung zu den Schriftzeichen stehen. Die wichtigste Voraussetzung des Schriftspracherwerbs ist deshalb eine weitgehende Kompetenz in der entsprechenden Lautsprache. In Kapitel 8 haben wir ausführlich dargestellt, welche Teilleistungen zu dieser Sprachkompetenz gehören und wie sie sich gegenseitig in der Entwicklung beeinflussen. Wenn ein Kind mit dem Schriftspracherwerb beginnt, sollte es das Lautsystem seiner Sprache, die häufigsten Wörter und syntaktischen Strukturen sowie grundlegende pragmatische Prozesse beherrschen. In Kapitel 8 sind wir auch auf einige Probleme eingegangen, die Kinder beim Spracherwerb haben können und die sich notwendigerweise als Handicap auch für den Schriftspracherwerb herausstellen.

Als eine in alphabetischen Schriftkulturen besonders wichtige Teilfähigkeit für den Schriftspracherwerb hat sich die *phonologische Bewusstheit* herausgestellt (z.B. Wagner & Torgesen, 1987; Muter, 1998). Unter phonologischer Bewusstheit wird in der Regel die Fähigkeit gefasst, die Lautsprache in linguistische Einheiten wie Phoneme und Silben zu gliedern. Eine Reihe von Studien zeigt, dass diese Analysekompetenz für das Lesenlernen von großer Bedeutung ist. Da das Prinzip der *Graphem-Phonem-Korrespondenzen* jedoch sichtlich die Basis des Schriftspracherwerbs in alphabetisch strukturierten Schriften bildet, ist zu vermuten, dass eine Kombination dieser beiden Kompetenzen die beste Trainingsmethode abgibt (Hatcher, Hulme & Ellis, 1994; Treiman, 2000).

Diese *Phonological-Linkage-Hypothese* konnte von Ellen Roth und Wolfgang Schneider (1998) auch für deutschsprachige Kinder bestätigt werden. Roth und Schneider verwendeten eine revidierte Version des *Bielefelder Screenings* (Marx, Jansen, Mannhaupt & Skowronek, 1993; Marx, Jansen & Skowronek, 2000), um Kindergartenkinder mit einem Risiko eines späteren gestörten Schriftspracherwerbs erkennen zu können. Wie von der *Phonological-Linkage-Hypothese* vorhergesagt, erbrachten zwar getrennte Trainings der phonologischen Bewusstheit und der Graphem-Phonem-Korrespondenzen jeweils Erfolge in den trainierten Kompetenzbereichen, das kombinierte Training zeigte jedoch den größten Erfolg.

Zudem muss das Kind neben der Lautsprache über andere kognitive Fähigkeiten wie auditive und visuelle Analyse und Synthese, Konzentration und Gedächtnis verfügen, um die komplexe Aufgabe des Schriftspracherwerbs meistern zu können. Zeigen Kinder in einem oder mehreren dieser Kompetenzbereiche Probleme, so fällt ihnen der Einstieg in die Schriftsprache schwerer als anderen.

Die noch vor wenigen Jahrzehnten lebhafte Diskussion zwischen *analytisch* und *synthetisch* orientierten Didaktikern des Schriftspracherwerbs hat in den letzten Jahren einer *integrativen* Sichtweise Platz gemacht. Diese integrative Sichtweise verbindet die Stärken der früheren Vorgehensweisen und dämpft ihre Schwächen:

- Die Stärke *analytischer Konzeptionen* liegt im Arbeiten mit sinnvollen Wörtern und Sätzen, ihre Schwäche in der fehlenden Möglichkeit des Erlesens neuer Wörter.

- Die Stärke *synthetischer Konzeptionen* ist die Verdeutlichung der für das Lesen grundlegenden Graphem-Phonem-Korrespondenz, ihre Schwäche in der mangelnden Motiviertheit vieler Leseanfänger.

- *Integrative Konzeptionen* versuchen, das Arbeiten mit sinnvollen Wörtern und mit Graphem-Phonem-Korrespondenzen zu verbinden und dadurch das Erlesen neuer Wörter und eine hohe Motivation der Schüler zu erwecken.

Wie unser Überblick über einige wichtige Teilprozesse des Schriftspracherwerbs zeigt, ist die integrative Orientierung wissenschaftlich fundiert. Sie wird gestützt nicht nur durch die psychologische Theoriebildung zu den kognitiven Prozessen beim Schriftspracherwerb, sondern auch durch die empirischen Befunde, die vor allem aus den vielfältigen Untersuchungen hierzu aus den USA gemeldet wurden (Rayner, Foortman, Perfetti, Pesetzky & Seidenberg, 2001). Die heutigen Diskussionen beziehen sich nicht auf das Ob, sondern auf das Wie des integrativen Vorgehens. Eine wichtige Rolle bei dieser Suche nach *Best-Practice-Szenarien* des Schriftspracherwerbs spielt heute die Einbeziehung authentischer *Kinderliteratur*. Bei einer frühzeitigen Verwendung von Kinderliteratur scheint es möglich zu sein, auch solche Kinder für das Lesen zu begeistern, die sonst nur eine geringe Motivation hierzu entwickeln würden (Morrow & Gambrell, 2000).

9.4 Störungen des Schriftspracherwerbs

Ein großer Prozentsatz der als sprachgestört diagnostizierten Kinder haben in der Schule auch Schwierigkeiten beim Lesen und Rechtschreiben. Aber es kommt auch vor, dass diese Kinder von der besonderen Beeinflussung durch den schulischen Unterricht profitieren und eine Besserung ihrer Symptomatik zeigen. Andere bis dahin unauffällige Kinder zeigen ebenfalls Probleme mit dem Schriftspracherwerb, so dass es gerechtfertigt ist, von einem eigenständigen Störungsbild auszugehen, das im deutschen Sprachraum früher oft als *Legasthenie* bezeichnet wurde, heute jedoch meist die Bezeichnungen *Lese-Rechtschreib-Schwäche (LRS)* oder *Entwicklungsdyslexie* erhält.

Die Symptomatik der Lese-Rechtschreib-Schwäche umfasst Störungen des *Lesevorgangs*, des *Sinnverständnisses* und der *Rechtschreibung* (Warnke & Roth, 2000):

- Der *Lesevorgang* der Kinder mit Lese-Rechtschreib-Schwäche weist unter anderen folgende Charakteristika auf: Auslassen, Ersetzen, Verdrehen oder Hinzufügen von Wörtern oder Wortteilen, niedrige Lesegeschwindigkeit, Verlieren der Zeile im Text.

- Das *Sinnverständnis* ist gekennzeichnet durch Probleme, das Gelesene wiederzugeben und Zusammenhänge zu erkennen sowie aus dem Gelesenen Schlüsse zu ziehen.

- Das *Rechtschreiben* zeigt unter anderen die folgenden Fehlerquellen: Auslassen von Buchstaben, Einfügen falscher Buchstaben, Verdrehen der Reihenfolge von Buchstaben sowie Verwechslungs- und Regelfehler.

Wie bereits oben erwähnt, gehen mit der Lese-Rechtschreib-Schwäche häufig weitere Sprachstörungen einher, aber auch *visuelle* und *visuomotorische* Probleme wie eine gestörte Figur-Grund-Wahrnehmung und graphomotorische Schwierigkeiten. Weiterhin wird oft von *Aufmerksamkeitsproblemen* und *Überaktivität* bei den betroffenen Kindern berichtet. Ähnlich wie bei den spezifisch sprachgestörten Kindern können auch bei Kindern mit einer Lese-Rechtschreibschwäche oft psychosoziale Beeinträchtigungen wie Schulangst, Depressivität und Aggressivität hinzu kommen.

Wie bei der Spezifischen Sprachentwicklungsstörung handelt es sich bei der Lese-Rechtschreib-Schwäche mit großer Wahrscheinlichkeit um eine Störung der kognitiven Informationsverarbeitung, bei der in diesem Fall neben dem auditiven Bereich auch der visuelle Bereich betroffen sein kann. So scheinen die Kinder besonders große Schwierigkeiten bei der Aneignung der für unser Schriftsystem grundlegenden *alphabetischen Strategie*, d.h. der Graphem-Phonem-Korrespondenzen und ihrer Synthese zu ganzen Wörtern, zu haben (z.B. Harm & Seidenberg, 1999; Snowling, 2000).

Verschiedene Interventionsstudien zeigen, dass die *Therapie* wie bei der spezifischen Sprachentwicklungsstörung dann gute Erfolgschancen besitzt, wenn die Therapie möglichst früh und möglichst breit angelegt ist (z.B. Schneider, 2001). Die Folgerung hieraus für die Praxis ist, dass Risikokinder nach Möglichkeit bereits vor dem Eintritt in die Schule behandelt werden sollten, um den sonst drohenden Teufelskreis von schlechten schulischen Leistungen und psychosozialen Problemen zu vermeiden.

Aber auch dann, wenn die Probleme erst in der Schule erkannt werden, gibt es inzwischen eine Reihe empirisch abgesicherter Trainingsprogramme, die Hilfe bringen können. Ein für viele Kinder besonders attraktives Trainingsinstrument ist der *Computer*. Aus diesem Grund wurde in den letzten Jahren genauer untersucht, wie die dabei eingesetzten Computerprogramme gestaltet werden sollten (z.B. Hofmann, Müsseler & Adolphs, 1993). Eine gut bewährte Methode ist das unmittelbare auditive Feedback durch den Computer beim

Eintippen des Textes. Schreibfehler werden dabei direkt wahrgenommen und können sofort korrigiert werden. Poskiparta, Vauras und Niemi (1998) konnten in einer experimentellen Studie mit finnischen Zweitklässlern zeigen, dass ein Computertraining mit auditivem Feedback bei Kindern mit einer Lese-Rechtschreib-Schwäche bessere Erfolge erbrachte als ein traditionelles Übungsprogramm. Allerdings war der Fortschritt vor allem beim Schreiben festzustellen, während das sinnverstehende Lesen sich kaum verbesserte.

9.5 Theorien des Schriftspracherwerbs

Zu der Entwicklung der modernen Didaktik des Schriftspracherwerbs haben neben der empirischen Forschung auch theoretische Überlegungen und Modelle erheblich beigetragen. Ähnlich wie beim Erstspracherwerb können diese Ansätze danach eingeteilt werden, ob sie eher die *kognitiven* Aspekte des Erwerbs betonen oder eher die *kommunikativen* Aspekte.

9.5.1 Kognitive Theorien

Die kognitiv orientierten Theorien des Schriftspracherwerbs bauen auf den modernen Theorien des Lesens und Schreibens auf, wie sie im Anschluss an das *Logogen-Modell* entwickelt wurden (s. Kapitel 7). Unabhängig davon, ob diese Modelle lokale oder distribuierte Netzwerke darstellen, stimmen sie alle in der Annahme zweier Routen der Verarbeitung von Schriftinformation überein: Eine Route läuft über das konzeptuelle Wissen des Wortes, und die andere Route geht direkt vom auditiven oder visuellen Input zum graphemischen oder phonologischen Output (z.B. Coltheart, Rastle, Perry, Langdon & Ziegler, 2001). In der Regel werden diese beiden Routen parallel aktiviert. Aus Störungen einzelner Teilsysteme lassen sich Modelle für Probleme der Verarbeitung von Schriftsprache, etwa bei Dyslexien, ableiten.

Diese Modelle sind zweifellos wichtige Grundlagen für Theorien des Schriftspracherwerbs, da sie detailliert die kognitiven Prozesse, die sich beim Lesen oder Schreiben abspielen, beschreiben. Zu fragen ist allerdings, ob sie ausreichen, auch die Erwerbsprozesse mit ihren motivationalen und sozialen Aspekten abzubilden. Wie aus der Übersicht von Rayner, Foortman, Perfetti, Pesetzky und Seidenberg (2001) zu ersehen ist, klafft zwischen Anspruch und Wirklichkeit noch eine große Lücke, die nur durch die Berücksichtigung weiterer Faktoren des Schriftspracherwerbs überwunden werden kann.

9.5.2 Kommunikative Theorien

Im Gegensatz zu den kognitiven Theorien gehen die kommunikativ orientierten Theorien nicht von den mentalen Prozessen im Lerner aus, sondern von den sozialen Interaktionsprozessen während des Unterrichts. Der Schriftspracherwerb wird als eine wesentliche und für unsere *Mediengesellschaft* zentrale Erweiterung der Kommunikationskompetenz gesehen, die deshalb auch aus kommunikativer Perspektive theoretisch modelliert werden sollte. Zu dieser Perspektive gehören die Sinnhaftigkeit der gelesenen und die Funktionalität der geschriebenen Texte (Brügelmann, 1983). Eine direkte Folgerung ist deshalb die Berücksichtigung authentischer Literatur aus der Lebenswelt der Kinder sowie die stärkere Verbindung des Unterrichts mit deren kommunikativen Bedürfnissen (Morrow & Gambrell, 2000).

Als eine weitere Konsequenz wird die stärkere *Motivation* hervorgehoben. Ein wichtiges Argument hierfür ist, dass die mit dem Schreiben und Lesen verbundenen sozialen Prozesse sich positiv auf das Erlernen der Schriftsprache auswirken (z.B. Dahl, Scharer, Lawson & Grogan, 1999).

Die Zukunft der Theoriebildung zum Schriftspracherwerb liegt nach unserer Einschätzung in einer stärkeren Verbindung der kognitiven und kommunikativen Orientierung. Das Erlernen des Lesens und Schreibens ist zum einen ein komplexer kognitiver Prozess, dessen Funktionsweise auf jeden Fall beachtet werden muss. Zum anderen ist der Schriftspracherwerb jedoch auch ein Einstieg in eine neue Möglichkeit von Kommunikation zwischen Menschen und heute auch immer mehr zwischen Mensch und Maschine. Aus dieser Perspektive erhält er seine Motivation und soziale Funktionalität.

Kapitel 9 zusammengefasst

▶ Wichtige Phasen des Schriftspracherwerbs in einem alphabetischen Schriftsystem sind die logografische, die phonografische und die orthografische Phase.

▶ Die Fähigkeit der Literalität umfasst den Umgang mit Texten, schematischen Darstellungen und Zahlen.

▶ Beim Lesen- und Schreibenlernen interagieren Fähigkeiten auf der Wort- und Textebene miteinander.

▶ Die phonologische Bewusstheit und das Wissen um Graphem-Phonem-Korrespondenzen sind notwendige Voraussetzungen für den Schriftspracherwerb.

▶ Die Lese-Rechtschreib-Schwäche umfasst Störungen des Lesevorgangs, des Sinnverständnisses und der Rechtschreibung.

Weiterführende Literatur zu Kapitel 9: Brügelmann (1995); Reitsma & Verhoeven (1998); Marx, Jansen & Skowronek (2000); Rayner, Foortman, Perfetti, Pesetzky & Seidenberg (2001); Weingarten (2003).

Kapitel 10
A different tale: Fremdspracherwerb

Wie der Erst- und der Schriftspracherwerb ist auch der Fremdspracherwerb einer derjenigen Teilbereiche der Psycholinguistik, in denen es durch unterschiedliche theoretische Sichtweisen viele Diskussionen gegeben hat, die wenigstens zum Teil bei einer stärkeren empirischen Fundierung vermeidbar gewesen wären. Dabei geht es zum einen um eine eher enge Sichtweise des Fremdspracherwerbs, in der vor allem auf die sprachlichen und kognitiven Aspekte geachtet wird, oder zum anderen um eine Sichtweise, bei der kommunikative und nicht zuletzt auch kulturelle Faktoren eine große Rolle spielen. Doch bevor wir auf diese Diskussion eingehen, wollen wir analog zur Besprechung des Erst- und Schriftspracherwerbs zunächst einige *Phasen* und anschließend einige *Bedingungen* und *Probleme* des Fremdspracherwerbs vorstellen.

10.1   Phasen des Fremdspracherwerbs

Der Fremdspracherwerb wird wesentlich durch seine Relation zum Erstspracherwerb bestimmt. Je nachdem, ob der Erstspracherwerb noch nicht oder bereits weitgehend abgeschlossen ist, verändern sich auch die beim Fremdspracherwerb ablaufenden Prozesse.

Wird das Kind bereits während seines Erstspracherwerbs mit einer weiteren Sprache konfrontiert, so hat es die Möglichkeit, diese Sprache in ähnlicher Weise wie seine Erstsprache zu erwerben (z.B. Cunningham-Andersson & Andersson, 1999). Dieser *bilinguale* Spracherwerb ist eine Mischung aus Erst- und Fremdspracherwerb, wobei diese Mischung sehr unterschiedlich ausfallen kann. Die von Leonard Bloomfield (1933: 56) stammende Definition des Bilingualismus als „native-like control of two languages" hat sich bis heute gut bewährt, weil sie zum einen Bilingualismus gegenüber vielen anderen Formen der Fremdsprachenbeherrschung abgrenzt, zum anderen jedoch keine vollständige Beherrschung der beiden Sprachen fordert. Bei einer weitgehenden Entsprechung der beiden Sprachkompetenzen wird oft von einem *balancierten Bilingualismus* gesprochen. In den meisten Fällen, auch wenn die Eltern auf die Ausgeglichenheit achten, dürfte jedoch eine Sprache mindestens in gewissen Kompetenzbereichen ein leichtes Übergewicht besitzen, so dass ein *partieller Bilingualismus* vorliegt.

Wie wirkt sich Bilingualismus auf den Spracherwerb aus? Da manche bilingualen Kinder zunächst gewisse Defizite beim Erwerb einer oder bei beiden Sprachen aufweisen, kann es auch zu vorübergehenden Problemen beim Laut- und Schriftspracherwerb kommen, die allerdings später in den allermeisten Fällen wieder behoben werden (Bialystok, 2002).

Aus linguistischer Sicht wird oft die Frage aufgeworfen, ob es sich beim Bilingualismus um zwei voneinander getrennte Sprachsysteme oder ein aus beiden Sprachen zusammengesetztes Sprachsystem handelt (z.B. Bhatia & Ritchie, 1999). Aus psycholinguistischer Sicht tritt diese Frage im Verhältnis zur Untersuchung des realen Sprachgebrauchs und der Prozesse des Spracherwerbs bilingualer Menschen in den Hintergrund. Hier interessiert beispielsweise mehr die Frage nach den auftretenden *Interferenzen* zwischen beiden Sprachen und wie diese Interferenzen kontrolliert werden können (z.B. Müller, Cantone, Kupisch & Schmitz, 2002; von Studnitz & Green, 2002). Bilinguale Fähigkeiten ermöglichen den schnellen Wechsel von einer Sprache zur anderen. Unter bestimmten Bedingungen treten solche als *Code-Switching* bekannt gewordenen Phänomene sogar relativ häufig auf. Einer der wichtigsten Gründe hierfür, so vermuten Heredia und Altarriba (2001), ist die unterschiedliche kognitive Verfügbarkeit von Ausdrücken der beiden Sprachen. Daneben gibt es aber auch die Möglichkeit des strategischen Einsatzes von Code-Switching.

Ein manchmal vernachlässigter Aspekt der Bilingualismusforschung bezieht sich auf *hörgeschädigte Kinder*. In vielen Fällen verfügen hörgeschädigte Kinder sowohl über eine Gebärdensprache als auch über eine gewisse Kompetenz in einer Lautsprache. Deshalb sollten sie als bilingual eingestuft und dementsprechend auch stärker als bisher in der Forschung berücksichtigt werden (z.B. Bouvet, 1990).

Da der Erstspracherwerb in der Regel im phonologischen und syntaktischen Kompetenzbereich beim Schuleintritt als weitgehend abgeschlossen gelten kann, ist der Fremdspracherwerb in der Schule und später in anderen Bildungseinrichtungen von demjenigen in der frühen Kindheit zu unterscheiden (Cameron, 2001). Sowohl seitens des Lerners als auch der Lehrenden tritt ein größeres Ausmaß an Kontrolle des Lernvorgangs hinzu, worauf in der Literatur oft mit der Bezeichnung *gesteuerter Fremdspracherwerb* verwiesen wird. Aber natürlich treten auch bei einer geplanten Durchführung des Fremdsprachenunterrichts viele unkontrollierte Teilprozesse auf, so dass in der Regel von einer *Mischung* von *spontanen* und *kontrollierten* Lernprozessen ausgegangen werden kann (z.B. Skehan, 1998).

Einige unserer Leserinnen und Leser denken an dieser Stelle möglicherweise an ihre eigenen Erfahrungen mit dem Fremdsprachenunterricht in der Schule und vielleicht auch daran, wie wenig von diesen großen Anstrengungen ‚hängen‘ geblieben ist. Für die Psycholinguistik ist das Problem des schulischen Frendsprachenunterrichts eine große Herausforderung (Butzkamm, 1993).

Es sieht nach dem heutigen Stand der Forschung so aus, als ob eine gewisse Mischung kontrollierter und spontaner Leseprozesse gute Erfolge beim Fremdsprachenerwerb erwarten lässt. Bei einem relativ engen Kontakt mit Sprechern der Zielsprache scheint diese Mischung am ehesten gegeben, wenn sie auch interindividuell sehr unterschiedlich und unter Einsatz vieler verschiedener Strategien realisiert werden kann (Henrici, 1997; Dausendschön-Gay, 2001).

Das Konzept des *autonomen Lernens* ist auf der Grundlage dieser Einsicht entstanden und wird heute immer häufiger auch im formalen Fremdsprachenunterricht eingesetzt (z.B. Wolff, 1994; Legenhausen, 2001). Es beruht auf einer weitgehenden Freiheit der Lernenden, die Ziele und Methoden ihrer Lernprozesse selbst zu bestimmen. Eine häufig beobachtete Folge der Lernerautonomie besteht darin, dass Lernprozesse stärker in Projekte und andere kommunikative und aufgabenorientierte Situationen eingebettet werden.

Das Konzept des *Learner Development* von Anita Wenden (2002) schließlich zielt auf die Entwicklung von *metakognitiven* Prozessen im Fremdspracherwerb ab. Die dahinterstehende Überlegung dabei ist die, dass vor allem die Fähigkeit des Lernenden zum Erlernen der Fremdsprache gefördert werden musss, um den Erfolg des Erwerbs zu sichern.

10.2 Bedingungen des Fremdspracherwerbs

Wie beim Erstsprach- und Schriftspracherwerb unterscheiden wir auch beim Fremdspracherwerb die Bedingungsdimensionen des *Lerners*, des *Lerngegenstands* und der *Lernsituation*.

Wie jeder weiß, gibt es große *interindividuelle Unterschiede* der Fähigkeit, eine Fremdsprache zu erlernen. Es gibt Menschen, denen dies sichtlich sehr leicht fällt, und andere, die im Schweiße ihres Angesichts jede einzelne Vokabel pauken müssen. Neben diesen Unterschieden beim Erlernen des Lexikons tut sich auch in sämtlichen anderen sprachlichen Kompetenzbereichen, also der Phonologie und Orthografie, der Syntax, der Semantik und der Pragmatik, eine große Spannbreite der Fähigkeiten auf. Immer mehr stellt sich jedoch heraus, dass Fremdspracherwerb auch stark von der *Motivation* und *Sinnzuschreibung* des Lernenden abhängt (z.B. Riemer, 1997; Williams & Burden, 1997).

Das Erlernen einer Fremdsprache geschieht immer vor dem Hintergrund der *Erstsprache*. Die Erstsprache ist sozusagen das Tor, durch das hindurch die Fremdsprache erreicht wird, und gibt damit die Perspektive auf die Fremdsprache an. Diese Perspektive liefert unter anderem den Maßstab dafür, welche Aspekte der Fremdsprache besonders leicht und welche besonders schwer fallen. Verständlicherweise haben sich mit der Relation zwischen Fremd- und Erstsprache vor allem strukturalistische Ansätze der Linguistik beschäftigt, während die Psycholinguistik auf die hieraus resultierenden kognitiven Prozesse achtet (z.B. Kilborn, 1994; Ellis, 2002).

Einer der wichtigsten kognitiven Faktoren, die aus den Unterschieden zwischen Erst- und Fremdsprache resultieren, bezieht sich auf das auditive Diskriminationsvermögen, das durch den Erstspracherwerb für bestimmte phonologische Aspekte gut, für andere hingegen weniger gut trainiert wurde. Die Wahrnehmungsfähigkeit ist jedoch eine wichtige Voraussetzung für den Einstieg nicht nur in neue phonologische Strukturen, sondern auch in andere Bereiche des Sprachsystems (Ellis, 2002: 306): „A failure of noticing must clearly be one cause of cases in which, despite high frequency in the input, second language learners fail to acquire a particular pattern or feature."

Die *Situationen*, in denen Aspekte einer Fremdsprache erworben werden können, sind so variabel wie der menschliche Sprachgebrauch selbst. Der Fremdsprachenunterricht kann sehr stark variieren, vom Frontalunterricht über Gruppenarbeit und Rollenspiel bis hin zum fremdsprachigen Sachunterricht. Alle diese Unterrichtsformen haben gewisse Vor- und Nachteile, die jeweils gegeneinander abzuwägen sind. Aus einer funktionalen Perspektive gilt für alle das *Prinzip der praktischen Anwendung*: „Eine Fremdsprache lernt man nur dann als Kommunikationsmedium zu benutzen, wenn sie ausdrücklich und oft in dieser Funktion ausgeübt wird" (Butzkamm, 1993: 83). Diese Richtlinie, die das vorausgehende Üben fremdsprachlicher Fertigkeiten selbstverständlich nicht ausschließt, wird jedoch nach wie vor in vielen Unterrichtssituationen zu wenig berücksichtigt. Wir möchten nachfolgend auf drei Situationen verweisen, in denen das eben formulierte Anwendungsprinzip gut umgesetzt werden kann. Dies ist zum einen der *fremdsprachige Sachunterricht*, zum anderen die *Internet-Methode* und schließlich die so genannte *Tandem-Methode*.

Der *fremdsprachige Sachunterricht* versucht, das Anwendungsprinzip im Rahmen des schulischen Unterrichts in die Tat umzusetzen. Der große Vorteil dieser Verbindung aus Sach- und Sprachunterricht ist, dass die Faktoren, die für jeden Lernprozess wichtige Voraussetzungen sind, nämlich Motivation und Aufmerksamkeit, hier zusätzlich zur natürlichen Anwendungsbezogenheit des Unterrichts mit großer Wahrscheinlichkeit gegeben sind. Die Verbindung von Sprach- und Sachunterricht bedeutet nicht notwendigerweise, dass mehrere Schulfächer ineinander integriert werden müssen, sondern kann auch durch Projektarbeit im Sprachunterricht selbst realisiert werden, zum Beispiel durch Kochkurse, Erste-Hilfe-Kurse und ähnliches.

Die *Internet-Methode* gibt den Schülern die Möglichkeit, mit Hilfe des Internets die Vorteile der Fremdsprachenkompetenz direkt erfahren zu können. Dabei können unter Lernstudien mit ausländischen Schulklassen Kooperationen aufgebaut werden, in deren Rahmen sich die Schüler gegenseitig beim Fremdspracherwerb unterstützen und korrigieren können. Bei der nachfolgend dargestellten *Tandem-Methode* ist dies sogar das Grundprinzip.

Die *Tandem-Methode* bringt zwei Partner mit unterschiedlichen Muttersprachen mit dem Ziel zusammen, dass sich die beiden Partner bei dem Erwerb der Sprache des jeweils anderen unterstützen. Dieses Prinzip der *Gegenseitigkeit* ist die Grundlage der Tandem-Methode, bei der sich zwei Grundformen unterscheiden lassen (z.B. Edge & Gick, 1997):

- Das kursbegleitende Tandem ist in den Übungs-Unterricht integriert und wird meistens als eine spezielle Form der Partnerarbeit eingesetzt.

- Das autonome Tandem organisiert dagegen seine Arbeit selbstständig und unabhängig von einem anderen Fremdsprachenunterricht.

Beiden Formen gemeinsam ist, dass die beiden Partner sich in der Rolle des Lernenden und Lehrenden abwechseln. Die Tandem-Methode ist deshalb vor allem in der Lehrerbildung erprobt worden. Aber auch aus Gründen ihrer großen Effektivität wird sie in den letzten Jahren immer häufiger eingesetzt, wenn dies möglich ist. Zudem bietet die Methode ein vielgestaltiges Feld, um neue Einsichten über das Erlernen und Lehren einer Fremdsprache zu gewinnen. Damit eröffnet sie die Möglichkeit, spontane und kontrollierte Lernprozesse miteinander zu verbinden und reflektiert aufeinander zu beziehen.

Die Frage, welche Aspekte des schulischen Unterrichts den Fremdspracherwerb wirklich voranbringen, ist in den letzten Jahren auch auf der Grundlage experimenteller Studien untersucht worden. Nach einer Übersicht über diese Studien kommt Peter Jordens zur folgenden differenzierten, aber insgesamt recht hoffnungsvollen Folgerung (Jordens, 1996: 443): „However, what does have an impact on acquisition is the right kind of meaningful input at the right time. What actually is the right kind of meaningful input and the right time, depends on the linguistic constraints on processing. Meaningful input at the right time not only stimulates the acquisition process, it may even pre-empt incorrect knowledge without the use of negative evidence."

10.3 Probleme des Fremdspracherwerbs

Wie bei vielen anderen Lernprozessen ist auch beim Fremdspracherwerb zu beobachten, dass nach großen Anfangsfortschritten in späteren Phasen die Lernkurve stärker abflacht oder sogar ganz in die Horizontale übergeht. Die Endphase des Fremdspracherwerbs ist im Idealfall dann erreicht, wenn die Fremdsprache fließend beherrscht wird. In den meisten Fällen wird dieser wünschenswerte Zustand jedoch nicht erreicht. Vielmehr scheint bei vielen Fremdsprachlernern ihre fremdsprachliche Kompetenz auf einer Stufe, die mehr oder weniger weit von der Perfektion entfernt ist, zu ‚versteinern'. Die möglichen Ursachen dieses auffallenden und häufig sehr störenden Phänomens der *Fossilisation* waren immer wieder Gegenstand der Forschung (z.B. Klein, 1984):

- Die kommunikativen Bedürfnisse des Lerners können auch auf seinem derzeitigen Leistungsniveau befriedigt werden.

- Der Lerner hat sich so auf seine derzeitigen Produktionsleistungen in der Fremdsprache eingestellt, dass ihm der Unterschied zu weiter vorangeschrittenen Niveaus der Fremdsprachenkompetenz nicht mehr auffällt.

- Es wird nicht mehr ausreichend Zeit für das weitere Erlernen der Fremdsprache aufgewendet.

- Mit steigendem Alter lässt bei manchen Menschen die Anpassungsfähigkeit vor allem im Bereich der Artikulation in einer Fremdsprache nach.

- Das Erreichen so genannter „Lernplateaus" ist ein in nahezu allen Lernprozessen auftretendes Phänomen und deshalb kein spezielles Phänomen des Fremdspracherwerbs.

Auch wenn Fossilisation ein Ausdruck eines allgemein lernbezogenen Phänomens ist, bleibt doch zu fragen, wie dieser Zustand überwunden und in eine Phase der Lernprogression überführt werden kann. Auf eine Möglichkeit hierzu haben Bradlow, Pisoni, Akahane-Yamada und Tohkura (1977) für die Schwierigkeit von Japanisch sprechenden Englischlernern bei der Diskrimination der Phoneme /r/ und /l/ hingewiesen. Zunächst zeigten die Autoren, dass das Problem allein durch eine häufige Konfrontation mit schwierigen Wörtern nur in einem geringen Ausmaß beseitigt werden konnte. Ein größerer Fortschritt konnte jedoch durch eine computergestützte Übertreibung des Unterschieds zwischen den beiden Phonemen erreicht werden, z.B. bei den Wörtern *rock* versus *lock*. Nach und nach wurde die Übertreibung des Unterschieds vermindert, so dass die Diskriminationsaufgabe erschwert wurde. Aber auch dann blieb der Trainingserfolg bestehen.

Eine mögliche Erklärung dieses Erfolgs bezieht sich auf die wichtige Rolle der Überwindung von Wahrnehmungsgewohnheiten beim Fremdspracherwerb: Erst dann, wenn neue Wahrnehmungen ermöglicht werden, kann die Aufmerksamkeit auf auditive Unterschiede gelenkt und dementsprechend eventuell auch die Sprachproduktion verändert werden. Was die Studie ebenfalls veranschaulicht, ist, dass Übung allein möglicherweise nicht viel bewirkt, wenn diese Übung nicht neue Erfahrungen im Bereich der Wahrnehmung oder des Verhaltens ermöglicht.

10.4 Theorien des Fremdspracherwerbs

Viele Theorien des Fremdspracherwerbs haben sich in enger Verbindung mit den Theorien des Erstspracherwerbs entwickelt. Anders als bei diesen tritt nun aber auch bei den grammatik-orientierten Ansätzen nicht das nativistische Element, sondern die *kognitive* Orientierung in den Vordergrund. Die Theorien des Fremdspracherwerbs lassen sich deshalb ähnlich wie die Theorien zum Schriftspracherwerb in Ansätze einteilen, die an *kognitiven* Überlegungen ansetzen, und in solche, die den Fremdspracherwerb als speziellen Typ von *Kommunikation* konzipieren.

10.4.1 Kognitive Theorien

Einige der nativistisch orientierten Überlegungen zum Erstspracherwerb haben auch in die Theoriebildung zum Fremdspracherwerb Eingang gefunden. Dies betrifft nicht zuletzt die Vorstellung, dass die Sprachkompetenz aus der Beherrschung von *Regeln* besteht und diese Regeln Teile einzelsprachbezogener Grammatiken sind, die ihrerseits wiederum auf angeborenen universalgrammatischen Strukturen aufbauen. Der Erwerb einer Fremdsprache bedeutet aus dieser Sicht den Versuch, die Regeln dieser Sprache, ausgehend von der Erstsprache, kennenzulernen und korrekt anzuwenden. In den meisten Theorien dieses Typs spielt demgemäß die kognitive Verarbeitung der grammatischen Relation zwischen der Erst- und der Fremdsprache eine entscheidende Rolle.

Eines der klassischen Beispiele dieser grammatikorientierten Theorien ist die *Interlanguage-Theorie* von Selinker (1972). Nach dieser Theorie bildet sich beim Fremdspracherwerb in jedem Zustand des Erwerbsprozesses eine *Interimgrammatik*, die irgendwo zwischen der Erst- und der Fremdsprache angesiedelt ist. Diese Interimgrammatik lässt sich im Prinzip mit dem auch für die Erst- und Fremdsprache geltenden grammatiktheoretischen Formalismen als ein zu einem bestimmten Zeitpunkt gültiges Regelwerk beschreiben. Gibt es längere Zeit keine Veränderung mehr in dieser Interimgrammatik, so liegt eine Fossilisation vor. Aus der Sicht der Interlanguage-Theorie sind also Fossilisationen nahezu notgedrungene Erscheinungen des Fremdspracherwerbs.

Eine weitere kognitive Theorie, die jedoch stärker prozessorientiert ist, wurde von Stephen Krashen (1982, 1985) entwickelt und ist unter dem Namen *Monitor-Theorie* bekannt geworden. Krashen unterscheidet zwischen zwei unterschiedlich ablaufenden Erwerbsprozessen, der *Acquisition* und dem *Learning*. Während Acquisition ein unbewusster Erwerbsprozess ist, der ähnlich wie der Erstspracherwerb bei kleinen Kindern funktioniert, tritt beim Learning ein kognitiver Kontrollprozess, der *Monitor*, in Aktion und ermöglicht eine bewusste Beherrschung der Regeln der Fremdsprache.

In besonderem Maße hat sich die Diskussion in den Folgejahren auf die *Input-Hypothese* von Krashen konzentriert. Nach dieser Hypothese machen Lerner vor allem dann Fortschritte im Fremdspracherwerb, wenn sie mit Lernmaterial konfrontiert werden, das ihr inzwischen erreichtes Kompetenzniveau etwas übersteigt, aber dennoch verständlich ist. Mit dieser aus kognitiver Sicht plausiblen, an Überlegungen von Wygotski (1934) zum

Erstspracherwerb erinnernden Hypothese eng verbunden ist die Annahme eines so genannten *affektiven Filters*, der sich auf die Motivation des Lerners bezieht und über diese den
Lernfortschritt beeinflusst.

Kritisch bei den frühen kognitiven Ansätzen des Fremdspracherwerbs ist zu sehen, dass
das Konstrukt des Regelerwerbs, wenn überhaupt, dann nur einen kleinen Teil des Erwerbsprozesses abdeckt. Viele für den Spracherwerb relevanten Prozesse wie seine situative und kommunikative Einbettung werden damit kaum erfasst, und doch sind sie es, die
nachgewiesenermaßen den Erwerbsprozess und vor allem den Transfer auf die natürliche
Anwendungssituation entscheidend beeinflussen. Deshalb sind solche theoretischen Ansätze, die vom Fremdspracherwerb als einem System unterschiedlicher Lernprozesse ausgehen, besser geeignet, die Komplexität dieses Gegenstandes in den Griff zu bekommen.

Moderne kognitive Theorien des Fremdspracherwerbs nehmen – wie diejenigen des Erstspracherwerbs – eine Vielzahl verschiedener Prozesse an, mit denen eine Sprache erlernt
werden kann. Im Unterschied zur Monitor-Theorie von Krashen (1982) allerdings werden
hierunter keine unterschiedlichen Erwerbstypen, sondern Teilprozesse der kognitiven Informationsverarbeitung verstanden, die in sehr vielfältiger Ausprägung auf einem Kontinuum kognitiver Prozesse kontrolliert verarbeitet werden können. Einer derjenigen breit
angelegten Ansätze, die auch auf den Erstspracherwerb angewandt wurden, ist das *Competition Model* von MacWhinney und Bates (1989). Das Competition Model geht von den
verschiedenen sprachspezifischen Hinweisen aus, die in einer Sprache zwischen Form und
Bedeutung vermitteln. Beispiel für solche *Cues* sind morphologische Endungen im Deutschen und die Wortreihenfolge im Englischen (Kilborn, 1994). Weiterentwicklungen dieser dynamischen Konzeption sind Überlegungen vor dem Hintergrund *dynamischer Sys-
temtheorien* (z.B. Rohrmann, 2001).

10.4.2   Kommunikative Theorien

Die kommunikativ orientierten Theorien des Fremdspracherwerbs setzen an der Erfahrung
an, dass man eine Fremdsprache am schnellsten während eines Aufenthaltes in einem
Land, in dem die Sprache gesprochen wird, lernt. Doch welche Prozesse sind es im Einzelnen, die diesen Fortschritt zustande bringen?

Bei der Suche nach einer gemeinsamen Struktur effektiver Lernsituationen schlägt Ulrich
Dausendschön-Gay (2001) vor, das Konzept des *Language Acquisition Support Systems*
von Bruner (1983, s. Kapitel 8) zu einem *Second Language Acquisition Support System* zu
erweitern. Er begründet diesen Vorschlag mit der Notwendigkeit einer effektiven Einbettung des Fremdsprachenerwerbs in die soziale Interaktion (Dausendschön-Gay, 2001:
129): „Die Lösung des Lernproblems Spracherwerb besteht für ein Individuum darin, die
kommunikativen Ereignisse des Alltagslebens einerseits als Datenquelle für die Bildung

seiner sprachverarbeitungsrelevanten Kognitionen und Gewohnheiten zu nutzen, andererseits als Experimentierfeld zum Testen seiner Hypothesen über angemessene Sprachproduktion; insofern ist die soziale Interaktion eine unverzichtbare Voraussetzung für die
Auslösung und Weiterentwicklung von Spracherwerbsprozessen."

Eine sowohl theoretisch als auch methodisch begründete Unterscheidung von Prozessen
beim Fremdsprachenerwerb bezieht sich auf die Berücksichtigung sowohl *kognitiver* als
auch *interaktiver* Prozesse (Henrici, 1997: 24): „Da der Fremdsprachenerwerb nicht nur
ein interaktiver, sondern auch ein kognitiver Prozeß ist, erscheint es notwendig, die klassischen diskurs-(gesprächs-)analytischen Verfahren zu ergänzen, was die Bezeichnung
‚fremdsprachenerwerbsspezifische Diskursanalyse' rechtfertigt. Diese Ergänzungen sind
vor allem die Erweiterung und die Kombination verschiedener Datensätze und Untersu-
chungsverfahren, die die Erforschung der Komplexität fremdsprachiger Interaktion möglichst umfassend gewährleisten."

Auch aus psycholinguistischer Sicht spricht sehr vieles dafür, dass die zukünftige Entwicklung der Theoriebildung im Bereich des Fremdspracherwerbs durch eine Differenzierung und Kombination kognitiver und kommunikativer Ansätze vorangetrieben werden
kann. Eine notwendige Bedingung hierfür ist eine weitere Entwicklung des methodischen
Instrumentariums in diesem Bereich (z.B. Grotjahn, 1999; Aguado & Riemer, 2001).

Nach einer Übersicht über experimentelle Studien zum Einfluss der Inputhäufigkeit auf
Sprachverarbeitung und -erwerb gelangt Nick C. Ellis (2002) zu der Schlussfolgerung,
dass dieser in der Linguistik oft vernachlässigte Faktor auch in Theorien des Fremdspracherwerbs berücksichtigt werden muss. Die Häufigkeit, mit der Lerner der Fremdsprache
ausgesetzt sind oder sich der Fremdsprache in relevanten Situationen bedienen, ist eine
wichtige Bedingung von Spracherwerbsprozessen. Wie im Erstspracherwerb wird auch im
Fremdspracherwerb die Relevanz der praktischen Sprachverwendung wiederentdeckt.
Dies bedeutet jedoch nicht, dass Häufigkeit eine hinreichende Erwerbsbedingung ist. Hinzu kommen müssen semantische Fundiertheit, Relevanz des Themas und kommunikative
Einbettung des Lernprozesses. Damit ist die empirische Grundlage geschaffen für eine integrative Theorie des Fremdspracherwerbs, in die auch die Erkenntnisse über die Prozesse
der Sprachverarbeitung und des Erstspracherwerbs einfließen. „The role of frequency has
largely been ignored in theoretical and applied linguistics for the last 40 years or so", stellt
Ellis (2002: 179) fest. „There is now ample justification for its reinstatement as an all-
pervasive causal factor. In the final analysis of successful language acquisition and language processing, it is the language learner who counts."

Klar ist freilich auch, dass die von Ellis angestrebte Verbindung von Theorien der Sprachverarbeitung und des Spracherwerbs zu einer weitaus größeren Komplexität der Theorien-
bildung und Modellierung führen muss, als dies bis jetzt in diesem Bereich üblich war

(Vollmer, Henrici, Finkbeiner, Grotjahn, Schmidt-Schönbein & Zydatiß, 2001). Hinzu tritt die Verbindung des Fremdspracherwerbs mit der heutigen medialen Vielfalt, die dessen Erwerb zu unterstützen vermag. Ohne die Unterstützung durch differenzierte empirische Untersuchungen wird diese Komplexität allerdings kaum in den Griff zu bekommen sein.

Kapitel 10 zusammengefasst

▶ Die Prozesse des Fremdspracherwerbs hängen davon ab, ob der Erstspracherwerb noch nicht oder bereits abgeschlossen ist.

▶ Bei bilingualen Sprechern kommt es zu Interferenzen und Prozessen des Code-Switching zwischen den beiden Sprachen.

▶ Die Fähigkeit zur Diskrimination sprachlicher Strukturen ist eine wichtige Voraussetzung für den Fremdspracherwerb.

▶ Das Problem der Fossilisation beim Fremdspracherwerb kann zum Teil durch mangelnde Diskrimination bedingt sein.

▶ Die kognitiven Theorien des Fremdspracherwerbs haben sich in den letzten Jahren immer mehr von ihren grammatiktheoretischen Ursprüngen gelöst.

▶ Die Zukunft der Theoriebildung im Fremdspracherwerb liegt in einer stärkeren Verbindung aus kognitiven und kommunikativen Ansätzen.

Weiterführende Literatur zu Kapitel 10: Grotjahn (1999); Aguado & Riemer (2001); Vollmer, Henrici, Finkbeiner, Grotjahn, Schmidt-Schönbein & Zydatiß (2001); Ellis (2002); Bialystok (2002).

Teil 5
Anwendungen

Kapitel 11
Menschliche Kommunikation optimieren

Wie wir in Kapitel 1 deutlich gemacht haben, gehört zum Wissenschaftsverständnis der modernen Psycholinguistik auch die praktische Umsetzung ihrer Erkenntnisse. Mit dieser Umsetzung entstehen jedoch vielfältige neue Probleme: Angewandte Forschung muss auf andere Aspekte und vor allem auf andere Adressaten achten als Grundlagenforschung. In der angewandten Forschung ist es unabdingbar, Logik und Ergebnisse der Untersuchungen so darzustellen, dass ihr Nutzen auch für eine breitere Öffentlichkeit deutlich wird. Da die Psycholinguistik sich wesentlich mit dem Funktionieren von Verstehensprozessen befasst, werden ihr damit zusammenhängende Kompetenzen wie selbstverständlich zugeschrieben. Nicht zuletzt hängt vom Nachweis dieser Kompetenz das Image der Psycholinguistik in der Öffentlichkeit ab (Graesser, Millis & Zwaan, 1997: 164): „The currency of psychology rises to the extent that discourse psychologists can improve reading, text design, complex learning, and social interaction."

Alle diese Bemühungen laufen letzten Endes auf ein gemeinsames Ziel hinaus – auf die Steigerung der Effektivität und der Effizienz von Kommunikation, vor allen Dingen die Verbesserung der *Verständlichkeit*. Zusätzlich müssen jedoch weitere für die Kommunikation wichtige Ziele beachtet werden. Neben der Verständlichkeit gehören hierzu oft auch die Akzeptanz der übermittelten Information sowie ihre Realisierung in konkreten Anwendungssituationen (Strohner & Brose, 2002).

Zunächst ist es wichtig, einen Ansatz zur Analyse und Optimierung von Verständlichkeit zu begründen, der auf einer adäquaten kognitiven Grundlage basiert. Dies ist das Thema des ersten Abschnittes dieses Kapitels. In den folgenden Abschnitten gehen wir zunächst auf die Optimierung mündlicher Kommunikation im *Gesprächstraining* ein und anschließend auf die Optimierung *schriftlicher Texte*. Im darauf folgenden Abschnitt des Kapitels behandeln wir einige Möglichkeiten der Optimierung der technischen Übermittlung von sprachlicher Information im Rahmen der *Mediengestaltung*.

11.1 Verständlichkeit

Verständlichkeit kann definiert werden als die Leichtigkeit, mit der Hörer oder Leser eine adäquate mentale Repräsentation des Gegenstands einer sprachlichen Äußerung aufbauen, und der Grad der Verständlichkeit kann über den dabei zu leistenden kognitiven Aufwand bestimmt werden. Auf diese Weise werden sowohl Charakteristika der zu verarbeitenden Äußerung als auch Charakteristika des Sprache verarbeitenden Individuums berücksichtigt.

Die Verständlichkeit sprachlicher Äußerungen ist einer der traditionellen Forschungs-schwerpunkte angewandter Psycholinguistik (vgl. Ballstaedt, Mandl, Schnotz & Tergan 1981; Spillner, 1995). Neben dem wissenschaftlichen Interesse an möglichst zutreffenden Erkenntnissen verfolgt die Verständlichkeitsforschung seit jeher das praktische Interesse, möglichst nützliche Erkenntnisse zu erhalten: Im Vordergrund stand und steht die Frage einer praxisgerechten Gestaltung von Texten, vor allem von schriftlichen Sachtexten. In der Tat betreffen die meisten empirischen Studien zu Verständlichkeit Schulbuchtexte, Instruktionstexte und technische Dokumentationen.

Verständlichkeit ist im Lauf der Zeit unterschiedlich konzeptualisiert worden – ein Um-stand, in dem sich die psycholinguistische Theorieentwicklung widerspiegelt. Während frühere Ansätze sich nahezu ausschließlich mit Strukturcharakteristika der zu optimieren-den Texte befasst haben, finden in neueren Ansätzen verstärkt Charakteristika der indivi-duellen Verarbeitungsprozesse, also letzten Endes Wissensvoraussetzungen und Fertigkei-ten der individuellen Rezipienten, Berücksichtigung. Die einfache Idee, ein Sachverhalt könne mehr oder weniger verständlich versprachlicht werden, ist erweitert worden durch die Idee, derselbe Text könne für verschiedene Rezipienten verschieden verständlich sein (z.B. Schriver, 1989).

Bestimmungen zu und Bezüge auf Verständlichkeit finden sich in verbindlicher Form in Gesetzestexten (z.B. dem Produkthaftungsgesetz) und Normen (z.B. DIN 8418 Benutzer-information) sowie in unverbindlicher Form in Merkblättern und institutionsinternen Richtlinien. Daneben existiert eine Fülle von allgemein gehaltenen praktischen Empfeh-lungen zur verständlichen Gestaltung schriftsprachlicher Texte. Aus journalistischer Sicht gibt beispielsweise Schneider (1999) eine Reihe von brauchbaren und wenigstens ansatz-weise begründeten, jedoch sehr subjektiv gefärbten Tipps für verständliches Schreiben.

Im wissenschaftlichen Bereich existieren gegenwärtig mehrere Ansätze zur Beschreibung und Erklärung der Verständlichkeit schriftsprachlicher Texte. Sie unterscheiden sich zum einen in ihrem Untersuchungsgegenstand: Während sich einige Ansätze auf die Betrach-tung von Textstrukturen beschränken, beziehen andere in mehr oder weniger großem Um-fang auch kognitive Prozesse auf Seiten des Rezipienten ein. Daneben unterscheiden sich die Ansätze im Formalisierungsgrad: Einige Ansätze streben einen empirischen Zusam-menhangsnachweis qualitativer Art an, und andere beabsichtigen eine quantitative Model-lierung unter Berechnung der relativen Einflussgewichte verständlichkeitsrelevanter Fak-toren. Vor diesem Hintergrund lassen sich die Ansätze wie in Abbildung 20 systematisie-ren (vgl. Rickheit, 1995):

Formalisierungsgrad	Untersuchungsgegenstand	
	Text	Text und Rezipient
qualitative Modellierung	Dimensionale Ansätze	Interaktionale Ansätze
quantitative Modellierung	Lesbarkeits-Ansätze	Prozedurale Ansätze

Abbildung 20

11.1.1 Dimensionale Ansätze

Das Prinzip dimensionaler Ansätze besteht darin, dass sie Verständlichkeit als ein mehrdimensionales Konstrukt betrachten. Die Verständlichkeit eines Textes wird durch geschulte Experten beurteilt, die für jede Dimension ein Urteil auf einer fünfstufigen Skala abgeben. Der bekannteste Ansatz dieser Art, die so genannte Hamburger Konzeption (Langer, Schulz von Thun & Tausch, 1993), geht von vier Verständlichkeitsdimensionen aus, die auf der Grundlage umfangreicher empirischer Beobachtungen faktorenanalytisch gewonnen wurden:

■ *Einfachheit* betrifft Wortwahl und Satzbau. Optimal sind geläufige Wörter und einfache Sätze, zu vermeiden sind abstrakte Wörter, Satzschachtelungen und dergleichen.

■ *Gliederung-Ordnung* betrifft inhaltliche Logik und formale Gestaltung. Optimal sind Texte mit erkennbarem ‚rotem Faden‘ und übersichtlichem Aufbau.

■ *Kürze-Prägnanz* betrifft inhaltliche und sprachliche Redundanz. Das Optimum liegt hier in einem Kompromiss zwischen ‚zu knapp‘ und ‚weitschweifig‘.

■ *Anregende Zusätze* betreffen Stilmittel, die Interesse und Motivation der Rezipienten beeinflussen können – Abwechslungsreichtum, Lebhaftigkeit und dergleichen.

In der Praxis hat sich die Hamburger Konzeption bei der Optimierung der Verständlichkeit von Schulbuchtexten, aber auch allgemeinen Gebrauchstexten wie Vorschriften oder Gebrauchsanleitungen durchgesetzt. Mit den Dimensionen Kürze-Prägnanz und Gliederung-Ordnung erfasst die Hamburger Konzeption teilweise originäre Aspekte von Verständlichkeit (Tauber, Stoll & Drewek, 1980), doch gelangen andere dimensionale Ansätze zu einer ähnlichen Dimensionsstruktur (z.B. Amiran & Jones, 1982).

Positiv an dimensionalen Ansätzen ist neben dem Nachweis der Wirksamkeit gezielter redaktioneller Bearbeitung die leichte Erlern- und Handhabbarkeit des Instrumentariums. Negativ fällt dagegen ins Gewicht, dass das Verfahren ausschließlich auf Expertise beruht, so dass Objektivität und Reliabilität der Beurteilung zweifelhaft sind. Auch ist das Verständlichkeitsmodell nicht in einer allgemeinen Verstehenstheorie verankert, so dass kognitive Prozesse in dimensionalen Ansätzen kaum Berücksichtigung finden.

11.1.2 Interaktionale Ansätze

Hinter interaktionalen Ansätzen steht ebenfalls der Versuch, den vielfältigen Aspekten von Textverständlichkeit gerecht zu werden. Im Unterschied zu dimensionalen Ansätzen werden individuelle kognitive Prozesse bei der Auseinandersetzung des Lesers mit dem Text hier jedoch von vornherein berücksichtigt: Vor pädagogischem Hintergrund betrachtet man hier neben Textmerkmalen auch leserspezifische Faktoren wie die Interessenlage. Ein im deutschen Sprachraum einflussreiches Beispiel eines interaktionalen Modells (Groeben, 1982; Christmann & Groeben, 1996) betrachtet Verständlichkeit als ein Konstrukt, das textseitig durch vier Faktoren bestimmt wird:

- *Stilistische Einfachheit* betrifft die sprachliche Gestaltung. Empfohlen werden geläufige Wörter, anschauliche Begriffe, aktive Verben, einfache Sätze und dergleichen.

- *Semantische Redundanz* betrifft den Sprachaufwand im Verhältnis zum Kommunikationsziel. Weitschweifigkeit und Wiederholungen sind zu vermeiden.

- *Kognitive Gliederung* betrifft die Einbettung in existierende Wissensstrukturen. Dabei helfen ein linearer Aufbau, Zusammenfassungen, Hervorhebungen und Beispiele.

- *Konzeptueller Konflikt* betrifft Mittel zur Erhöhung der Motivation der Rezipienten. Dazu gehören Spannung, Überraschung, Inkongruenz und Ähnliches.

Leserseitig manifestiert sich Textverständlichkeit zum einen über Behaltensleistung, gemessen über ein auf Inhaltswörter beschränktes Lückentest-Verfahren, bei dem fehlende Wörter eines vorher gelesenen Texts zu ergänzen sind (ein so genannter „cloze"-Test). Zum anderen sind die individuellen Interessen der Leserinnen und Leser von Belang.

Die vier aufgeführten Textfaktoren weisen auffallende Übereinstimmungen mit den Dimensionen der Hamburger Konzeption auf. Zwar verfügen interaktionale Ansätze nicht über eine so umfangreiche empirische Grundlage, doch verfügen sie über ein besseres psycholinguistisches, lern- und informationstheoretisches Fundament (Tauber, 1984). Ein weiterer bemerkenswerter Unterschied zu allen anderen Ansätzen liegt darin, dass interaktionale Ansätze statt eines maximalen ein mittleres Verständlichkeitsniveau propagieren: Dadurch bleibe das Interesse der Leser erhalten, und die Texte würden einer heterogenen Leserschaft gerecht (Groeben & Christmann, 1989).

Insgesamt stellen interaktionale Modelle einen wichtigen Schritt in Richtung einer umfassenden Konzeptualisierung von Verständlichkeit dar. Positiv ist neben der Einbeziehung von Rezipientencharakteristika die Möglichkeit der begründeten Ableitung praktischer Ratschläge zur Textgestaltung. Weniger überzeugend dagegen ist der eklektische und teilweise veraltete Theoriehintergrund, der unklare Status des Konstrukts Verständlichkeit sowie die empirisch unterdeterminierte Empfehlung eines mittleren Verständlichkeitsgrads.

11.1.3 Lesbarkeitsformeln

Lesbarkeitsformeln sind der älteste Ansatz zur Erfassung von Verständlichkeit. Auch heute noch haben Lesbarkeitsformeln ihren Platz – etwa als Grundlage der Arbeit automatischer Grammatik- oder Stilprüfprogramme. Lesbarkeitsformeln beruhen alle auf demselben Prinzip der Schätzung von Verständlichkeit mittels multipler linearer Regression (Bamberger & Vaneček, 1984; Duffy, 1985; Fey, 1990).

Lesbarkeitsformeln führen Verstehensleistungen grundsätzlich auf eine Reihe von Textstrukturmerkmalen zurück. Das Verstehenskriterium ist dabei meist die Leistung in einem Lückentest-Verfahren zur Behaltensprüfung („cloze"-Test). Die Textstrukturfaktoren, die die Schätzgrundlage bilden, sind meist wort- und satzbezogen. Unter den wortbezogenen Faktoren finden sich etwa der Anteil der Inhaltswörter, die Auftretenshäufigkeit, die Konkretheit oder das Assoziationspotential eines Wortes. Unter den satzbezogenen Faktoren finden sich Variablen wie etwa der Anteil der Passivkonstruktionen oder der Affirmativitäts-, der Verschachtelungs- oder der Transformationsgrad eines Satzes. Zwei Faktoren kommen allerdings in nahezu allen Lesbarkeitsformeln vor – Wortlänge und Satzlänge. Und in fast allen Lesbarkeitsformeln hat die Wortlänge das höhere Gewicht.

Exemplarisch sei eine deutsche Adaptation der verbreiteten ‚reading ease'-Formel (Flesch, 1948) herausgegriffen. Sie besagt, dass die Behaltensleistung im Lückentest zu 75 % vorhergesagt werden kann durch eine gewichtete Linearfunktion aus Wortlänge, Satzlänge und dem Anteil verschiedener Wörter (Dickes & Steiwer, 1977):

$$L = 236 - 73\,ln\,(1 + B\,/\,W) - 13\,(ln\,(1 + W\,/\,S) - 50\,(V\,/\,W)$$

wobei L für Lückentest-Leistung, B für Buchstaben, W für Wörter, S für Sätze und V für verschiedene Wörter steht (*ln* bezeichnet den natürlichen Logarithmus).

Versucht man eine zusammenfassende Bewertung von Lesbarkeitsformeln (Klare, 1976), so sind auf der positiven Seite die leichte Handhabbarkeit, die objektive und reliable empirische Methodologie und die Evaluierbarkeit der Modelle aufzuführen. Dem steht als Nachteil ein schwerwiegendes Problem gegenüber: Lesbarkeitsformeln erfassen nämlich bestenfalls Lesbarkeit, auf keinen Fall aber Verständlichkeit. Lesbarkeitsformeln können noch nicht einmal zwischen kohärenten Texten und Nicht-Texten unterscheiden (was man sich leicht daran vergegenwärtigen kann, dass ein sinnvoller Text und eine Zufallsanordnung seiner Wörter zum gleichen Lesbarkeitswert führen).

11.1.4 Prozedurale Ansätze

Prozedurale Ansätze gehen ebenfalls regressionsanalytisch vor, versuchen dabei aber, die aufgeführten Nachteile von Lesbarkeitsformeln zu überwinden. Den theoretischen Hintergrund prozeduraler Ansätze bildet die Theorie der zyklischen Verarbeitung (s. Kapitel 7); Verständlichkeit wird in Form expliziter Algorithmen definiert, und die Auswahl der Faktoren erfolgt theoriegeleitet (vgl. Kintsch & Vipond, 1979).

Trotz ihrer äußerlichen Ähnlichkeit zu Lesbarkcitsformeln sind die linearen Modelle auf der Basis prozedualer Ansätze von anderer Qualität: Prädiktiv sind hier nämlich auch prozedurale Charakteristika, und diese wiederum hängen sowohl von der propositionalen Struktur des jeweiligen Texts als auch von den kognitiven Kapazitäten des jeweiligen Rezipienten ab. In mehreren Computersimulationen und einigen Experimenten sind die postulierten Verarbeitungsprozeduren bestätigt worden (z.B. Wagenaar, Schreuder & Wijlhuizen, 1987; Britton & Gulgoz, 1991). Als positiv sind die gute theoretische Verankerung und der Einbezug prozeduraler Faktoren anzusehen. Negativ sind zweifellos die vielfältigen Vorannahmen prozeduraler Ansätze und vor allem ihre geringe Praktikabilität: Die Bestimmung der einem Text zugrundeliegenden Propositionen muss durch Experten geleistet werden, und zwar mühsam manuell.

Trotzdem: Für die Untersuchung der Verständlichkeit sind prozedurale Ansätze vor allem deswegen brauchbar, weil sie die Relevanz der bei der Textverarbeitung ablaufenden Prozesse betonen. Es dürfte von daher sinnvoll sein, solche Faktoren, die Wörter und Sätze betreffen und für die sich eine praktikable Operationalisierung finden lässt, in zukünftige Überlegungen einzubeziehen (z.B. Deppert, 2001).

Über den eben beschriebenen Einflussgrößen hinausgehend, legen neuere psycholinguistische Studien zum Textverstehen den Einbezug weiterer Faktoren nahe. Denn Textverstehen ist situiert: Die bei der Textverarbeitung ablaufenden kognitiven Prozesse sind nachweislich auch vom Kontext, also von früheren Verarbeitungsresultaten und von der aktuellen Verarbeitungssituation, abhängig (s. Kapitel 7). Alles in allem ist Verständlichkeit daher nicht als Eigenschaft eines Texts anzusehen, sondern als eine Eigenschaft des gesamten Systems Text-Person-Umwelt, wobei

■ Struktureigenschaften der jeweiligen Sprachäußerung,

■ kognitive Prozesse seitens des jeweiligen Sprachrezipienten und

■ Rahmenbedingungen der jeweiligen Verarbeitungssituation

eine Rolle spielen. Für die Verständlichkeit folgt daraus, dass außer allgemeingültigen Erklärungsansätzen auch noch zielgruppenspezifische Erklärungsansätze in Betracht zu ziehen sind, die überdies je nach Situation mehr oder weniger gut zutreffen. Als ein erster Schritt in diese Richtung können Überlegungen zur Integration von mentalen Repräsentationen und Anschlusshandlungen in übergeordnete Kommunikationszusammenhänge gelten (z.B. Sauer, 1995).

11.2 Gesprächstraining

In vielen Firmen und anderen Organisationen gehören heute Gesprächstrainings zu den regelmäßig angebotenen Fortbildungsmaßnahmen. Mit Hilfe dieser Trainings soll erreicht werden, dass die Mitarbeiter zum Beispiel in *Verhandlungs-* und *Verkaufsgesprächen* effektiver agieren und die Ziele der Organisation besser umsetzen können. Leider ist es jedoch oft so, dass nach einer derartigen Fortbildung sich zwar die Mitarbeiter recht zufrieden zeigen, aber dennoch kaum Effektivitätssteigerungen festzustellen sind. Wie kommt diese Diskrepanz zustande? Wie wir aus Forschungen sowohl zum Erstspracherwerb als auch zum Fremdspracherwerb wissen, sind für einen nachhaltigen Erfolg von Trainingsmaßnahmen nicht nur das verwendete Material und die Übungen wichtig, sondern vor allem auch die Sicherung des *Transfers* in die intendierte Anwendungssituation. Es könnte sein, dass viele schöne Kurse an dieser notwendigen Erfolgsbedingung scheitern (Heinemann, 1999).

Für das Gelingen von Gesprächstrainings ist es deshalb von entscheidender Bedeutung, wie in ihnen die drei wesentlichen Aspekte jeder praxisorientierten Kommunikationsanalyse, nämlich der *Wissens-, Verarbeitungs-* und *Erwerbsaspekt*, aufeinander bezogen werden. Die Teilnehmer müssen einerseits die für die spätere Anwendung relevanten Strukturen und Prozesse ihrer Gespräche begreifen und andererseits effiziente Möglichkeiten zu ihrer Veränderung in die Hand (und den Kopf) bekommen. Diese komplexe Zielvorgabe kann am besten durch eine weitgehend von den Teilnehmern selbst bestimmte Kombination verschiedener Trainingsverfahren erreicht werden (Lepschy, 1999: 70): „Bei der Auswahl der Methoden ist zu berücksichtigen, daß Kommunikation auf vielfältigen Ebenen vermittelt und erfahren werden kann und muß. Die Methoden müssen Erfahrungslernen in Probehandeln, Selbsterfahrung, durch die eine emotionale Motivation erzeugt wird, die kognitive Aneignung von Wissen über Kommunikation und den Erwerb instrumenteller Fertigkeiten ermöglichen. Dies kann durch einen sorgfältig abgestimmten Methodenwechsel gewährleistet werden."

11.3 Optimierung schriftlicher Texte

Für viele Menschen, die im Rahmen ihrer beruflichen Tätigkeit häufig mit schriftlichen Texten umgehen, kann die Psycholinguistik inzwischen einige Hilfen anbieten. Sie kann dazu beitragen, dass einerseits die Textproduzenten bei der Planung und dem Verfassen von Texten auf die Bedürfnisse der Textrezipienten besser eingehen und dass andererseits die Textrezipienten mit schwierigen Texten besser umgehen können. Dies gilt für viele Aufgaben, für die Texte eingesetzt werden, unter anderem für die *Informationsvermittlung*, das *Lernen*, die *Handlungsanleitung*, das *Überzeugen* mit Texten, aber auch die Erzeugung *literarischer Ästhetik*.

Texte dienen der *Informationsübermittlung*. Je komplexer die gesellschaftlichen Entscheidungsprozesse werden, desto häufiger müssen Informationen, die als Entscheidungsgrundlage dienen können, zwischen den Beteiligten ausgetauscht werden. Dabei kommt es darauf an, dass die Informationen von der jeweiligen Adressatengruppe mühelos verstanden werden können, um die Standpunkte, von denen aus Entscheidungen getroffen werden, durchsichtig zu machen. In Zukunft wird es in erster Linie darum gehen, die Verständlichkeit von Texten nicht nur themenspezifisch, sondern auch rezipienten-, situations- und mediengerecht zu verbessern (Deppert, 2001).

Die Psycholinguistik darf sich jedoch nicht darauf beschränken, die Verständlichkeit von Texten in den Medien zu verbessern. Sie muss sich auch um die psychischen, sozialen und gesellschaftlichen Auswirkungen der Informationsübermittlung und der so genannten neuen Medien kümmern. Dazu wird die anwendungsorientierte Forschung in stärkerem Maße als bisher mit Experten aus verschiedenen Kommunikationsbereichen zusammenarbeiten müssen, um Informationen über die spezifischen Anforderungen an Texte in den einzelnen Bereichen einzuholen und bereits vorhandene Erfahrungen zu integrieren (Rickheit, 1995; Prestin, 2001; Göpferich, 2002).

Viele der vor allem im Bildungssystem verwendeten Texte dienen dazu, um aus ihnen zu *lernen*. Für das Lernen mit Texten ist deren Verständlichkeit eine unabdingbare Voraussetzung. Deshalb ist wohl die Annahme richtig, dass alles, was die Verständlichkeit eines Textes erhöht, auch die Erlernbarkeit der durch diesen Text zu vermittelnden Inhalte verbessert. So wurden zur Verbesserung des Verstehens und Behaltens von Schulbuchtexten im Rahmen der Verständlichkeitsforschung relevante Textmerkmale und -dimensionen erarbeitet. Besonders großes Interesse galt der Frage, inwieweit Illustrationen die Verständlichkeit eines Texts und, darauf aufbauend, den Lernerfolg steigern können. Günstige Voraussetzungen dafür sind explanative, also die Darstellung von Kausalitäten betonende Texte und Bilder, eine nicht Gedächtnisleistung, sondern Problemlösen erfassende Messung des Lernerfolgs und ein möglichst gleiches, relativ geringes Vorwissen der Rezipienten (Mayer & Gallini, 1990; Mayer & Moreno, 1998).

Andererseits genügt die Verständlichkeit eines Textes nicht, um auch seine Eignung als Lerntext zu gewährleisten. Hinzutreten müssen solche Faktoren wie Motivierung des Lernens, lerngerechte Portionierung der Textabschnitte, Wiederholung und Übung der Lernprozesse und die Steigerung der Selbstkontrolle. Zur Lernfunktion der Textverarbeitung gibt es in der Erziehungswissenschaft eine sehr weit zurückreichende Forschungstradition, die von der Psycholinguistik aufgenommen wurde. Eine wesentliche Erkenntnis bestand darin, dass sich Lerneffizienz und Lernerfolg steigern lassen, indem Texte so gestaltet werden, dass ihre Rezeption in Inhalt und Form individuellen Strategien und Interessen der Rezipienten angepasst werden kann (z.B. Rohlfing, 2002b).

Texte können auch dazu dienen, *praktische Handlungen* anzuleiten. Wir meinen in diesem Zusammenhang solche Textsorten wie Gebrauchsanweisungen, Rezepte, Bedienungsanleitungen und Formulare. Was hier vor allem beachtet werden muss, ist die handlungsgemäße Sequenzierung des Textes, die Verbindung des Textes mit Abbildungen der einzelnen Handlungsphasen und die Unterstützung der Selbstkontrolle. Einige Beispiele für eine sowohl praxisorientierte als auch empirisch gut abgesicherte Forschung in diesem Bereich geben Diekhans, Flohr, Günther und Tigges (2000) sowie Waldeier (2002).

Viele Texte des täglichen Lebens haben weniger die Funktion, Informationen zu übermitteln, Lernprozesse in Gang zu setzen oder praktische Handlungen anzuleiten, als vielmehr die Funktion, *Überzeugungen* auf Seiten des Rezipienten zu verändern. Werbung und Politik liefern Beispiele für Texte mit dieser Funktion. In der Psycholinguistik gibt es erste Versuche, Detailaspekte der Wirkung *politischer Texte* und der *Bürger-Verwaltungs-Kommunikation* zu untersuchen (z.B. Strohner & Brose, 1994; Grönert, 2002).

Eine der Funktionen *literarischer* Texte ist es, ästhetische Empfindungen hervorzurufen. Die für den Literaturunterricht wichtigen Fragen, von welchen Faktoren diese Empfindungen abhängen und wie diese Empfindungen mit anderen Teilbereichen des schulischen Spracherwerbs zusammenhängen, bearbeitet die Psycholinguistik auf der Grundlage neuer theoretischer Überlegungen und methodischer Ansätze (z.B. Groeben & Schreier, 2000).

11.4 Mediengestaltung

Da sprachliche Kommunikation heute oft medial vermittelt wird, besteht eine wichtige Anwendung der psycholinguistischen Forschung darin, neben der Optimierung der mündlichen und schriftlichen Kommunikation selbst auch deren mediale Vermittlung zu optimieren. Dies ist die Aufgabe der Mediengestaltung, die natürlich neben ihren psycholinguistischen Aspekten auch technische und wirtschaftliche Aspekte umfasst. Wir möchten in diesem Abschnitt kurz auf die so genannten *Neuen Medien* eingehen, durch die sprachliche und andere Informationen sehr schnell und weltweit vermittelt werden können (z.B. Hesse, Ostermeier & Buder, 2000; Jakobs, 2003; Mangold, 2003).

Viele Leserinnen und Leser werden sich wahrscheinlich bereits ab und zu über *Software-Dokumentationen* gewundert oder gar geärgert haben, die nicht immer die Hilfen, die sie versprechen, auch wirklich geben. Die psycholinguistische Forschung kann inzwischen für das Verfassen dieser Dokumentationen einige Hinweise geben und zudem diese Hinweise durch eine kognitive Theoriebildung begründen (z.B. Edelmann, 2002).

Eine der für die Zukunft der Mediengestaltung sicher wichtigsten Anwendungen der Neu-
en Medien ist der Bereich des elektronisch vermittelten Lernens, kurz *E-learning* genannt.
In diesem Bereich bahnt sich eine heute in ihren Auswirkungen nocht nicht abschätzbare
Revolution der Bildungssysteme an, die auch vor der Hochschule nicht Halt machen wird.
Die Psycholinguistik ist dabei, hierfür ihren Beitrag zu leisten (z.B. Flohr, 2002).

Aus der Perspektive der Psycholinguistik ist es für alle diese Anwendungsbereiche klar,
dass ein Erfolg nur dann erreicht werden kann, wenn die Optimierungsvorschläge auf einer abgesicherten *empirischen* Basis beruhen und nicht – wie es leider noch immer allzu
oft der Fall ist – auf nicht kontrolliertem Alltags- oder allgemeinem Expertenwissen. Da
die meisten Optimierungsvorhaben wegen ihrer Spezifität bezüglich Information, Adressaten und Kommunikationssituation nicht ohne weiteres auf der Grundlage allgemeiner Regeln und Rezepte umgesetzt werden können, hilft nur eine auf den jeweiligen Optimie-
rungszweck ausgerichtete Datenerhebung, wie sie in der Psycholinguistik seit langem üblich ist (s. Kapitel 3).

Kapitel 11 zusammengefasst

▶   Die Grundlage der Kommunikationsoptimierung ist die Verbesserung der Ver-
     ständlichkeit.

▶   Hinzu kommen die Steigerung der Akzeptanz sowie die Realisierung der übermit-
     telten Information in konkreten Anwendungssituationen.

▶   Wichtige Anwendungen der Kommunikationsoptimierung sind Gesprächstraining,
     die Gestaltung schriftlicher Texte und ihrer medialen Übermittlung.

Weiterführende Literatur zu Kapitel 11: Rickheit (1995); Lepschy (1999); Diekhans, Flohr, Günther & Tigges (2000); Deppert (2001); Strohner & Brose (2002).

Kapitel 12
Sprache, Mensch und Technik

In den letzten Jahren sind Computer immer leistungsfähiger und zudem auch noch preiswerter geworden. Damit rückt ein alter Traum der Menschheit, Maschinen zu bauen, die über gewisse kognitive Leistungen verfügen, die so genannte ‚Künstliche Intelligenz‘, in greifbare Nähe. Außerdem hat sich mit der Entwicklung der Kognitionswissenschaft in den letzten Jahrzehnten eine neue interdisziplinär ausgerichtete Initiative etabliert, zu deren Hauptzielen die Erforschung menschlicher und maschineller kognitiver Systeme gehört. Die Psycholinguistik mit ihrer Verbindung zur kognitiven Linguistik trägt zu dieser Entwicklung Wesentliches bei, indem sie Theorien und empirische Daten zur menschlichen Sprachverarbeitung zur Verfügung stellt (z.B. Rickheit & Strohner, 1993). Damit schafft sie wichtige Voraussetzungen für die Simulation der menschlichen Sprachverarbeitung im Computer (Eikmeyer & Schade, 1993; Jacobs, 2003). Hierbei spielt die Modellierung kognitiver Prozesse in natürlichen, das heißt, menschlichen, Systemen eine zentrale Rolle; denn die Computersimulation sollte möglichst nach den gleichen Berechnungsvorgängen wie in natürlichen Systemen erfolgen.

Neben den theoretischen und empirischen Voraussetzungen der Computersimulation menschlicher kognitiver Fähigkeiten darf ein Aspekt der Simulation nicht übersehen werden, der wegen der zunehmenden Komplexität der theoretischen Modelle in diesem Bereich immer wichtiger wird. Mit ihrer Hilfe wird es nämlich möglich, nicht mehr nur verbale und grafische Modelle theoretischer Zusammenhänge zu erstellen, sondern auch maschinelle. Solche maschinellen Modelle haben vor allem den Vorteil, dass mit ihrer Hilfe der Zeitbedarf der in ihnen ablaufenden Prozesse und damit ein ausschlaggebendes Kriterium für deren Validität erkennbar wird. Die Computersimulation ist deshalb zu einer zentralen Forschungsmethode der Psycholinguistik geworden, worauf wir in Kapitel 3 hingewiesen haben. Im Rahmen einer empirisch fundierten Psycholinguistik ergibt sich ein Zusammenspiel von kognitiver Modellierung, empirischen Untersuchungen an natürlichen sowie an künstlichen kognitiven Systemen (vgl. Abb. 3). Die Simulation dient dabei zum einen der Modellevaluation und zum anderen der Ableitung neuer Hypothesen, die wiederum empirisch zu überprüfen sind.

Im vorliegenden Kapitel wollen wir nach einem Überblick über wichtige Modellierungsprinzipien drei große Anwendungsbereiche der maschinellen Sprachverarbeitung vorstellen, zu deren Fortschritten die Psycholinguistik in den letzten Jahren erheblich beitragen konnte. Zunächst wenden wir uns *maschinellen Übersetzungssystemen* zu, die Rezeptionsprozesse in einer Sprache und Produktionsprozesse in einer anderen Sprache umfassen. Anschließend berichten wir über *Frage-Antwort-Systeme,* deren Entwicklung Kenntnisse über die Rezeption und die Produktion von Sprache erfordert. Ein ganz neues Anwendungsgebiet der Simulationsforschung sind *sprachverarbeitende Roboter,* auf die wir zum Schluss dieses Kapitels eingehen.

12.1 Modellierungsprinzipien

Die Modellierung kognitiver Prozesse sollte eine dem natürlichen Vorbild vergleichbare Leistung realisieren und die gleichen Berechnungsvorgänge verwenden wie das natürliche Vorbild. Als Ziel einer kognitiven Modellierung wird in der Regel die Entwicklung eines formalen Systems angegeben, das in Form eines lauffähigen Computerprogramms implementiert wird. Für die theoretische Fundierung der Psycholinguistik ist die Modellierung von kognitiven Prozessen von grundlegender Bedeutung. Denn es reicht nicht aus, bestimmte Eigenschaften kognitiver Systeme zu beschreiben, empirisch zu untersuchen oder bestimmte Verhaltensweisen durch entsprechende begrenzte Implementierungen in lauffähige Computerprogramme umzusetzen. Vielmehr sind Modelle zu entwickeln, die die untersuchten Eigenschaften, die ermittelten empirischen Daten und die begrenzten Implementierungen aufeinander beziehen.

Für die Modellierung kognitiver Prozesse stehen verschiedene Ansätze zur Verfügung: symbolische Modellierung, lokale konnektionistische Modellierung, distribuierte konnektionistische Modellierung und hybride Modellierung (Eikmeyer, 2002). Bei der Modellierung ist darauf zu achten, dass der Ansatz dem Gegenstandsbereich angemessen ist. Außerdem sollte neben der Angemessenheit auch die Qualität des Modells überprüft werden, das Modell sollte also möglichst einfach, generalisierbar und falsifizierbar sein (Jacobs & Grainger, 1994).

Der symbolischen Modellierung liegt die Annahme zugrunde, dass Kognition über symbolische Repräsentationen berechnet werden kann und somit als Symbolverarbeitungsprozess betrachtet wird, wobei die entsprechenden symbolischen Systeme und Prozesse sich unabhängig von der Art ihrer physikalischen Realisierung bearbeiten lassen.

Im konnektionistischen Ansatz werden die zu repräsentierenden Einheiten in einem Netz parallel arbeitender und interagierender Prozessoren definiert. Die ablaufenden Prozesse werden als Aktivierung in diesem Netzwerk beschrieben (Habel, Kanngießer & Rickheit, 1996; Eikmeyer, 2002). Bei den konnektionistischen Modellen werden zwei Typen unterschieden: lokal- und distribuiert-konnektionistische Modelle. Im ersten Ansatz repräsen-

tiert jeder Knoten im Modell genau eine zu repräsentierende Einheit, während bei distribu-
ierten Modellen jede zu repräsentierende Einheit durch mehrere Knoten repräsentiert wird
und jeder Knoten an der Repräsentation mehrerer zu repräsentierenden Einheiten beteiligt
ist (Schade, 1999).

Für komplexe Informationsverarbeitungsleistungen, wie sie von Systemen mit Sensorik,
Motorik und Sprache zu erbringen sind, bietet sich eine hybride Modellierung an, da hier
der Einsatz einer ganzen Reihe unterschiedlicher Repräsentationsformalismen für die zu
verarbeitende Information unerlässlich ist. Dabei ist davon auszugehen, dass für frühe Sta-
dien der sensorischen Verarbeitung konnektionistische Ansätze vielversprechender sind,
während auf höheren Systemebenen symbolbasierte Formalismen geeigneter sind, weil sie
größere Kontroll- und Spezifikationsmöglichkeiten haben, da sie auf der Grundlage einer
expliziten Wissensrepräsentation operieren. Überall dort, wo ausreichend genaue Kenntnisse über die zu realisierenden Abläufe bestehen, ist dies ein wichtiger Vorteil gegenüber
konnektionistischen Verfahren. Repräsentationen in konnektionistischen Systemen sind
dagegen meist hochgradig implizit und können nur in wenigen Fällen direkt aus einer Spezifikation generiert werden. Dafür lassen sich Lernverfahren formulieren, die konnektionistische Repräsentationen aus einer Anzahl von Beispielen erzeugen. Dadurch können sie
auch dort verwendet werden, wo eine vernünftige Modellierung durch symbolbasierte Ansätze nicht mehr oder noch nicht möglich ist. Somit können sich beide Modellierungspara-
digmen sinnvoll ergänzen.

12.2 Maschinelle Übersetzung

Die maschinelle Übersetzung stand von Anfang an auf der Wunschliste der Computerlinguistik. In den Fünfzigerjahren des 20. Jahrhunderts waren viele davon überzeugt, dass
dieses Ziel mit Hilfe der damals neu entwickelten Rechenautomaten und Grammatikfor-
malismen im Rahmen der Kybernetik zu erreichen sein würde (Frank, 1966). Bald verflog
allerdings diese Euphorie, als man zum einen feststellte, dass die Formalismen doch nicht
so leistungsstark waren wie gedacht, und zum anderen auch den Grammatiktheoretikern
immer deutlicher wurde, dass Übersetzen weit mehr umfasst als die bloße Transformation
von einer grammatischen Struktur in eine andere (Schnelle, 1966). Die damaligen infor-
mationsverarbeitenden Maschinen konnten nur sehr begrenzte Teilprobleme lösen; ihre
Übersetzungsresultate waren minderer Qualität und wesentlich schlechter als diejenigen
von qualifizierten menschlichen Übersetzern. Aus heutiger Sicht ist die damalige Naivität
kaum noch verständlich; sie mag möglicherweise mit der Computereuphorie und Technik-
gläubigkeit der damaligen Jahre zusammenhängen, die das reichhaltig vorhandene Wissen
um die Komplexität des Übersetzungsprozesses an den Rand drängte (vgl. Snell-Hornby,
Hönig, Kußmaul & Schmitt, 1999).

Gegenwärtig werden verschiedene Arten der maschinellen Übersetzung diskutiert, die von einer *computergestützen Übersetzung* bis hin zu einer *voll automatischen Übersetzung* reichen (Reinke, 1997; Freigang, 1998; Somers, 1998; Dorna, 2001). Außerdem wird zwischen *bilingualen* und *multilingualen* maschinellen Übersetzungssystemen unterschieden. Bei den bilingualen Systemen unterscheidet man zwischen *unidirektionalen* und *bidirektionalen Systemen*: Die erstgenannten Systeme können nur von der Quell- in die Zielsprache übersetzen, während letztere in beide Richtungen übersetzen können. Ferner unterteilt man die vorhandenen Systeme hinsichtlich der Benutzerbedienung. Es gibt Systeme, die keine Interaktion mit dem menschlichen Benutzer zulassen (Batch-Systeme); bei ihnen ist dafür eine Vor- und Nachbearbeitung der Übersetzung möglich. Die interaktiven Systeme können dem Benutzer Übersetzungsvorschläge machen oder Fragen stellen, wenn das Fach- oder Weltwissen des Systems nicht ausreicht; sie ermöglichen außerdem die interaktive Auflösung von Ambiguitäten.

Obwohl ein riesiger Bedarf an Übersetzungen besteht, da nach dem Produkthaftungsgesetz alle Bedienungsanleitungen von Geräten in der jeweiligen Landessprache der Zielmärkte vorliegen müssen und die politischen und wirtschaftlichen Kontakte diese erfordern, gibt es noch keine leistungsfähigen vollautomatischen Übersetzungssysteme. Das im Rahmen eines groß angelegten Verbundprojekts des Bundesministeriums für Bildung und Forschung entwickelte Verbmobilsystem erkennt gesprochene Sprache, analysiert und übersetzt sie in eine Fremdsprache, wobei das System einen Satz erzeugt und ihn ausspricht. Allerdings ist der Anwendungsbereich dieses Systems auf Terminabsprachen beschränkt (Wahlster, 2000).

Aus der Sicht der Psycholinguistik geht es beim Übersetzen um eine Kombination der beiden Sprachverarbeitungstypen Rezeption und Produktion mit all ihren Aspekten, wie wir sie in Teil 3 dieser Einführung dargestellt haben. Es kommt sogar noch ein wichtiger Aspekt hinzu, den wir in diesen Kapiteln jeweils nur kurz angedeutet haben: die *interkulturelle* Dimension der sozialen Konventionen und Umgangsnormen, die in vielen Fällen genauso wichtig wie die interlinguale Dimension des Übersetzens ist (Renn, Straub & Shimada, 2002).

12.3 Frage-Antwort-Systeme

Unter Frage-Antwort-Systemen versteht man interaktive Systeme, die in natürlicher Sprache formulierte Fragen eines menschlichen Benutzers automatisch analysieren und beantworten (Hahn, 1996). Die Frage wird hinsichtlich der Morphosyntax mit Hilfe eines *Parsers* und bezüglich der Semantik mit semantischen *Interpretationsmechanismen* analysiert und auf der Basis der *Wissensrepräsentation* des Systems weiter ausgewertet, so dass auf der Grundlage dieser Operationen eine Antwort formuliert und in schriftlicher oder in gesprochener Sprache gegeben werden kann (vgl. Reimers, 2003).

Frage-Antwort-Systeme dienen dem Zweck, einem menschlichen Benutzer den Zugang zu einem Computer zu ermöglichen, der keine spezifischen Kenntnisse über formale Computer-Kommandosprachen hat. Man strebt bei diesen natürlichsprachlichen Schnittstellen an, die gesprochene Sprache als Ein- und Ausgabemedium zu benutzen. Das führt zu besonderen Problemen bei der automatischen *Spracherkennung*, wenn sie benutzerunabhängig erfolgen soll, weil die Variationsbreite der gesprochenen Sprache hinsichtlich dialektaler Einfärbungen, Geschlecht oder Alter der Sprecher sehr groß ist. Hinzu kommt die große Störanfälligkeit der Systeme durch Hintergrundgeräusche.

Natürlichsprachliche Dialogsysteme erlauben also dem Benutzer, mit einem Computer mit Hilfe der natürlichen Sprache zu kommunizieren. Vor allem im Bereich der automatischen *Auskunftssysteme*, wie etwa bei der Bahn, gab es in den vergangenen Jahren große Fortschritte, da es hier einen wachsenden Bedarf gibt und die Fragestellungen klar einzugrenzen sind. Diese Systeme verfügen über eine natürlichsprachliche Schnittstelle zu zentralen elektronischen Datenbanken und sind in der Regel über das öffentliche Telefonnetz erreichbar (Kellner, 2001). Viele *Telefonauskünfte* oder *Informationsrecherchen* im Internet beziehen sich auf klar eingegrenzte Gegenstände mit klar strukturierten Problemen, sind also ein ideales Anwendungsgebiet der maschinellen Sprachverarbeitung. Anders als die maschinelle Übersetzung sind Frage-Antwort-Systeme deshalb für eingeschränkte Bereiche schon so weit entwickelt, dass sie praktisch eingesetzt werden können. Viele dieser Systeme arbeiten allerdings auf der Basis einfacher *Frage-Antwort-Heuristiken* und umgehen damit den anspruchsvollen Durchmarsch durch die in Teil 3 dieses Buchs beschriebenen Verarbeitungsebenen. Dies ist immer dann möglich, wenn der Referenzbereich der Frage so eingeschränkt ist, dass weitergehende Inferenzen kaum nötig werden.

Aus dieser kurzen Beschreibung wird deutlich, dass derartige Systeme auf psycholinguistischen Theorien der Sprachverarbeitung basieren, wenn sie kognitiv adäquat und flexibel sein sollen. Außerdem ist die Art der Wissensrepräsentation nach Prinzipien des menschlichen Langzeitgedächtnisses zu gestalten, wenn der Abruf von Wissen oder das Bilden von Inferenzen möglichst schnell und effektiv erfolgen soll (Singer, 2003). Zum besseren Verstehen von Fragen haben einige Forscher bestimmte Fragen entsprechenden Kategorien zugeordnet, die die Möglichkeiten der Antworten bereits eingrenzen. Außerdem sind Typen von Frage-Antwort-Strategien entwickelt worden, die ebenfalls der Erleichterung der Informationsverarbeitung dienen (Singer, 1990; Graesser, McMahen & Johnson, 1994).

Angesichts eines steigenden Bedarfs an automatischen Dialogsystemen werden in den nächsten Jahren sicher die Bemühungen verstärkt werden, um dieser größeren Nachfrage gerecht zu werden und intelligentere Systeme zu entwickeln.

12.4 Sprachgesteuerte Roboter

Roboter sind computergesteuerte Maschinen, die mit Aktoren (z.B. Greifern) und Sensoren (z.B. Kameras) ausgestattet sind, um bestimmte sensomotorische Aufgaben flexibel
stationär bzw. stehend, fahrend, schwimmend oder kletternd auszuführen. Sie haben gewöhnlich die Funktion, auf der Grundlage eines bestimmten sensoriellen Inputs gewisse
motorische Aufgaben durchzuführen, die für Menschen entweder aus verschiedenen
Gründen nicht durchführbar, zu gefährlich oder unökonomisch sind. Deshalb werden Ro-
botor mit Vorliebe im Weltraum und in der Tiefseeforschung, aber auch bei der Massen-
fertigung von Autos eingesetzt. Es ist klar, dass die Roboter umso robuster auf Störungen
oder andere unvorhergesehene Einflüsse reagieren können, je intelligenter und selbststän-
diger sie sind. Bei den so genannten *autonomen Agenten* ist die Selbstständigkeit sogar
schon so weit entwickelt, dass sie neue Räume erkunden, sich die Lage von Objekten ein-
prägen und Kontakt mit anderen autonomen Agenten oder Menschen aufnehmen können.
Besonders hilfreich ist es natürlich bei dieser Kontaktaufnahme, wenn Roboter mit Sprache umgehen können. Verfügen Roboter über die Fähigkeit, sprachliche Anweisungen
verarbeiten und auf sie reagieren zu können, so steigert sich ihre Einsatzfähigkeit enorm.
Um dieses Ziel erreichen zu können, ist die Robotik auf die Psycholinguistik und die maschinelle Umsetzung der psycholinguistischen Forschung angewiesen.

Der Sonderforschungsbereich „Situierte Künstliche Kommunikatoren" hat sich die Untersuchung wichtiger Prozesse der sprachlichen Steuerung von Robotern zum Ziel gesetzt
(z.B. Wachsmuth & Rickheit, 1999). Es sollen also technische Systeme entwickelt werden,
die natürliches Kommunikationsverhalten in relevanten Aspekten rekonstruieren. Als
wichtige Leitlinien für die Entwicklung derartiger maschineller Systeme haben sich *Situiertheit, Integriertheit* und *Robustheit* herausgestellt:

- Die *Situiertheit* baut auf der Verarbeitung relevanter sprachlicher und nichtsprachlicher Informationen auf, um die jeweilige Situation erkennen und auf sie einwirken zu
  können.

- Die *Integriertheit* des Systems erfordert die enge Zusammenarbeit seiner verschiedenen Teilsysteme der sensorischen, syntaktischen, semantischen, pragmatischen und
  motorischen Verarbeitung, um die sprachlichen und nichtsprachlichen Informationen
  aufeinander beziehen zu können.

- Die *Robustheit* ist notwendig, um auch fehlerhafte, fragmentarische oder mehrdeutige
  Informationen verarbeiten zu können. Robustheit resultiert zum Teil aus der Verbindung von Situiertheit und Integriertheit.

Demzufolge müssen situierte künstliche Kommunikatoren als Verarbeitungssysteme kon-
zipiert werden, die imstande sind, hoch komplexe Prozesse durchzuführen und dabei die

zugehörigen Fähigkeiten natürlicher Kommunikatoren zu simulieren. Die Modellierung kommunikativer Aspekte hat zur Entwicklung von Architekturen mit Fähigkeiten zum natürlichsprachlichen Dialog geführt. In flexiblen *Mixed-initiative-Dialogen*, wie etwa in natürlichsprachlicher Instruktion von technischen Systemen in dynamischen Umgebungen (vgl. Lenon, Bracy, Gruenstein & Peters, 2001), bestehen besondere Herausforderungen in der Asynchronität, dem Initiativwechsel, der Offenheit und der Unvorhersagbarkeit des Diskurses. Damit rückt der konversationale Aspekt des Dialogs in den Fokus, wie er sich vor allem bei Rückfragen zur Sicherung des Fortschritts bei einer Konstruktionsaufgabe in zielgerichteten Interaktionen beobachten lässt. Dieser Aspekt ist besonders wichtig bei der Entwicklung von Robotern, die bestimmte Montageanweisungen in Handlungssequenzen umsetzen sollen. Hierbei wird die Redundanz auf der Sprach- und Bildinformation ausgenutzt und die Korrektur von fehlerhaften Konstruktionsschritten durch Fehlerrückmeldung ermöglicht.

Roboter mit robusten Bewegungsstrategien müssen eine ganze Reihe von Ungenauigkeiten (wie z.B. ungenaue Spezifikation des einzelnen Montageschritts, Begrenzung in der genauen sensorischen Erfassbarkeit des augenblicklichen Zustands oder begrenzte mechatronische Präzision) berücksichtigen, wenn sie erfolgreich eingesetzt werden sollen. Derartige Roboter verlangen einerseits auf einer unteren Ebene die direkte und schnelle Rückkopplung von sensorischen Reizen in die Aktorik (Bildung von Reflexen), andererseits den Eingriff der Sensorkomponente in höhere Ebenen wie etwa die Greifplanung im Falle eines unvorhergesehenen Ereignisses (Reaktion zur Fehlerbehandlung). Umgekehrt kann die Aktorik während der Ausführung einer komplexen, nicht in allen Einzelheiten planbaren Instruktion die Sensorik anweisen, zusätzliche Information zu gewinnen, was wiederum den Einsatz von Aktoren erfordert, die ihrerseits auf diese Anforderungen reagieren können.

Das reibungslose, intuitiv vom menschlichen Instrukteur steuerbare Ineinandergreifen von Anweisungsfolgen, Montagesequenzen und Umweltwahrnehmung erfordert auf der Seite des Roboters ein komplexes Zusammenspiel sensorischer, kognitiver und manipulativer Fähigkeiten. Der Instrukteur erwartet, dass der Roboter die gewünschten Operationen unmittelbar ausführt, dass also der Einsatz von Ressourcen (Sensoren, Aktoren, Prozessoren) hinsichtlich der rechtzeitigen Ergebnis-Verfügbarkeit geplant wird, einschließlich situativ adäquater Reaktion im Fehlerfall. Außerdem sollen auch längere Handlungssequenzen, die der Mensch nach seiner eigenen Erfahrung als Einheit empfindet, vollständig autonom realisiert werden, also ohne ständige Rückfragen des Systems. Ferner wird vom Roboter ein gewisses Lernvermögen erwartet, so dass er in der Lage ist, nach der Durchführung von Montagesequenzen ähnliche Sequenzen mit verkürzter Anweisung korrekt durchzuführen. Die Realisierung einer sensorbasierten Planungskomponente für kooperierende Roboter erfordert die Integration und Erweiterung klassischer Techniken zur geometriebasierten

Montage-, Trajektorien- und Griffplanung. Hierbei müssen komplexe Themenbereiche bearbeitet werden, wie etwa Sensoreinsatzplanung, Datenfusion, Lernen von diskreten Montagesequenzen, Generalisierung von Lernergebnissen sowie Transfer von Fertigkeiten des Menschen auf den Roboter und von einem Roboter auf einen anderen im Sinne einer Generalisierung.

Das Ziel der Robotik besteht darin, *autonome Roboter* zu entwickeln, die in der Lage sind, selbstständig ihnen zugeteilte Aufgaben allein oder sogar in Gruppen in Form eines Multi-agentensystems zu erledigen (Levi, 1996). Um dieses Ziel zu erreichen, bedarf es noch großer Anstrengungen.

Kapitel 12 zusammengefasst

▶ Die Modellierung kognitiver Prozesse in Form von Computersimulationen ist eine zunehmend wichtige Methode der Psycholinguistik.

▶ Es existieren verschiedene Ansätze für die Modellierung kognitiver Prozesse: symbolische, lokale und distribuierte konnektionistische sowie hybride Modellierung.

▶ Ansätze der maschinellen Übersetzung unterscheiden sich in Bezug auf den Automatisierungsgrad, die Übersetzungsrichtung und die Zahl der Sprachen.

▶ Frage-Antwort-Systeme sollen den Benutzern einen natürlichsprachlichen Zugang zu Computern bzw. Datenbanken ermöglichen.

▶ Sprachgesteuerte Roboter werden für die Bewältigung vielfältiger Aufgaben entwickelt und eingesetzt.

Weiterführende Literatur zu Kapitel 12: Dorna (2001); Kellner (2001); Eikmeyer (2002); Breazeal (2002).

Literatur

Abelson, R. P. (1981). Psychological status of the script concept. *American Psychologist, 7,* 715-729.

Afflerbach, P. (1998). Helping students become constructively responsive readers. In P. Reitsma & L. Verhoeven (Eds.), *Problems and interventions in literacy development* (pp. 349-362). Dordrecht: Kluwer.

Aguado, K. & Riemer, C. (Eds.) (2001). *Wege und Ziele: Zur Theorie, Empirie und Praxis des Deutschen als Fremdsprache (und anderer Fremdsprachen).* Baltmannsweiler: Schneider.

Alba, J. & Hasher, L. (1983). Is memory schematic? *Psychological Bulletin, 2,* 203-231.

Altmann, G. T. M. (2001). The language machine: Psycholinguistics in review. *British Journal of Psychology, 92,* 129-170.

Altmann, G. & Steedman, M. (1988). Interaction with context during human sentence processing. *Cognition, 30,* 191-238.

Amiran, M. B. & Jones, B. F. (1982). Toward a new definition of readability. *Educational Psychologist, 17,* 13-90.

Anderson, R. C. & Ortony, A. (1975). On putting apples into bottles. A problem of polysemy. *Cognitive Psychology, 7,* 167-180.

Anderson, R. C. & Pichert, J. W. (1978). Recall of previously unrecallable information following a shift in perspective. *Journal of Verbal Learning and Verbal Behavior, 17,* 1-12.

Baldwin, D. A. (2000). Interpersonal understanding fuels knowledge acquisition. *Current Directions in Psychological Science, 9,* 40-45.

Ballmer, T. T & Brennenstuhl, W. (1982). Zum Adverbial- und Adjektivwortschatz der deutschen Sprache. *Linguistische Berichte, 87,* 1-32.

Ballstaedt, S. P., Mandl, H., Schnotz, W. & Tergan, S. O. (1981). *Texte verstehen, Texte gestalten.* München: Urban & Schwarzenberg.

Balota, D. A. (1994). Visual word recognition: The journey from features to meaning. In M. A. Gernsbacher (Ed.), *Handbook of psycholinguistics* (pp. 308-358). San Diego: Academic Press.

Bamberger, R. & Vaneček, E. (1984). *Lesen – Verstehen – Lernen – Schreiben: Die Schwierigkeitsstufen in deutscher Sprache.* Wien: Jugend und Volk.

Bandura, A. (1986). *Social foundations of thought and action: A social cognitive theory.* Englewood Cliffs: Prentice Hall.

Bandura, A. (1989). Human agency in social cognitive theory. *American Psychologist, 44,* 1175-1184.

Barclay, J. R., Bransford, J. D., Franks, J. J., McCarrell, N. S. & Nitsch, K. (1974). Comprehension and semantic flexibility. *Journal of Verbal Learning and Verbal Behavior, 13,* 471-481.

Barsalou, L. W. (1982). Context-independent and context-dependent information in concepts. *Memory and Cognition, 10,* 82-93.

Bartlett, F. C. (1932). *Remembering.* Cambridge, UK: Cambridge University Press.

Bast, J. & Reitsma, P. (1998). The simple view of reading: A developmental perspective. In P. Reitsma & L. Verhoeven (Eds.), *Problems and interventions in literacy development* (pp. 95-109). Dordrecht: Kluwer.

Belke, E., Eikmeyer, H.-J. & Schade, U. (2001). Freier Zugang: Anmerkungen aus der Sicht der Sprachproduktion. In L. Sichelschmidt & H. Strohner (Eds.), *Sprache, Sinn und Situation. Festschrift für Gert Rickheit zum 60. Geburtstag* (pp. 161-174). Wiesbaden: Deutscher Universitäts-Verlag.

Berg, T. (1987). The case against accommodation: Evidence from German speech error data. *Journal of Memory and Language, 26,* 277-299.

Bever, T. G., Sanz, M. & Townsend, D. J. (1998). The emperor's psycholinguistics. *Journal of Psycholinguistic Research, 27,* 261-284.

Bhatia, T. K. & Ritchie, W. C. (1999). The bilingual child: Some issues and perspectives. In W. C. Ritchie & T. K. Bhatia (Eds.), *Handbook of child language acquisition* (pp. 569-643). San Diego: Academic Press.

Bialystok, E. (2002). Acquisition of literacy in bilingual children: A framework for research. *Language Learning, 52,* 159-199.

Binet, A. & Henri, V. (1894). La mémoire des phrases (mémoire des idées). *L'Année Psychologique, 1,* 24-59.

Blachman, B. (1997). Early intervention and phonological awareness: A cautionary tale. In B. Blachman (Ed.), *Foundations of reading acquisition and dyslexia* (pp. 409-430). Mahwah: Erlbaum.

Bloomfield, L. (1933). *Language.* New York: Holt, Rinehart & Winston.

Bock, J. K. & Levelt, W. J. M. (1994). Language production: Grammatical encoding. In M. A. Gernsbacher (Ed.), *Handbook of psycholinguistics* (pp. 945-984). San Diego: Academic Press.

Bortz, J. (1999). *Statistik. Für Sozialwissenschaftler* (5. Aufl.). Berlin: Springer.

Bortz, J. & Döring, N. (2002). *Forschungsmethoden und Evaluation für Human- und Sozialwissenschaftler* (3. Aufl.). Berlin: Springer.

Boueke, D., Schülein, F., Büscher, H., Terhorst, E. & Wolf, D. (1995). Wie Kinder erzählen. Untersuchungen zur Erzähltheorie und zur Entwicklung narrativer Fähigkeiten. München: Fink.

Bouvet, D. (1990). *The path to language: Bilingual education for deaf children.* Clevedon: Multilingual Matters.

Bradlow, A. R., Pisoni, D. B., Akahane-Yamada, R. & Tohkura, Y. (1997). Training Japanese listeners to identify English /r/ and /l/: IV. Some effects of perceptual learning on speech production. *Journal of the Acoustical Society of America, 101,* 2299-2310.

Bransford, J. D., Barclay, J. R. & Franks, J. J. (1972). Sentence memory: A constructive vs. interpretive approach. *Cognitive Psychology, 3,* 193-209.

Breazeal, C. L. (2002). *Designing sociable robots.* Cambridge, MA: MIT Press.

Britton, B.K. & Gulgoz, S. (1991). Using Kintsch's computational model to improve instructional text: Effects of repairing inference calls on recall and cognitive structures. *Journal of Educational Psychology, 83,* 329-345.

Brügelmann, H. (1983). *Kinder auf dem Weg zur Schrift* (5. Aufl.). Lengwil: Libelle Verlag.

Brügelmann, H. (1995). Wer ist Analphabet? In H. Brügelmann (Ed.), *Rätsel des Schriftspracherwerbs. Neue Sichtweisen aus der Forschung* (pp. 122-125). Lengwil: Libelle Verlag.

Bruner, J. (1975). From communication to language – a psychological perspective. *Cognition, 3,* 255-287.

Bruner, J. (1983). *Child's talk. Learning to use language.* Oxford: Oxford University Press.

Bühler, K. (1934). *Sprachtheorie: Die Darstellungsfunktion der Sprache.* Jena: Fischer.

Butzkamm, W. (1993). *Psycholinguistik des Fremdsprachenunterrichts.* Tübingen: Francke.

Calvo, M. G. (2001) Working memory and inferences: Evidence from eye fixations during reading. *Memory, 9,* 365-381.

Cameron, L. (2001). *Teaching languages to young learners.* Cambridge, UK: Cambridge University Press.

Cattell, J. M. (1885). The inertia of the eye and the brain. *Brain, 8,* 295-313.

Chomsky, N. (1957). *Syntactic structures.* The Hague: Mouton.

Chomsky, N. (1965). *Aspects of a theory of syntax.* Cambridge, MA: MIT Press.

Chomsky, N. (1981). *Lectures on government and binding.* Dordrecht: Foris.

Chomsky, N. (1988). *Language and problems of knowledge. The Managua lectures.* Cambridge, MA: MIT Press.

Chomsky, N. (1999). On the nature, use and acquisition of language. In C. W. Ritchie & T. K. Bhatia (Eds.), *Handbook of child language acquisition* (pp. 33-54). San Diego: Academic Press.

Christiansen, M. H. & Chater, N. (2001). Connectionist psycholinguistics: Capturing the empirical data. *Trends in Cognitive Sciences, 5,* 82-88.

Christmann, U. & Groeben, N. (1996). Textverstehen – Textverständlichkeit: Ein Forschungsüberblick unter Anwendungsperspektive. In H. P. Krings (Ed.), *Wissenschaftliche Grundlagen der technischen Kommunikation* (pp.128-189). Tübingen: Narr.

Clark, E. V. (2002). *First language acquisition.* Cambridge, UK: Cambridge University Press.

Clark, H. H. (1973). The language-as-fixed-effect fallacy: A critique of language statistics in psychological research. *Journal of Verbal Learning and Verbal Behavior, 12,* 335-359.

Clark, H. H. (1974). The power of positive speaking: It takes longer to understand „no". *Psychology Today, 9,* 102-111.

Clark, H. H. (1978). Inferring what is meant. In W. J. M. Levelt & G. B. Flores d'Arcais (Eds.), *Studies in the perception of language* (pp. 225-265). Chichester: Wiley.

Clark, H. H. (1983). Making sense of nonce sense. In G. B. Flores d'Arcais & R. Jarvella (Eds.), *The process of language understanding* (pp. 297-331). New York: Wiley.

Clark, H. H. (1994). Discourse in production. In M. A. Gernsbacher (Ed.), *Handbook of psycholinguistics* (pp. 985-1021). San Diego: Academic Press.

Clark, H. H. (1996). *Using language.* Cambridge, UK: Cambridge University Press.

Clark, H. H. (1997). Dogmas of understanding. *Discourse Processes, 23,* 567-598.

Clark, H. H. & Carlson, T. B. (1981). Context for comprehension. In J. Long & A. Baddeley (Eds.), *Attention and performance IX* (pp. 313-330). Hillsdale: Erlbaum.

Clark, H. H. & Carlson, T. B. (1982). Hearers and speech acts. *Language, 58,* 322-373.

Clark, H. H. & Clark, E. V. (1977). *Psychology and language: An introduction to psycholinguistics.* New York: Harcourt Brace Jovanovich.

Claus, B., Kindsmüller, M. C., Kaup, B. & Kelter, S. (1999). Inferenz zeitabhängiger Veränderungen von Entitäten beim Lesen. *Zeitschrift für experimentelle Psychologie, 46,* 237-248.

Cliff, N. (1959). Adverbs as multipliers. *Psychological Review, 66,* 27-44.

Clifton, C. & Duffy, S. A. (2001). Sentence and text comprehension. Roles of linguistic structure. *Annual Review of Psychology, 52,* 167-196.

Clifton, C. & Slowiaczek, M. L. (1981). Integrating new information with old knowledge. *Memory and Cognition, 9,* 142-148.

Collins, A. M. & Loftus, G. F. (1975). A spreading activation theory of semantic processing. *Psychological Review, 82,* 407-428.

Collins, A. M. & Quillian, M. R. (1969). Retrieval time from semantic memory. *Journal of Verbal Learning and Verbal Behavior, 8,* 240-248.

Coltheart, M., Rastle, K., Perry, C., Langdon, R. & Ziegler, J. (2001). DRC: A dual route cascaded model of visual word recognition and reading aloud. *Psychological Review, 108,* 204-256.

Crocker, M. W. & Brants, T. (2000). Wide coverage probabilistic sentence processing. *Journal of Psycholinguistic Research, 29,* 647-669.

Croft, W. (2000). *Explaining language change: An evolutionary approach.* London: Longman.

Cunningham-Andersson, U. & Andersson, S. (1999). *Growing up with two languages.* London: Routledge.

Cutler A. & Clifton, C. (1999). Comprehending spoken language: A blueprint of the listener. In C. M. Brown & P. Hagoort (Eds.), *The neurocognition of language* (pp. 123-166). Oxford: Oxford University Press.

Dahl, H. (1979). *Word frequencies of spoken American English.* Essex: Verbatim.

Dahl, K. L., Scharer, P. L., Lawson, L. L. & Grogan, P. R. (1999). Phonics instruction and student achievement in whole language first grade classrooms. *Reading Research Quarterly, 34,* 312-341.

Dannenbauer, F. M. (2001). Chancen der Frühintervention bei Spezifischer Sprachentwicklungsstörung. *Die Sprachheilarbeit, 46,* 103-111.

Dausendschön-Gay, U. (2001). Perspektiven der Erforschung von Fremdsprachenkommunikation. In K. Aguado & C. Riemer (Eds.), *Wege und Ziele: Zur Theorie, Empirie und Praxis des Deutschen als Fremdsprache (und anderer Fremdsprachen)* (pp. 117-135). Baltmannsweiler: Schneider.

de Groot, A. M. B. (1989). Representational aspects of word imageability and word frequency as assessed through word associations. *Journal of Experimental Psychology: Learning, Memory, and Cognition, 15,* 824-845.

de Saussure, F. (1916). *Cours de linguistique générale.* Paris: Payot [kritische Ausgabe 1972].

den Uyl, M. & van Oostendorp, H. (1980). The use of scripts in text comprehension. *Poetics, 9,* 275-294.

Deppert, A. (2001). *Verstehen und Verständlichkeit. Wissenschaftstexte und die Rolle themaspezifischen Vorwissens.* Wiesbaden: Deutscher Universitäts-Verlag.

Deutsch, W. & Pechmann, T. (1982). Social interaction and the development of definite descriptions. *Cognition, 11,* 159-184.

Deutsches PISA-Konsortium (Ed.) (2001). *PISA 2000: Basiskompetenz von Schülerinnen und Schülern im internationalen Vergleich.* Opladen: Leske & Budrich.

Dickes, P. & Steiwer, L. (1977). Ausarbeitung von Lesbarkeitsformeln für die deutsche Sprache. *Zeitschrift für Entwicklungspsychologie und Pädagogische Psychologie, 9,* 20-26.

Diekhans, A., Flohr, H., Günther, U. & Tigges, C. (2000). Experimentelle Textoptimierung am Beispiel von Gebrauchsanweisungen. In J. Hennig & M. Tjarks-Sobhani (Eds.), *Qualitätssicherung in technischer Dokumentation* (pp. 176-188). Lübeck: Schmidt-Römhild.

Dietrich, R. (2002). *Psycholinguistik*. Stuttgart: Metzler.

Dore, J. & McDermott, R. P. (1982). Linguistic indeterminacy and social context in utterance interpretation. *Language, 58,* 347-398.

Dorna, M. (2001). Maschinelle Übersetzung. In K.-U. Carstensen, C. Ebert, C. Endriss, S. Jekat, R. Klabunde & H. Langer (Eds.), *Computerlinguistik und Sprachtechnologie. Eine Einführung* (pp. 514-521). Heidelberg: Spektrum.

Drews, E., Zwitserlood, P., Bolwiender, A. & Heuer, U. (1993). Lexikalische Repräsentation morphologischer Strukturen. In S. Felix, C. Habel & G. Rickheit (Eds.), *Kognitive Linguistik – Repräsentation und Prozesse* (pp. 273-298). Opladen: Westdeutscher Verlag.

Duffy, T. M. (1985). Readability formulas: What's the use? In T. M. Duffy & R. Waller (Eds.), *Designing usable texts* (pp. 113-143). Orlando: Academic Press.

Dutke, S. (1998). Zur Konstruktion von Sachverhaltsrepräsentationen beim Verstehen von Texten: 15 Jahre nach Johnson-Laird's „Mental Models". *Zeitschrift für experimentelle Psychologie, 45,* 42-59.

Edelmann, A. (2002). Rezeption von Software-Dokumentationen. In H. Strohner & R. Brose (Eds.), *Kommunikationsoptimierung* (pp. 105-118). Tübingen: Stauffenburg.

Edge, J. & Gick, C. (1997). Language awareness and empowerment in foreign language teacher education: Lernen im Tandem. *Fremdsprachen Lehren und Lernen, 26,* 127-143.

Eikmeyer, H.-J. (2002). Simulative Methoden. In T. Herrmann & J. Grabowski (Eds.), *Sprachproduktion.* Göttingen: Hogrefe.

Eikmeyer, H.-J. & Schade, U. (1993). The role of computer simulation in neurolinguistics. *Nordic Journal of Linguistics, 16,* 153-169.

Ellis, N. C. (2002). Frequency effects in language processing. *Studies in Second Language Acquisition, 24,* 143-188.

Elman, J. L., Bates, E. A., Johnson, M. H., Karmiloff-Smith, A., Parisi, D. & Plunkett, K. (1996). *Rethinking innateness: A connectionist perspective on development.* Cambridge, MA: MIT Press.

Erdfelder, E., Mausfeld, R., Meiser, T. & Rudinger, G. (1996). *Handbuch Quantitative Methoden.* Weinheim: Beltz PVU.

Erev, I., Wallsten, T. S. & Neal, M. M. (1991). Vagueness, ambiguity, and the cost of mutual understanding. *Psychological Science, 2,* 321-324.

Erickson, T. D. & Mattson, M. E. (1981). From words to meaning: A semantic illusion. *Journal of Verbal Learning and Verbal Behavior, 20,* 540-551.

Erlenkamp, S. (2000). *Syntaktische Kategorien und lexikalische Klassen: Typologische Aspekte der Deutschen Gebärdensprache.* München: Lincom.

Fay, N., Garrod, S. & Carletta, J. (2000). Group discussion as interactive dialogue or as serial monologue: The influence of group size. *Psychological Science, 11,* 481-486.

Felix, S. W., Kanngießer, S. & Rickheit G. (Eds.) (1990). *Sprache und Wissen: Studien zur kognitiven Linguistik.* Opladen: Westdeutscher Verlag.

Fellegi, I. P. & Alexander, T. J. (1995). *Literacy, economy and society: Results of the first International Adult Literacy Survey.* Paris: OECD Publications.

Ferreira, F., Bailey, K. G. D. & Ferraro, V. (2002). Good-enough representations in language comprehension. *Current Directions in Psychological Science, 11,* 11-15.

Fey, W. E. H. (1990). Verständlichkeitsformeln im Vergleich. In G. Kegel, T. Arnhold, K. Dahlmeyer, G. Schmidt & B. Tischer (Eds.), *Sprechwissenschaft und Psycholinguistik 4* (pp. 151-160). Opladen: Westdeutscher Verlag.

Fiehler, R. & Thimm, C. (Eds.) (1998). *Sprache und Kommunikation im Alter.* Opladen: Westdeutscher Verlag.

Fillmore, C.J. (1968). The case for case. In E. Bach & R. T. Harms (Eds.), *Universals of linguistic theories* (pp. 1-90). New York: Holt, Rinehart & Winston.

Flesch, R. F. (1948). A new readability yardstick. *Journal of Applied Psychology, 32,* 221-233.

Flohr, H. (2002). Entwicklung und Optimierung multimedialer Lehr- und Lernmittel zur Linguistik. In H. Strohner & R. Brose (Eds.), *Kommunikationsoptimierung* (pp. 131-144). Tübingen: Stauffenburg.

Fodor, J. A. & Bever, T. G. (1965). The psychological reality of linguistic elements. *Journal of Verbal Learning and Verbal Behavior, 4,* 414-420.

Foltz, P. W., Kintsch, W. & Landauer, T. K. (1998). The measurement of textual coherence with latent semantic analysis. *Discourse Processes, 25,* 355-361.

Fraisse, P. (1969). Why is naming longer than reading? *Acta Psychologica, 30,* 96-103.

Frank, H. (1966). *Kybernetik: Brücke zwischen den Wissenschaften.* Frankfurt: Umschau-Verlag.

Frazier, L. & Clifton, C., Jr. (1996). *Construal.* Cambridge, MA: MIT Press.

Frazier, L. & Rayner, K. (1982). Making and correcting errors during sentence comprehension: Eye movements in the analysis of structurally ambiguous sentences. *Cognitive Psychology, 14,* 178-210

Freigang, K.-H. (1998). Machine-aided translation. In M. Baker (Ed.), *Routledge encyclopedia of translation studies* (pp.134-136). London: Routledge.

Friederici, A. D. (1998). The neurobiology of language processing. In A. D. Friederici (Ed.), *Language comprehension: A biological perspective* (pp. 263-302). Berlin: Springer.

Friederici, A. D. (Ed.) (1999). *Sprachrezeption.* Göttingen: Hogrefe.

Friederici, A. D., Hahne, A. & Saddy, D. (2002). Distinct neurophysiological patterns reflecting aspects of syntactic complexity and syntactic repair. *Journal of Psycholinguistic Research, 31,* 45-63.

Frith, U. (1985). Beneath the surface of development dyslexia. In K. E. Patterson, J. C. Marshall & M. Coltheart (Eds.), *Surface dyslexia: Neurophysiological and cognitive studies of phonological reading* (pp. 301-330). London: Erlbaum.

Frost, R. (1998). Toward a strong phonological theory of visual word recognition: True issues and false trails. *Psychological Bulletin, 123,* 71-99.

Garnham, A. (1983). What's wrong with story grammars. *Cognition, 15,* 145-154.

Garnham, A. (1989) Inference in language understanding: What, when, why, and how? In R. Dietrich & C. F. Graumann (Eds.), *Language processing in social context* (pp. 153-172). Amsterdam: North-Holland.

Garnham, A. (1992) Minimalism versus constructionism: A false dichotomy in theories of inference during reading. *Psycoloquy.92.3.63.reading-inference-1.1* [with extended commentary].

Garnham, A. (1999). What's in a mental model? In G. Rickheit & C. Habel (Eds.), *Mental models in discourse processing and reasoning* (pp. 41-56). Amsterdam: North-Holland.

Garrett, M., Bever, T. & Fodor, J (1966). The active use of grammar in speech perception. *Perception and Psychophysics, 1,* 30-32.

Garrod, S. C. (1999). The challenge of dialogue for theories of language processing. In S. C. Garrod & M. Pickering (Eds.), *Language processing* (pp. 399-415). Hove: Psychology Press.

Gernsbacher, M. A. (1990). *Language comprehension as structure building.* Hillsdale: Erlbaum.

Gernsbacher, M. A. (1991). Cognitive processes and mechanisms in language comprehension: The structure building framework. In G. H. Bower (Ed.), *The psychology of learning and motivation. Vol. 27* (pp. 217-263). San Diago: Academic Press.

Gernsbacher, M. A. (Ed.) (1994). *Handbook of psycholinguistics.* San Diego: Academic Press.

Gernsbacher, M. A. & Faust, M. (1991). The role of suppression in sentence comprehension. In G. B. Simpson (Ed.), *Understanding word and sentence* (pp. 97-128). Amsterdam: North-Holland.

Gernsbacher, M. A. & Hargreaves, D. J. (1988). Accessing sentence participants: The advantage of first mention. *Journal of Memory and Language, 27,* 699-617.

Gernsbacher, M. A., Hargreaves, D. J. & Beeman, M. (1989). Building and accessing clausal representations: The advantage of first mention versus the advantage of clause recency. *Journal of Memory and Language, 29,* 735-755.

Gernsbacher, M. A. & Givón, T. (Eds.) (1995). *Coherence in spontaneous text.* Amsterdam: Benjamins.

Gibbs, R. W. (2001). Authorial intentions in text understanding. *Discourse Processes, 32,* 73-80.

Glenberg, A. M. (1999). Why mental models must be embodied. In G. Rickheit & C. Habel (Eds.), *Mental models in discourse processing and reasoning* (pp. 77-90). Amsterdam: North-Holland.

Glenberg, A. M. & Mathew, S. (1992) When minimalism is not enough: Mental models in reading comprehension. *Psycoloquy.92.3.64.reading-inference-2.1* [with extended commentary].

Glenberg, A. M., Meyer, M. & Lindem, K. (1987). Mental models contribute to foregrounding during text comprehension. *Journal of Memory and Language, 11,* 69-83.

Glucksberg, S. (1998). Understanding metaphors. *Current Directions in Psychological Science, 7,* 39-43.

Glucksberg, S., Krauss, R. M. & Weisberg, R. (1996). Referential communication in nursery school children: Method and some primary findings. *Journal of Experimental Child Psychology, 3,* 333-342.

Godard, D. (1977). Same setting, different norms: Phone call beginnings in France and the United States. *Language in Society, 6,* 209-219.

Göpferich, S. (2002). Ein kommunikationsorientiertes Modell zur Bewertung der Qualität von Texten. In H. Strohner & R. Brose (Eds.), *Kommunikationsoptimierung* (pp. 45-66). Tübingen: Stauffenburg.

Goetz, E. T., Schallert, D. L., Reynolds, R. E. & Radin, D. I. (1983). Reading in perspective: What real cops and pretend burglars look for in a story. *Journal of Educational Psychology, 75,* 500-510.

Goodman, K. (1970). Reading: A psycholinguistic guessing game. In J. H. Sinder & R. B. Ruddell (Eds.), *Theoretical models and processes of reading* (pp. 259-272). Newark: International Reading Association.

Gopnik, A. (1993). How we know our minds: The illusion of first-person knowledge of intentionality. *Behavioral and Brain Sciences, 16,* 1-14.

Grabowski, J. (1994). Kommunikative Unschärfen. Zur Rezeption und Produktion von Richtungspräpositionen am Beispiel von „vor" und „hinter". In H.-J. Kornadt, J. Grabowski & R. Mangold-Allwinn (Eds.), *Sprache und Kognition: Perspektiven moderner Sprachpsychologie* (pp. 183-208). Heidelberg: Spektrum.

Grabowski, J. (2003). Bedingungen und Prozesse der schriftlichen Sprachproduktion. In G. Rickheit, T. Herrmann & W. Deutsch (Eds.), *Psycholinguistik. Ein internationales Handbuch.* Berlin: de Gruyter [im Druck].

Graesser, A. C., McMahen, C. L. & Johnson, B. K. (1994). Question asking and answering. In M. A. Gernsbacher (Ed.), *Handbook of Psycholinguistics* (pp. 517-538). San Diego: Academic Press.

Graesser, A. C., Millis, K. K. & Zwaan, R. A. (1997). Discourse comprehension. *Annual Review of Psychology, 48,* 163-189.

Graesser, A. C., Swamer, S. S. & Hu, X. (1997). Quantitative discourse psychology. *Discourse Processes, 23,* 229-263.

Grimm, H. (1999). *Störungen der Sprachentwicklung: Grundlagen – Ursachen – Diagnose – Intervention – Prävention.* Göttingen: Hogrefe.

Grimm, H. (Ed.) (2000a). *Sprachentwicklung.* Göttingen: Hogrefe.

Grimm, H. (2000b). Entwicklungsdysphasie: Kinder mit spezifischer Sprachstörung. In H. Grimm (Ed.), *Sprachentwickung* (pp. 633-640). Göttingen: Hogrefe.

Grimm, H. (2000c). *SETK-2: Sprachentwicklungstest für zweijährige Kinder.* Göttingen: Hogrefe.

Grimm, H. & Engelkamp, J. (1981). *Sprachpsychologie. Handbuch und Lexikon der Psycholinguistik.* Berlin: Erich Schmidt.

Grimm, H, & Wilde, S. (1998). Sprachentwicklung: Im Zentrum steht das Wort. In H. Keller (Ed.), *Lehrbuch Entwickungspsychologie* (pp. 445-473). Bern: Huber.

Groeben, N. (1982). *Leserpsychologie: Textverständnis – Textverständlichkeit.* Münster: Aschendorff.

Groeben, N. & Christmann, U. (1989). Textoptimierung unter Verständlichkeitsperspektive. In G. Antos & P. Krings (Eds.), *Textproduktion – ein interdisziplinärer Forschungsüberblick* (pp. 165-196). Tübingen: Niemeyer.

Groeben, N. & Schreier, S. (2000). Literaturpsychologie. In J. Straub, A. Kochinka & H. Wesbik (Eds.), *Psychologie in der Praxis* (pp. 776-798). München: Deutscher Taschenbuch Verlag.

Grönert, K. (2002). Akzeptanz und Verständlichkeit der Bürger-Verwaltungs-Kommunikation. In H. Strohner & R. Brose (Eds.), *Kommunikationsoptimierung* (pp. 145-156). Tübingen: Stauffenburg.

Grotjahn, R. (1999). Thesen zur empirischen Forschungsmethodologie. *Zeitschrift für Fremdsprachenforschung, 10,* 133-158.

Günther, K. B. (1995). Ein Stufenmodell der Entwicklung kindlicher Lese- und Schreibstrategien. In H. Brügelmann (Ed.), *Rätsel des Schriftspracherwerbs. Neue Sichtweisen aus der Forschung* (pp. 98-121). Lengwil: Libelle Verlag.

Günther, U. (1993). *Texte planen – Texte produzieren: Kognitive Prozesse der schriftlichen Textproduktion.* Opladen: Westdeutscher Verlag.

Günther, U., Kindt, W., Schade, U., Sichelschmidt, L. & Strohner, H. (1993). Elliptische Koordination: Strukturen und Prozesse lokaler Textkohärenz. *Linguistische Berichte, 146,* 312-342.

Guindon, R. & Kintsch, W. (1984). Priming macropropositions: Evidence for the primacy of macropropositions in the memory for text. *Journal of Verbal Learning and Verbal Behavior, 23,* 508-518.

Gunter, T. C., Friederici, A. D. & Schriefers, H. (2000). Syntactic gender and semantic expectancy: ERPs reveal early autonomy and late interaction. *Journal of Cognitive Neuroscience, 12,* 556-568.

Habel, C., Kanngießer, S. & Rickheit, G. (1996). Thesen zur Kognitiven Linguistik. In C. Habel, S. Kanngießer & G. Rickheit (Eds.), *Perspektiven der Kognitiven Linguistik. Modelle und Methoden* (pp.15 -23). Opladen: Westdeutscher Verlag.

Haberlandt, K. (1980). Story grammar and reading time of story constituents. *Poetics, 9,* 99-116.

Hacker, P. M. S. (1990). Chomsky's problems. *Language and Communication, 10,* 127-148.

Hager, W. (1987). Grundlagen einer Versuchsplanung zur Prüfung empirischer Hypothesen in der Psychologie. In: G. Lüer (Ed.), *Allgemeine experimentelle Psychologie* (pp. 43-264). Stuttgart: Fischer.

Hagoort, P., Brown, C. M. & Osterhout, L. (1999). The neurocognition of syntactic processing. In C. M. Brown & P. Hagoort (Eds.), *The neurocognition of language* (pp. 273-307). Oxford: Oxford University Press.

Hahn, U. (1996). Frage-Antwort-System. In G. Strube (Ed.), *Wörterbuch der Kognitionswissenschaft* (p. 190). Stuttgart: Klett-Cotta.

Harley, T. A. (1995). *The psychology of language: From data to theory.* Hove: Erlbaum.

Harras, G., Hermann, T. & Grabowski, J. (1996). Aliquid stat pro aliquo – aber wie? In J. Grabowski, G. Harras & T. Herrmann (Eds.), *Bedeutung – Konzepte – Bedeutungskonzepte* (pp. 9-19). Opladen: Westdeutscher Verlag.

Harm, M. W. & Seidenberg, M. S. (1999). Phonology, reading acquisition, and dyslexia: Insights from connectionist models. *Psychological Review, 106,* 491-528.

Haslett, B. B. & Samter, W. (1997). *Children communicating: The first 5 years.* Mahwah: Erlbaum.

Hatcher, P. J., Hulme, C. & Ellis, A. W. (1994). Ameliorating early reading failure by integrating the teaching of reading and phonological skills: The phonological linkage hypotheses. *Child Development, 65,* 41-57.

Heinemann, P. (1999). Erst der Transfer belegt den Lernerfolg! Wie sich die Effizienz betrieblicher Weiterbildung steigern lässt. *Wirtschaftspsychologie, 6,* 2-5.

Hemforth, B., Konieczny, L. Seelig, H. & Walter, M. (2000). Case matching and relative clause attachment. *Journal of Psycholinguistic Research, 29,* 81-88.

Henrici, G. (1997). Die fremdsprachenerwerbsspezifische Diskursanalyse als Forschungsmethode. In S. Demme & G. Henrici (Eds.), *Dem Fremdsprachenerwerb auf der Spur* (pp. 7-33). Jena: Friedrich-Schiller-Universität.

Heredia, R. R. & Altarriba, J. (2001). Bilingual language mixing: Why do bilinguals code-switch? *Current Directions in Psychological Science, 10,* 164-168.

Herrmann, T. (1993). Sprachproduktion und erschwerte Wortfindung. *Sprache und Kognition, 11,* 181-192.

Herrmann, T. (2000). Sprachpsychologie: Aspekte und Paradigmen. *Zeitschrift für Psychologie, 208,* 110-128.

Herrman, T. & Grabowski, J. (1994). *Sprechen: Psychologie der Sprachproduktion.* Heidelberg: Spektrum.

Herrmann, T. & Grabowski, J. (1996). Kurzgefaßt: „Sprechen: Psychologie der Sprachproduktion". *Psychologische Rundschau, 47,* 117-121.

Herrmann, T. & Grabowski, J. (Eds.) (2003). *Sprachproduktion.* Göttingen: Hogrefe [im Druck].

Hesse, F. W., Ostermeier, U. & Buder, J. (2000). Neue Medien, neue Forschungsinitiativen. *Kognitionswissenschaft, 9,* 54-58.

Hielscher-Fastabend, M. (2001). *Emotionskonzepte und Prozesse emotionaler Sprachverarbeitung.* Habilitationsschrift, Universität Bielefeld.

Hörmann, H. (1976). *Meinen und Verstehen. Grundzüge einer psychologischen Semantik.* Frankfurt: Suhrkamp.

Hörmann, H. (1983a). *Was tun die Wörter miteinander im Satz? oder Wieviele sind ‚einige', ‚mehrere' und ‚ein paar'?* Göttingen: Hogrefe.

Hörmann, H. (1983b). On the difficulties of using the concept of a dictionary – and the impossibility of not using it. In G. Rickheit & M. Bock (Eds.), *Psycholinguistic studies in language processing* (pp. 3-16). Berlin: de Gruyter.

Hörmann, H. (1991). *Einführung in die Psycholinguistik* (3. Aufl.). Darmstadt: Wissenschaftliche Buchgesellschaft.

Hörmann, H. & Terbuyken, G. (1974). Situational factors in meaning. *Psychologische Forschung, 36,* 297-310.

Hoff-Ginsberg, E. (2000). Soziale Umwelt und Sprachlernen. In H. Grimm (Ed.), *Sprachentwicklung* (pp. 463-494). Göttingen: Hogrefe.

Hofmann, W., Müsseler, J. & Adolphs, H. (Eds.) (1993). *Computer und Schriftspracherwerb. Programmentwicklungen, Anwendungen, Lernkonzepte.* Opladen: Westdeutscher Verlag.

Hoover, W. A. & Gough, P. B. (1990). The simple view of reading. *Reading and Writing, 2,* 127-160.

Horton, W. S. & Keysar, B. (1996). When do speakers take into account common ground? *Cognition, 59,* 91-117.

Jacobs, A. M. (2003). Simulative Methoden. In G. Rickheit, T. Herrmann & W. Deutsch (Eds.), *Psycholinguistik. Ein internationales Handbuch.* Berlin: de Gruyter [im Druck].

Jacobs, A. M. & Grainger, J. (1994). Models of visual word recognition: Sampling the state of the art. *Journal of Experimental Psychology: Human Perception and Performance, 20,* 1311-1334.

Jakobs, E.-M. (2003). Medien der Individualkommunikation – E-Mail und Telekonferenz. In G. Rickheit, T. Herrmann & W. Deutsch (Eds.), *Psycholinguistik. Ein internationales Handbuch.* Berlin: de Gruyter [im Druck].

Johnson-Laird, P. N. (1983). *Mental models. Towards a cognitive science of language, inference, and consciousness.* Cambridge, UK: Cambridge University Press.

Johnson-Laird, P. N. (1988). *The computer and the mind. An introduction to cognitive science.* London: Fontana.

Johnson-Laird, P. N. (1989). Mental models. In M. I. Posner (Ed.), *Foundations of cognitive science* (pp. 467-499). Cambridge, MA: MIT Press.

Johnson-Laird, P. N. (1995). Mental models, deductive reasoning, and the brain. In M. S. Gazzaniga (Ed.), *The cognitive neurosciences* (pp. 999-1998). Cambridge, MA: MIT Press.

Jordens, P. (1996). Input and instruction in second language acquisition. In P. Jordens & J. Lallemann (Eds.), *Investigation second language acquisition* (pp. 407-449). Berlin: Mouton de Gruyter.

Just, M. A. & Carpenter, P. A. (1987). *The psychology of reading and language comprehension.* Boston: Allyn & Bacon.

Jusczyk, P. W. (1997). *The discovery of spoken language.* Cambridge, MA: MIT Press.

Kellner, A. (2001). Dialogsysteme. In K.-U. Carstensen, C. Ebert, C. Endriss, S. Jekat, R. Klabunde & H. Langer (Eds.), *Computerlinguistik und Sprachtechnologie: Eine Einführung* (pp. 484-491). Heidelberg: Spektrum.

Kess, J. F. (1992). *Psycholinguistics: Psychology, linguistics, and the study of natural language.* Amsterdam: Benjamins.

Khalidi, M. A. (1995). Two concepts of concept. *Mind and Language, 10,* 402-422.

Kilborn, K. (1994). Learning a language late: Second language acquisition in adults. In M. A. Gernsbacher (Ed.), *Handbook of psycholinguistics* (pp. 917-944). San Diego: Academic Press.

Kim, M.-S. (1999). Cross-cultural perspectives on motivations of verbal communication: Review, critique, and a theoretical framework. *Communication Yearbook, 22,* 51-89.

Kindt, W. (2001). Neue Wege der Inferenzforschung. In L. Sichelschmidt & H. Strohner (Eds.), *Sprache, Sinn und Situation. Festschrift für Gert Rickheit zum 60. Geburtstag* (pp. 109-124). Wiesbaden: Deutscher Universitäts-Verlag.

Kintsch, W. (1974). *The representation of meaning in memory.* Hillsdale: Erlbaum.

Kintsch W. (1988). The role of knowledge in discourse comprehension: A construction-integration model. *Psychological Review, 95,* 163-182.

Kintsch, W. (1998). *Comprehension: A paradigm for cognition.* New York: Cambridge University Press.

Kintsch, W. & Keenan, J. M. (1973). Reading rate and retention as a function of the number of the propositions in the base structure of sentences. *Cognitive Psychology, 5,* 257-274.

Kintsch, W., Kozminsky, E., Streby, W. J., McKoon, G. & Keenan, J. M. (1975). Comprehension and recall of text as a function of content variables. *Journal of Verbal Learning and Verbal Behavior, 14,* 196-214.

Kintsch, W. & van Dijk, T. A. (1978). Toward a model of text comprehension and production. *Psychological Review, 85,* 363-394.

Kintsch, W. & Vipond, D. (1979). Reading comprehension and readability in educational practice and psychological theory. In: L. G. Nilsson (Ed.), *Perspectives on memory research. Essays in honor of Uppsala University's 500th anniversary* (pp. 329-365). Hillsdale: Erlbaum.

Klann-Delius, G. (1999). *Spracherwerb.* Stuttgart: Metzler.

Klare, G. R. (1976). A second look at the validity of readability formulas. *Journal of Reading Behavior, 8,* 129-152.

Klein, W. (1984). *Zweitspracherwerb: Eine Einführung.* Königstein: Athenaeum.

Knobloch, C. (1984). *Sprachpsychologie. Ein Beitrag zur Problemgeschichte und Theoriebildung.* Tübingen: Niemeyer.

Krashen, S. (1982). *Principles and practice in second language acquisition.* New York: Pergamon Press.

Krashen, S. (1985). *The input hypothesis: Issues and implications.* London: Longman.

Kriz, J. & Lisch, R. (1988). *Methoden-Lexikon für Mediziner, Psychologen, Soziologen.* München: Psychologie Verlags Union.

Langacker, R. W. (1991). *Foundations of cognitive grammar. Vol. 2.* Stanford: Stanford University Press.

Langacker, R. W. (2001). Discourse in cognitive grammar. *Cognitive Linguistics, 12,* 143-178.

Langer, I., Schulz von Thun, F. & Tausch, R. (1993). *Sich verständlich ausdrücken* (5. Aufl.). München: Reinhardt.

Laudanna, A., Badecker, W. & Caramazza, A. (1989). Priming homographic stems. *Journal of Memory and Language, 28,* 531-546.

Legenhausen, L. (2001). Discourse behaviour in an autonomous learning environment. *AKA Review, 15,* 56-69.

Lenon, O., Bracy, A., Gruenstein, A. & Peters, S. (2001). *The witas multi-modal dialogue system.* Proceedings of Eurospeech; Aalborg [CD-ROM].

Leont'ev, A. N. (1971). *Probleme der Entwicklung des Psychischen.* Berlin: Volk und Wissen.

Lepschy, A. (1999). Lehr- und Lernmethoden zur Entwicklung von Gesprächsfähigkeit. In G. Brünner, R. Fiehler & W. Kindt (Eds.), *Angewandte Diskursforschung, Vol. 2: Methoden und Anwendungsberei-che* (pp. 50-51). Opladen: Westdeutscher Verlag.

Leuninger, H. (1996). *Reden ist Schweigen, Silber ist Gold. Gesammelte Versprecher.* München: dtv

Leuninger, H. (2003). Sprachproduktion im Vergleich: Deutsche Lautsprache und deutsche Gebärden-sprache. In G. Rickheit, T. Herrmann & W. Deutsch (Eds.), *Psycholinguistik. Ein internationales Handbuch.* Berlin: de Gruyter [im Druck].

Levelt, W. J. M. (1989). Speaking: *From intention to articulation.* Cambridge, MA: MIT Press.

Levelt, W. J. M. (1999). Producing spoken language: A blueprint of the speaker. In C. M. Brown & P. Hagoort (Eds.), *The neurocognition of language* (pp. 83-122). Oxford: Oxford University Press.

Levelt, W. J. M., Schriefers, H., Vorberg, D., Meyer, A. S., Pechmann, T. & Havinga, J. (1991). The time course of lexical access in speech production: A study of picture naming. *Psychological Review, 98,* 122-142.

Levelt, W. J. M., Roelofs, A. & Meyer, A. S. (1999). A theory of lexical access in speech production. *Behavioral and Brain Sciences, 22,* 1-75.

Levi, P. (1996). Robotik. In G. Strube (Ed.), *Wörterbuch der Kognitionswissenschaft* (pp. 582-596). Stuttgart: Klett-Cotta.

MacWhinney, B. (Ed.) (1999). *The emergence of language.* Mahwah: Erlbaum.

MacWhinney, B. (2000). The *CHILDES Project: Tools for analyzing talk.* Mahwah: Erlbaum.

MacWhinney, B. & Bates, E. (Eds.) (1989). *The crosslinguistic study of sentence processing.* New York: Cambridge University Press.

Magliano, J. P., Baggett, W. B. & Graesser, A. C. (1996). A taxonomy of inference categories that may be generated during the comprehension of literary texts. In R. J. Kreuz & M. S. MacNealy (Eds.), *Empirical approaches to literature and aesthetics* (pp. 201-220). Stamford: Ablex.

Mangold, R. (2003). Massenmedien: Rundfunk und Fernsehen. In G. Rickheit, T. Herrmann & W. Deutsch (Eds.), *Psycholinguistik. Ein internationales Handbuch.* Berlin: de Gruyter [im Druck].

Mangold-Allwinn, R. (1993). *Flexible Konzepte: Modelle, Experimente, Simulationen.* Frankfurt: Lang.

Mani, K. & Johnson-Laird, P. N. (1982). The mental representation of spatial descriptions. *Memory and Cognition, 10,* 181-187.

Marslen-Wilson, W. D. & Tyler, L. K. (1980). The temporal structure of spoken language understanding. *Cognition, 8,* 1-71.

Marslen-Wilson, W. (1984). Function and process in spoken word recognition: A tutorial review. In H. Bouma & D. G. Bowhuis (Eds.), *Attention and performance X: Control of language processes* (pp. 125-150). Hillsdale: Erlbaum.

Marx, H., Jansen, H., Mannhaupt, G. & Skowronek, H. (1993). Predictions of difficulties in reading and spelling on the basis of the Bielefeld Screening. In H. Grimm & H. Skowronek (Eds.), *Language ac-quisition problems and reading disorders: Aspects of diagnosis and intervention* (pp. 219-242) Ber-lin: de Gruyter.

Marx, H., Jansen, H. & Skowronek, H. (2000). Prognostische, differentielle und konkurrente Validität des Bielefelder Screenings zur Früherkennung von Lese-Rechtschreibschwierigkeiten (BISC). In M. Hasselhorn, W. Schneider & H. Marx (Eds.), *Diagnostik von Lese-Rechtschreibschwierigkeiten* (pp. 9-34). Göttingen: Hogrefe

Mauner, G., Tanenhaus, M. K. & Carlson, G. N. (1995). Implicit arguments in sentence processing. *Journal of Memory and Language, 34,* 357-382.

Mayberry, R. I. & Nicolaidis, E. (2000). Gesture reflects language development: Evidence from bilingual children. *Current Directions in Psychological Science, 9,* 192-196.

Mayer, R. E. & Gallini, J. K. (1990). When is an illustration worth ten thousand words? *Journal of Educational Psychology, 82,* 715-726.

Mayer, R. E. & Moreno, R. (1998). A split-attention effect in multimedia learning: Evidence for dual processing systems in working memory. *Journal of Educational Psychology, 90,* 312-320.

McKoon, G. & Ratcliff, R. (1992). Inference during reading. *Psychological Review, 99,* 440-466.

McKoon, G. & Ratcliff, R. (1998). Memory-based language processing: Psycholinguistic Research in the 1990s. *Annual Review of Psychology, 49,* 25-42.

Messer, D. J. (1994). *The development of communication: From social interaction to language.* Chichester: Wiley.

Meyer, A. S. (2003). Die phonologische Realisierung. In G. Rickheit, T. Herrmann & W. Deutsch (Eds.), *Psycholinguistik. Ein internationales Handbuch.* Berlin: de Gruyter [im Druck].

Meyer-Fujara, J. & Rieser, H. (2001). Depiktionsmetonymien und ihre Auflösung im Diskurs. In L. Sichelschmidt & H. Strohner (Eds.), *Sprache, Sinn und Situation. Festschrift für Gert Rickheit zum 60. Geburtstag* (pp. 91-108). Wiesbaden: Deutscher Universitäts-Verlag.

Miller, G. A. (1965). Some preliminaries to psycholinguistics. *American Psychologist, 20,* 15-20.

Miller, G. A. (1995). *Wörter. Streifzüge durch die Psycholinguistik.* Frankfurt: Zweitausendeins.

Miller, G. A., Galanter, E. & Pribram, K. H. (1960). *Plans and the structure of behavior.* New York: Holt, Rinehart & Winston.

Moerk, E. L. (1992). *A first language taught and learned.* Baltimore: Brookes.

Morrow, L. M. & Gambrell, L. B. (2000). Literature-based reading instruction. In M. L. Kamil, P. B. Mosenthal & P. D. Pearson, (Eds.), *Handbook of reading research. Vol. III* (pp. 563-586). Mahwah: Erlbaum.

Morton, J. (1970). Word recognition. In J. Morton & J. D. Marshall (Eds.), *Psycholinguistics 2: Structure and process* (pp. 107-156). Cambridge, MA: MIT Press.

Morton, J. (1980). The logogen model and orthographic structure. In U. Frith (Ed.), *Cognitive processing in spelling* (pp. 117-133). London: Academic Press.

Müller, H. M. (1987). *Evolution, Kognition und Sprache.* Berlin: de Gruyter

Müller, H. M. (1990). *Sprache und Evolution.* Berlin: de Gruyter.

Müller, H. M. & Kutas, M. (1997). Die Verarbeitung von Eigennamen und Gattungsbezeichnungen. Eine elektrophysiologische Studie. In G. Rickheit (Ed.), *Studien zur Klinischen Linguistik: Methoden, Modelle, Intervention* (pp. 147-169). Opladen: Westdeutscher Verlag.

Müller, H. M. & Rickheit, G. (2002). Experimentelle Neurolinguistik: Neurobiologische Untersuchung von Sprachverarbeitungsprozessen. In R. Rapp (Ed.), *Sprachwissenschaft auf dem Weg in das dritte Jahrtausend* (pp. 93-101). Frankfurt: Lang.

Müller, H. M. & Weiss, S. (2002). Neurobiologie der Sprache: Experimentelle Neurolinguistik. In H. M. Müller (Ed.), *Arbeitsbuch Linguistik* (pp. 406-422). Paderborn: Schöningh.

Müller, N., Cantone, K., Kupisch, T. & Schmitz, K. (2002). Zum Spracheneinfluss im bilingualen Erstspracherwerb: Italienisch – Deutsch. *Linguistische Berichte, 190,* 157-206.

Muter, V. (1998). Phonological awareness: Its nature and its influence over early literacy development. In C. Hulme & R. M. Joshi (Eds.), *Reading and spelling: Development and disorders* (pp. 113-125). Mahwah: Erlbaum.

Nelson, R. J. (1992). *Naming and reference. The link of word to object.* London: Routledge.

Nussbaum, J., Hummert, M. L., Williams, A. & Harwood, J. (1996). Communication and older adults. *Communication Yearbook, 19*, 1-47.

Oakhill, J. & Garnham, A. (1985). Referential continuity, transitivity, and the retention of relational descriptions. *Language and Cognitive Processes, 1*, 149-162.

Oakhill, J. & Garnham, A. (Eds.) (1996). *Mental models in cognitive science. Essays in honor of Phil Johnson-Laird.* Hove: Psychology Press.

O'Keefe, D. J. (1999). How to handle opposing arguments in persuasive messages: A meta-analytic review of the effect on one-sided and two-sided messages. *Communication Yearbook, 22*, 209-249.

Osgood, C. E. & Sebeok, T. A. (Eds.) (1954). *Psycholinguistics. A survey of theory and research problems.* Bloomington: Indiana University Press.

Paul, H. (1880). *Prinzipien der Sprachgeschichte.* Halle: Niemeyer.

Pechmann, T. (1989). Incremental speech production and referential overspecification. *Linguistics, 27*, 89-110.

Pechmann, T. (1994). *Sprachproduktionsprozesse. Untersuchungen zur Generierung komplexer Nominalphrasen.* Opladen: Westdeutscher Verlag.

Perfetti, C. A. (1992). The representation problem in reading acquisition. In P. B. Gough, L. C. Ehri & R. Treiman (Eds.), *Reading acquisition* (pp. 145-174). Hillsdale: Erlbaum.

Perfetti, C. A. (1999). Comprehending written language: A blueprint of the reader. In C. M. Brown & P. Hagoort (Eds.), *The neurocognition of language* (pp. 167-208). Oxford: Oxford University Press.

Perfetti, C. A., Fayol, M. & Rieben, L. (Eds) (1997). *Learning to spell.* Mahwah: Erlbaum.

Piaget, J. (1923). *La langage et la pensée chez l'enfant.* Neuchâtel: Delachaux & Niestlé.

Pichert, J. W. & Anderson, R. C. (1977). Taking different perspectives on a story. *Journal of Educational Psychology, 69*, 309-315.

Pinker, S. (1996). *The language instinct.* New York: Penguin.

Plunkett, K. (1997). Theories of early language acquisition. *Trends in Cognitive Sciences, 1*, 146-153.

Poskiparta, E., Vauras, M. & Niemi, P. (1998). Promoting reading skills in a computer based training programm. In P. Reitsma & L. Verhoeven (Eds.), *Problems and interventions in literacy development* (pp. 335-348). Dordrecht: Kluwer.

Prestin, E. (2001). Textoptimierung. Von der Verständlichkeit zur Intentionsadäquatheit. In L. Sichelschmidt & H. Strohner (Eds.), *Sprache, Sinn und Situation. Festschrift für Gert Rickheit zum 60. Geburtstag* (pp. 223-238). Wiesbaden: Deutscher Universitäts-Verlag.

Prestin, E. (2003). Theorien und Modelle der Sprachrezeption. In G. Rickheit, T. Herrmann & W. Deutsch (Eds.), *Psycholinguistik. Ein internationales Handbuch.* Berlin: de Gruyter [im Druck].

Ravid, D. & Tolchinsky, L. (2002). Developing linguistic literacy: A comprehensive model. *Journal of Child Language, 29*, 417-447.

Rayner, K. (1997). Understanding eye movements in reading. *Scientific Studies of Reading, 1,* 317-339.

Rayner, K., Carlson, M. & Frazier, L. (1983). The interaction of syntax and semantics during sentence processing: Eye movements in the analysis of semantically biased sentences. *Journal of Verbal Learning and Verbal Behavior, 22,* 358-374.

Rayner, K., Foortman, B. R., Perfetti, C. A., Pesetsky, D. & Seidenberg, M. S. (2001). How psychological science informs the teaching of reading. *Psychological Science in the Public Interest, 2,* 31-74.

Rayner, K. & Sereno, S. C. (1994). Eye movements in reading: Psycholinguistic studies. In M. A. Gernsbacher (Ed.), *Handbook of psycholinguistics* (pp. 57-81). San Diego: Academic Press.

Reicher, G. M. (1969). Perceptual recognition as a function of meaningfulness of stimulus material. *Journal of Experimental Psychology, 81,* 275-280.

Reinke, U. (1997). Integrierte Übersetzungssysteme: Betrachtungen zu Übersetzungsprozeß, Übersetzungsproduktivität, Übersetzungsqualität und Arbeitssituation. *Lebende Sprachen, 3,* 97-106.

Reitsma, P. & Verhoeven, L. (Eds.) (1998). *Problems and interventions in literacy development.* Dordrecht: Kluwer.

Renn, J., Straub, J. & Shimada, S. (Eds.) (2002). *Übersetzung als Medium des Kulturverstehens und sozialer Integration.* Frankfurt: Campus.

Reynolds, R. E., Taylor, M. A., Steffensen, M. S., Shirey, L. L. & Anderson, R. C. (1982). Cultural schemata and reading comprehension. *Reading Research Quarterly, 3,* 353-366.

Rickheit, G. (1995). Verstehen und Verständlichkeit von Sprache. In B. Spillner (Ed.), *Sprache: Verstehen und Verständlichkeit* (pp. 15-30). Frankfurt: Lang.

Rickheit, G. & Habel, C. (Eds.) (1999). *Mental models in discourse processing and reasoning.* Amsterdam: North-Holland.

Rickheit, G., Hedtmann, T., Hielscher-Fastabend, M. & Strohner, H. (2002). Störungen der sprachlichen Kommunikation: Klinische Linguistik. In H. M. Müller (Ed.), *Arbeitsbuch Sprache* (pp. 329-349). Paderborn: Schöningh.

Rickheit, G., Herrmann, T. & Deutsch W. (Eds.) (2003). *Psycholinguistik. Ein internationales Handbuch.* Berlin: de Gruyter [im Druck].

Rickheit, G. & Hildebrandt, B. (1997). Der Sonderforschungsbereich „Situierte Künstliche Kommunikatoren". In Bielefelder Linguistik (Ed.), *Linguistik – die Bielefelder Sicht* (pp. 145-148). Bielefeld: Aisthesis.

Rickheit, G., Schnotz, W. & Strohner, H. (1985). The concept of inference in discourse comprehension. In G. Rickheit & H. Strohner (Eds.), *Inferences in text processing* (pp.3-49). Amsterdam: North-Holland.

Rickheit, G. & Sichelschmidt, L. (1999). Mental models: Some answers, some questions, some suggestions. In G. Rickheit & C. Habel (Eds.), *Mental models in discourse processing and reasoning* (pp. 9-40). Amsterdam: North-Holland.

Rickheit, G., Sichelschmidt, L. & Strohner, H. (2002). Gedanken ausdrücken und Sprache verstehen: Psycholinguistik. In H. M. Müller (Ed.), *Arbeitsbuch Linguistik* (pp. 382-405). Paderborn: Schöningh.

Rickheit, G. & Strohner, H. (Eds.) (1985). *Inferences in text processing.* Amsterdam: North Holland.

Rickheit, G. & Strohner, H. (1993). *Grundlagen der kognitiven Sprachverarbeitung.* Tübingen: Francke.

Rickheit, G. & Strohner, H. (1999). Textverarbeitung: Von der Proposition zur Situation. In A. D. Friederici (Ed.), *Sprachrezeption* (pp. 271-306). Göttingen: Hogrefe.

Riemer, C. (1997). *Individuelle Unterschiede in Fremdsprachenerwerb: Eine Longitudinalstudie über die Wechselwirksamkeit ausgewählter Einflußfaktoren.* Baltmannsweiler: Schneider.

Rieser, H. (2002). *A unified account for gesture meaning and expression meaning in simple reference games.* SFB 360, Universität Bielefeld.

Ritchie, W. C. & Bhatia, T. K. (Eds.) (1999). *Handbook of child language acquisition.* San Diego: Academic Press.

Ritterfeld, U. (2000). Welchen und wieviel Input braucht das Kind? In H. Grimm (Ed.), *Sprachentwicklung* (pp. 403-432). Göttingen: Hogrefe.

Rohlfing, K. J. (2002a). *The understanding of UNDER.* Dissertation, University of Bielefeld.

Rohlfing, K. J. (2002b). Verständlichkeit von Wissenschaft: Ein Seminarkonzept und Praxisbericht. In H. Strohner & R. Brose (Eds.), *Kommunikationsoptimierung* (pp. 119-130). Tübingen: Stauffenburg.

Rohrmann, H. (2001). Selbstorganisation und Fremdsprachenerwerb. In K. Aguado & C. Riemer (Eds.), *Wege und Ziele: Zur Theorie, Empirie und Praxis des Deutschen als Fremdsprache (und anderer Fremdsprachen)* (pp. 201-212). Baltmannsweiler: Schneider.

Rohwetter, C., Kessler, K. & Hielscher-Fastabend, M. (2001). Buchstabieren – ein rein sprachlicher Vorgang? In L. Sichelschmidt & H. Strohner (Eds.), *Sprache, Sinn und Situation. Festschrift für Gert Rickheit zum 60. Geburtstag* (pp. 191-208). Wiesbaden: Deutscher Universitäts-Verlag.

Roth, E. & Schneider, W. (1998). Training of phonological awareness and letter knowledge in children-at-risk. In P. Reitsma & L. Verhoeven (Eds.), *Problems and interventions in literacy development* (pp. 225-239). Dordrecht: Kluwer.

Rumelhart, D. E. & McClelland, J. L. (Eds.) (1986). *Parallel distributed processing: Explorations in the microstructure of cognition. Vol. 1: Foundations.* Cambridge, MA: MIT Press.

Sachs, J. S. (1967). Recognition memory for syntactic and semantic aspects of connected discourse. *Perception and Psychophysics, 2,* 437-442.

Samuel, A. G. (2001). Knowing a word affects the fundamental perception of the counds within it. *Psychological Science, 12,* 348-351.

Sanford, A. J. & Garrod, S. C. (1981). *Understanding written language.* Chichester: Wiley.

Sanford, A. J. & Garrod, S. C. (1994). Selective processing in text understanding. In M. A. Gernsbacher (Ed.), *Handbook of psycholinguistics* (pp. 699-719). San Diego: Academic Press.

Sanford, A. J. & Moxey, L. M. (1999). What are mental models made of? In G. Rickheit & C. Habel (Eds.), *Mental models in discourse processing and reasoning* (pp. 57-76). Amsterdam: North-Holland.

Sauer, C. (1995). Ein Minimalmodell zur Verständlichkeitsanalyse und -optimierung. In B. Spillner (Ed.), *Sprache: Verstehen und Verständlichkeit* (pp. 149-171). Frankfurt: Lang.

Schade, U. (1992). *Konnektionismus. Zur Modellierung der Sprachproduktion.* Opladen: Westdeutscher Verlag.

Schade, U. (1999). *Konnektionistische Sprachproduktion.* Wiesbaden: Deutscher Universitäts-Verlag.

Schank, R. C. & Abelson, R. P. (1977). *Scripts, plans, goals, and understanding.* Hillsdale: Erlbaum.

Schiffer, K., Ennemoser, M. & Schneider, W. (2002). Die Beziehung zwischen dem Fernsehkonsum und der Entwicklung von Sprach- und Lesekompetenz im Grundschulalter in Abhängigkeit von der Intelligenz. *Zeitschrift für Medienpsychologie, 14,* 2-13.

Schlobinski, P., Kohl, G. & Ludewigt, I. (1993). *Jugendsprache – Fiktion und Wirklichkeit.* Opladen: Westdeutscher Verlag.

Schneider, W. (1999). *Deutsch für Profis. Wege zu gutem Stil.* München: Goldmann.

Schneider, W. (2001). Training der phonologischen Bewusstheit. In K. J. Klauer (Ed.), *Handbuch kognitives Training (pp. 69-93).* Göttingen: Hogrefe.

Schnelle, H. (1966). Automatische Übersetzung von Sprachen: Stand und Tendenzen der gegenwärtigen Forschung. In H. Frank (Ed.), *Kybernetik: Brücke zwischen den Wissenschaften* (pp. 254-258). Frankfurt: Umschau-Verlag.

Schnelle, H. (2001). Neue Herausforderungen der Linguistik. In L. Sichelschmidt & H. Strohner (Eds.), *Sprache, Sinn und Situation. Festschrift für Gert Rickheit zum 60. Geburtstag* (pp. 253-268). Wiesbaden: Deutscher Universitäts-Verlag.

Schnotz, W., Ballstaedt, St. P. & Mandl, H. (1981). Lernen mit Texten aus handlungstheoretischer Sicht. In H. Mandl (Ed.), *Zur Psychologie der Textverarbeitung* (pp. 537-571). München: Urban & Schwarzenberg.

Schober, M. F. (1993). Spatial perspective-taking in conversation. *Cognition, 47,* 1-24.

Schöler, H. (1999). *IDIS – Inventar diagnostischer Informationen bei Sprachentwicklungsauffälligkeiten.* Heidelberg: Edition S.

Schöler, H., Fromm, W. & Kany, W. (Eds.) (1998). *Spezifische Sprachentwicklungsstörung und Sprachlernen. Erscheinungsformen, Verlauf, Folgerungen für Diagnostik und Therapie.* Heidelberg: Winter.

Schriver, K. A. (1989). Evaluating text quality: The continuum from text-focused to reader-focused methods. *IEEE Transactions on Professional Communication, 32,* 238-255.

Schvaneveldt, R. W., Meyer, D. E. & Becker, C. A. (1976). Lexical ambiguity, semantic context, and visual word recognition. *Journal of Experimental Psychology: Human Perception and Performance, 7,* 243-256.

Schwarz, M. (1992). *Einführung in die Kognitive Linguistik.* Tübingen: Francke.

Searle, J. R. (1992). *The rediscovery of mind.* Cambridge, MA: MIT Press.

Sedivy, J. C., Carlson, G. N., Tanenhaus, M. K., Spivey-Knowlton, M. J. & Eberhard, K. M. (1994). The cognitive function of contrast sets in processing focus constructions. *IBM Working Papers of the Institute for Logic and Linguistics, 8,* 611-619.

Sedivy, J. C., Tanenhaus, M. K., Chambers, C. G. & Carlson, G. N (1999). Achieving incremental semantic interpretation through contextual representation. *Cognition, 71,* 109-147.

Seidenberg, M. S., Tanenhaus, M. K., Leiman, J. M. & Bienkowski, M. (1982). Automatic access of the meaning of ambiguous words in context: Some limitations of knowledge-based processing. *Cognitive Psychology, 14,* 489-537.

Selinker, L. (1972). Interlanguage. *International Review of Applied Linguistics, 10,* 209-231.

Sichelschmidt, L. (1995). Der Augenblick des Verstehens: Motorische Indikatoren unmittelbarer Verarbeitung. *ZiF-Mitteilungen, 4/95,* 3-15.

Sichelschmidt, L. & Carbone, E. (2003). Experimentelle Methoden. In G. Rickheit, T. Herrmann & W. Deutsch (Eds.), *Psycholinguistik. Ein internationales Handbuch.* Berlin: de Gruyter [im Druck].

Sichelschmidt, L., Günther, U. & Rickheit, G. (1992). Input Wort: Befunde zur inkrementellen Textverarbeitung. *Zeitschrift für Literaturwissenschaft und Linguistik, 86,* 116-141.

Simpson, G. B. (1981). Meaning dominance and semantic context in the processing of lexical ambiguity. *Journal of Verbal Learning and Verbal Behavior, 20,* 120-136.

Simpson, G. B. (1994). Context and the processing of ambiguous words. In M. A. Gernsbacher (Ed.), *Handbook of psycholinguistics* (pp. 359-374). San Diego: Academic Press.

Singer, M. (1979). Processes of inference in sentence encoding. *Memory and Cognition, 7,* 192-200.

Singer, M. (1980). The role of case-filling inferences in the coherence of brief passages. *Discourse Processes, 3,* 185-201.

Singer, M. (1990). Answering questions about discourse. *Discourse Processes, 13,* 261-277.

Singer, M. (1994). Discourse inference processes. In: M. A. Gernsbacher (Ed.), *Handbook of psycholinguistics* (pp. 479-315). San Diego: Academic Press.

Singer, M. (2003). Processes of question answering. In G. Rickheit, T. Herrmann & W. Deutsch (Eds.), *Psycholinguistik. Ein internationales Handbuch.* Berlin: de Gruyter [im Druck].

Singer, M. & Ferreira, F. (1983). Inferring consequences in story comprehension. *Journal of Verbal Learning and Verbal Behavior, 2,* 437-448.

Sjogren, D. & Timpson, W. (1979). Frameworks for comprehending discourse: A replication study. *American Educational Research Journal, 16,* 341-346.

Skehan, P. (1998). *A cognitive approach to language learning.* Oxford: Oxford University Press.

Skinner, B. F. (1957). *Verbal behavior.* New York: Appleton-Century-Crofts.

Smith, E. E., Shoben, E. J. & Rips, L. J. (1974). Structure and process in semantic memory: A featural model for semantic decisions. *Psychological Review, 81,* 214-241.

Snell-Hornby, M., Hönig, H. G., Kußmaul, P. & Schmitt, P. (Eds.) (1999). *Handbuch Translation* (2. Aufl.). Tübingen: Stauffenburg.

Snowling, M. (2000). *Dyslexia: A cognitive-developmental perspective.* Oxford: Blackwell.

Somers, H. L. (1998). Machine translation. In M. Baker (Ed.), *Routledge encyclopedia of translation studies* (pp. 136-149). London: Routledge.

Spilich, G. J., Vesonder, G. T., Chiesi, H. L. & Voss, J. F. (1979). Text processing of domain-related information for individuals with high and low domain knowledge. *Journal of Verbal Learning and Verbal Behavior, 18,* 275-290.

Spillner, B. (Ed.) (1995). *Sprache: Verstehen und Verständlichkeit.* Frankfurt: Lang.

St. George, M., Mannes, S. & Hoffman, J. E. (1997). Individual differences in inference generation: An ERP analysis. *Journal of Cognitive Neuroscience, 9,* 776-787.

Stokoe, W. C. (1978). *Sign language structure.* Silver Spring: Linstok.

Stone, G. O., Vanhoy, M. & van Orden, G. C. (1997). Perception is a two-way street: Feedforward and feedback phonology in visual word recognition. *Journal of Memory and Language, 36,* 337-359.

Strömqvist, S. (2003). Language acquisition in early childhood. In G. Rickheit, T. Herrmann & W. Deutsch (Eds.), *Psycholinguistik. Ein internationales Handbuch.* Berlin: de Gruyter [im Druck].

Strohner, H. (1994). Warum nicht Lerntheorie? Argumente für eine Integration von Grundlagenforschung und angewandter Forschung in der Sprachtherapie. In H. Grimm & S. Weinert (Eds.), *Intervention bei sprachgestörten Kindern* (pp. 105-116). Stuttgart: Fischer.

Strohner, H. (1995). *Kognitive Systeme.* Opladen: Westdeutscher Verlag.

Strohner, H. (2001). *Kommunikation: Kognitive Grundlagen und praktische Anwendungen.* Wiesbaden: Westdeutscher Verlag.

Strohner, H. & Brose, R. (1994). Eher propagandistisch als informativ? Sicherheitspolitische Texte im Verstehenstest. *Medienpsychologie, 6,* 54-75.

Strohner, H. & Brose, R. (Eds.) (2002). *Kommunikationsoptimierung: Verständlicher, instruktiver, überzeugender.* Tübingen: Stauffenburg.

Stroop, J. R. (1935). Studies of interference in serial verbal reactions. *Journal of Experimental Psychology, 18,* 643-662.

Sucharowski, W. (1996). *Sprache und Kognition. Neuere Perspektiven in der Sprachwissenschaft.* Opladen: Westdeutscher Verlag.

Swinney, D. A. (1979). Lexical access during sentence comprehension: (Re)consideration of context effects. *Journal of Verbal Learning and Verbal Behavior, 18,* 645-659.

Szagun, G. (2001). *Wie Sprache entsteht: Spracherwerb mit normalem und beinträchtigtem Hören.* Weinheim: Beltz.

Taft, M. (2001). Processing of orthographic structure by adults of different reading ability. *Language and Speech, 44,* 351-376.

Tanenhaus, M. K., Magnuson, J. S., Dahan, D. & Chambers, C. G. (2000). Eye movements and lexical access in spoken language comprehension: Evaluating a linking hypothesis between fixations and linguistic processing. *Journal of Psycholinguistic Research, 29,* 557-580.

Tanenhaus, M. K., Spivey-Knowlton, M. J., Eberhard, K. M. & Sedivy, J. C. (1996). Using eye movements to study spoken language comprehension: Evidence for visually meditated incremental interpretation. In T. Inui & J. L. McClelland (Eds.), *Information integration in perception and communication* (pp. 457-478). Cambridge, MA: MIT Press.

Tanenhaus, M. K., Spivey-Knowlton, M. J. & Hanna, J. E. (2000). Modeling thematic and discourse context effects with a multiple constraints approach: Implications for the architecture of the language comprehension system. In M. W. Crocker, M. Pickering & C. Clifton, Jr. (Eds.), *Architectures and mechanisms for language processing* (pp. 90-118). New York: Cambridge University Press.

Taraban, R. & McClelland, J. L. (1990). Parsing and comprehension: A multiple constraint view. In D. A. Balota, G. B. Flores d'Arcais & K. Rayner (Eds.), *Comprehension processes in reading* (pp. 231-263). Hillsdale: Erlbaum.

Tauber, M. (1984). *Leserangepaßte Verständlichkeit.* Bern: Lang.

Tauber, M., Stoll, F. & Drewek, R. (1980). Erfassen Lesbarkeitsformeln und Textbeurteilung verschiedene Dimensionen der Textverständlichkeit? *Zeitschrift für experimentelle und angewandte Psychologie, 27,* 135-146.

Tesnière, L. (1965). *Éléments de syntaxe structurale* (2. Aufl.). Paris: Klincksieck.

Thelen, E. & Smith, L. B. (1994). *A dynamic systems approach to the development of cognition and action.* Cambridge, MA: MIT Press.

Thorndyke, P. W. (1977). Cognitive structures in comprehension and memory of narrative discourse. *Cognitive Psychology, 9,* 77-110.

Titscher, S., Wodak, R., Meyer, M. & Vetter, E. (1998). *Methoden der Textanalyse. Leitfaden und Überblick.* Opladen: Westdeutscher Verlag.

Tomasello, M. (1999). *The cultural origins of human cognition.* Cambridge, MA: Harvard University Press.

Tomasello, M. (2000). First steps towards a usage-based theory of language acquisition. *Cognitive Linguistics, 11,* 61-82.

Tomasello, M. (2001). Perceiving intentions and learning words in the second year of life. In M. Bowerman & S. C. Levinson (Eds.), *Language acquisition and conceptual development* (pp. 132-158). Cambridge, UK: Cambridge University Press.

Townsend, D. J. & Bever, T. G. (2001). *Sentence comprehension: The integration of habits and rules.* Cambridge, MA: MIT Press.

Treiman, R. (2000). The foundations of literacy. *Current Directions in Psychological Science, 9,* 89-92.

Trueswell, J. C. & Tanenhaus, M. K. (1994). Toward a lexicalist framework of constraint-based syntactic ambiguity resolution. In C. Clifton, K. Rayner & L. Frazier (Eds.), *Perspectives on sentence processing* (pp. 155-179). Hillsdale: Erlbaum.

Tulving, E. (1972). Episodic and semantic memory. In E. Tulving & W. Donaldson (Eds.), *Organization and memory* (pp. 381-403). New York: Academic Press.

Tulving, E. (2002). Episodic memory: From mind to brain. *Annual Review of Psychology, 53,* 1-25.

Tyler, S. W. & Voss, J. F. (1982). Attitude and knowledge effects in prose processing. *Journal of Verbal Learning and Verbal Behavior, 21,* 524-538.

van Berkum, J. J. A., Brown, C. M. & Hagoort, P. (1999a). When does gender constrain parsing? Evidence from ERPs. *Journal of Psycholinguistic Research, 28,* 557-571.

van Berkum, J. J. A., Brown, C. M. & Hagoort, P. (1999b). Early referential context effects in sentence processing: Evidence from event-related brain potentials. *Journal of Memory and Language, 41,* 147-182.

van den Broek, P. (1994). Comprehension and memory of narrative texts: Inferences and coherence. In M. A. Gernsbacher (Ed.), *Handbook of psycholinguistics* (pp. 539-588). San Diego: Academic Press.

van Dijk, T. A. & Kintsch, W. (1983). *Strategies of discourse comprehension.* London: Academic Press.

van Geert, P. (2000). The dynamics of general developmental mechanisms: From Piaget and Vygotsky to dynamic systems models. *Current Directions in Psychological Science, 9,* 64-68.

van Leerdam, M., Bosman, A. M. T. & van Orden, G. C. (1998). The ecology of spelling instruction: Effective training in first grade. In P. Reitsma & L. Verhoeven (Eds.), *Problems and interventions in literacy development* (pp. 307-320). Dordrecht: Kluwer.

van Oostendorp, H. (1991). Inferences and integrations made by readers of script-based texts. *Journal of Research in Reading, 14,* 3-20.

Vollmer, H. J., Henrici, G., Finkbeiner, C., Grotjahn, R., Schmid-Schönbein, G. & Zydatiß, W. (2001). Lernen und Lehren von Fremdsprachen: Kognition, Affektion, Interaktion. Ein Forschungsüberblick. *Zeitschrift für Fremdsprachenforschung, 12,* 1-145.

von Studnitz, R. E. & Green, D. A. (2002). Interlingual homograph interference in German-English bilinguals: Its modulation and locus of control. *Bilingualism: Language and Cognition, 5,* 1-13.

Vorberg, D. & Blankenberger, S. (1999). Die Auswahl statistischer Tests und Maße. *Psychologische Rundschau, 50,* 157-164.

Vorwerg, C. (2001). *Raumrelationen in Wahrnehmung und Sprache: Kategorisierungsprozesse bei der Benennung visueller Richtungsrelationen.* Wiesbaden: Deutscher Universitätsverlag.

Vorwerg, C. & Rickheit, G. (1999). Kognitive Bezugspunkte bei der Kategorisierung von Richtungsrelationen. In G. Rickheit (Ed.), *Richtungen im Raum* (pp. 129-165). Wiesbaden: Deutscher Universitätsverlag.

Vorwerg, C. & Rickheit, G. (2000). Repräsentation und sprachliche Enkodierung räumlicher Relationen. In C. Habel & C. von Stutterheim (Eds.), *Räumliche Konzepte und sprachliche Strukturen* (pp. 9-44). Tübingen: Niemeyer.

Wachsmuth, I. & Rickheit, G. (Eds.) (1999). Situierte Künstliche Kommunikatoren. *Kognitionswissenschaft, 8,* 99-142.

Wagenaar, W. A., Schreuder, R. & Wijlhuizen, G. J. (1987). Readability of instructional text, written for the general public. *Applied Cognitive Psychology, 1,* 155-167.

Wagner, R. K. & Torgesen, J. K. (1987). The nature of phonological processing and its causal role in the acquisition of reading skills. *Psychological Bulletin, 101,* 192-212.

Wahlster, W. (Ed.) (2000). *Verbmobil: Foundations of speech-to-speech translation.* Berlin: Springer.

Waldeier, S. (2002). Optimierung technischer Dokumentationen. In H. Strohner & R. Brose (Eds.), *Kommunikationsoptimierung* (pp. 91-104). Tübingen: Stauffenburg.

Warnke, A. & Roth, E. (2000). Umschriebene Lese-Rechtschreibstörung. In F. Petermann (Ed.), *Lehrbuch der klinischen Kinderpsychologie und -psychotherapie* (pp. 453-476). Göttingen: Hogrefe.

Weingarten, R. (2001). Synchronisierung schriftlicher und mündlicher Sprachproduktion. In L. Sichelschmidt & H. Strohner (Eds.), *Sprache, Sinn und Situation. Festschrift für Gert Rickheit zum 60. Geburtstag* (pp. 175-189). Wiesbaden: Deutscher Universitäts-Verlag.

Weingarten, R. (2003). Schriftspracherwerb. In G. Rickheit, T. Herrmann & W. Deutsch (Eds.), *Psycholinguistik. Ein internationales Handbuch.* Berlin: de Gruyter [im Druck].

Weiss, S., Müller, H. M., & Rappelsberger, P. (2000). Theta synchronization predicts efficient memory encoding of concrete and abstract nouns. *NeuroReport, 11,* 2357-2361.

Welzer, H. & Markowitsch, H. J. (2001). Umrisse einer interdisziplinären Gedächtnisforschung. *Psychologische Rundschau, 52,* 205-214.

Wenden, A. L. (2002). Learner development in language learning. *Applied Linguistics, 23,* 32-55.

Whitney, P. (1998). *The psychology of language.* Boston: Houghton Mifflin.

Wilensky, R. (1983). Story grammars vs. story points. *The Behavioral and Brain Sciences, 6,* 579-623.

Williams, M. & Burden, R. L. (1997). *Psychology for language teachers: A social constructivist approach.* Cambridge, UK: Cambridge University Press.

Wolff, D. (1994). Sprachpsychologie, Psycholinguistik und Fremdsprachenunterricht – Zur Anbahnung einer Beziehung – Dokumentiert in Aufsätzen aus den *Neueren Sprachen* von 1970-1992. *Die Neueren Sprachen, 93,* 103-123.

Wolff, P. & Gentner, D. (2000). Evidence for role-neutral initial processing of metaphors. *Journal of Experimental Psychology: Learning, Memory and Cognition, 26,* 529-541.

Wundt, W. (1900). *Völkerpsychologie. Band 1.2: Die Sprache.* Leipzig: Engelmann.

Wygotski, L. S. (1934). *Myschlenie i retsch.* Moskwa: Nauk [Deutsch: *Denken und Sprechen.* Berlin: Akademie-Verlag, 1964].

Zwaan, R. A. (1999). Situation models: The mental leap into imagined worlds. *Current Directions in Psychological Science, 8,* 15-18.

Zwaan, R. A. & Radvansky, G. A. (1998). Situation models in language comprehension and memory. *Psychological Bulletin, 123,* 162-185.

Zwaan, R. A., Stanfield, R. A. & Yaxley, R. H. (2002). Language comprehenders mentally represent the shapes of objects. *Psychological Science, 13,* 168-171.

Personenregister

Abelson, R.P. 63
Adolphs, H. 138
Afflerbach, P. 132
Aguado, K. 149
Akahane-Yamada, R. 146
Alba, J. 62
Alexander, T.J. 131
Altarriba, J. 142
Altmann, G.T.M. 28, 57
Amiran, M.B. 155
Anderson, R.C. 43, 99, 106-107
Andersson, S. 141

Badecker, W. 56
Baggett, W.B. 104
Bailey, K.G.D. 98
Baldwin, D.A. 117
Ballmer, T.T 32
Ballstaedt, S.P. 106, 154
Balota, D.A. 95
Bamberger, R. 157
Bandura, A. 128
Barclay, J.R. 25, 28, 63, 68, 72
Barsalou, L.W. 66
Bartlett, F.C. 62
Bast, J. 134
Bates, E.A. 126-127, 148
Becker, C.A. 94
Beeman, M. 103
Belke, E. 85
Berg, T. 39
Bever, T.G. 41, 97-98
Bhatia, T.K. 126, 142
Bialystok. E. 142
Bienkowski, M. 94
Binet, A. 21
Blachman, B. 131
Blankenberger, S. 47
Bloomfield, L. 23, 141
Bock, J.K. 86
Bolwiender, A. 56
Bortz, J. 37, 47-48

Bosman, A.M.T. 135
Boueke, D. 121
Bouvet, D. 142
Bracy, A. 169
Bradlow, A.R. 146
Bransford, J.D. 25, 28, 63, 68, 72
Brants, T. 97
Breazeal, C.L.170
Brennenstuhl, W. 32
Britton, B.K. 158
Brose, R. 153, 161
Brown, C.M. 97
Brügelmann, H. 132, 140
Bruner, J. 117, 128, 148
Buder, J. 161
Bühler, K. 22
Büscher, H. 121
Burden, R.L. 143
Butzkamm, W. 142, 144

Calvo, M.G. 105
Cameron, L. 142
Cantone, K. 142
Caramazza, A. 56
Carbone, E. 30
Carletta, J. 81
Carlson, G.N. 56, 76, 100, 105-106
Carpenter, P.A. 95
Cattell, J.M. 55
Chambers, C.G. 100
Chater, N. 47
Chomsky, N. 24, 25, 125
Christiansen, M.H. 47
Christmann, U. 156
Clark, E.V. 26, 128
Clark, H.H. 26, 28, 37, 48, 66, 74, 76, 82, 106
Claus, B. 105
Cliff, N. 46
Clifton, C. 93, 97, 107
Collins, A.M. 59-60
Coltheart, M. 96, 139
Crocker, M.W. 97

Sachregister